MITOS ESCATOLÓGICOS

MITOS ESCATOLÓGICOS

Dispensacionalismo al descubierto

Gary DeMar

© 2010 Gary DeMar
© 2023 Publicaciones Kerigma

Mitos escatológicos: Dispensacionalismo al descubierto

Publicado originalmente en ingles bajo el título: *10 Popular Myths Exposed and Answered: The Last Days Might Not Be as Near as You Think,* por The American Vision.

Traducción: Carolina de Angulo
Edición: Publicaciones Kerigma

Diseño de Portada: Publicaciones Kerigma

© 2023 Publicaciones Kerigma
Salem Oregón, Estados Unidos
http://www.publicacioneskerigma.org

Todos los derechos son reservados. Por consiguiente: Se prohíbe la reproducción total o parcial de esta obra por cualquier medio de comunicación sea este digital, audio, video escrito, salvo para citaciones en trabajos de carácter académico según los márgenes de la ley o bajo el permiso escrito de Publicaciones Kerigma.

2023 Publicaciones Kerigma
Salem Oregón
All rights reserved

Pedidos: 971 304-1735

www.publicacioneskerigma.org

ISBN: 978-1-956778-53-3

Impreso en los Estados Unidos
Printed in the United States

Contenido

Prefacio 7

Introducción. Detección de un cambio sísmico en la escatología .. 11

1. El mito de la distinción entre Israel y la Iglesia 23

2. El mito de que el moderno Estado de Israel es una señal de que el rapto está cerca 37

3. El mito de que solo los dispensacionalistas tienen un futuro redentor para Israel 63

4. El mito del pacto Abrahámico pospuesto 79

5. El mito de la «teología del reemplazo» 95

6. El mito de que los sacrificios de animales y la circuncisión son ritos eternos 111

7. El mito de que hay que reconstruir el Templo 121

8. El mito de que el Evangelio aún no se ha predicado en «todo el mundo» 139

9. El mito de que los terremotos son señales del fin de los tiempos 173

10. El mito de que el petróleo en Israel es una señal profética 185

Apéndoce A. ¿«Iglesia» o «Congregación»? Una elección de consecuencias mortales 191

Apéndice B. «Falsas enseñanzas sobre los últimos días» 197

Prefacio

Es hora de que se abandone por completo la predicción meteorológica teológica. Incluso los meteorólogos de la televisión que predicen acontecimientos ordinarios son más precisos.
— Ben Witherington

En muchos casos, el fanatismo puro ha sido el resultado de detenerse exclusivamente en la profecía, y probablemente más hombres se han vuelto locos por ese tema que por cualquier otra cuestión religiosa.
— Charles H. Spurgeon

Los escritores de profecías modernas que desacreditan acertadamente la profecía del Calendario Maya 2012 tienen sus propios problemas de calendario. ¿Cuántos de ustedes recuerdan un famoso escritor cristiano de profecías que vendió millones de libros afirmando que el calendario estaba a punto de agotarse para su generación? Israel había vuelto a ser una nación en 1948. Dentro de una generación—40 años a partir de esa fecha— ¡todos íbamos a ser «raptados» al cielo! Como usted sabe— o al menos espero que lo sepa— eso no sucedió.

Luego estaba la famosa profecía relacionada con el llamado Efecto Júpiter. Esto, también, fue utilizado por un prominente escritor evangélico de profecías como «evidencia» de que el rapto estaba cerca. Los astrónomos John Gribben y Setphen Plagemann predijeron el Efecto Júpiter en 1974 en su libro del mismo nombre. Supuestamente era una «exploración científica de los planetas como desencadenantes de grandes terremotos». Argumentaban que cuando varios planetas se alinearan en el mismo lado del sol en 1982, las fuerzas de marea crearían erupciones solares, interrupciones de radio, precipitaciones y alteraciones de temperatura, así como terremotos masivos. Los planetas se alinearon, como lo hacen regularmente, pero no ocurrió nada inusual. Mientras que Gribbin escribió que lamentaba

Mitos escatológicos

«haber tenido algo que ver con ello», el escritor de profecías anónimo antes mencionado se limitó a pasar a otra serie de predicciones.

Mientras limpiaba mi oficina (una tarea interminable), encontré una cinta de casete de un sermón que un prominente experto en profecías cristianas de la costa oeste predicó el 31 de diciembre de 1979. Dijo a su público, muy receptivo y emocionado, que el rapto tendría lugar en 1981. La entrada de la antigua República Soviética en Afganistán en agosto de 1978 fue el preludio de lo que, según él, sería una invasión total de Oriente Medio. No pasaría mucho tiempo antes de que «Rusia» invadiera Israel, dijo a su audiencia. Todo esto fue «predicho» por Ezequiel hace 2600 años.

En el mismo sermón de fin de año, llegó a afirmar que, debido al agotamiento de la capa de ozono, Apocalipsis 16:8 se cumpliría durante la Gran Tribulación que pronto llegaría: «Y el cuarto ángel derramó su copa sobre el sol, y le fue dado abrasar a los hombres con fuego». Sostuvo que el cometa Halley pasaría cerca de la Tierra en 1986 y causaría estragos atmosféricos a los que quedaran atrás cuando los escombros de su cola de un millón de millas golpearan la Tierra. El cometa Halley apareció en 1986, como cada 70 años aproximadamente, sin causar ningún daño a nuestro planeta.

Un escritor de profecías menos conocido estaba seguro de que el fin del mundo llegaría en 1985. El título del libro era «*I Predict 1985*» [*Predigo 1985*]. En 1986, publicó un nuevo libro titulado, *I Predict 2000* [*Predigo 2000*]. Hubo otros libros con títulos similares sobre el fin del milenio: *A.D. 2000... The End?* [*2000 d.C. ¿El fin?*] y *Planet Earth—2000* [*Planeta Tierra— 2000*].

Jerry Falwell (1933-2007) declaró durante una emisión televisiva del 27 de diciembre de 1992: «No creo que haya otro milenio... ni otro siglo». John F. Walvoord, descrito como «el intérprete más importante del mundo de la profecía bíblica... [esperaba] que el Rapto ocurriera en su propia vida». No fue así. Walvoord murió en 2002 a la edad de 92 años. Considere estas declaraciones de certeza profética:

- «Nunca en la historia de la Iglesia ha habido un tiempo durante el cual existieran más evidencias de que el Rapto está cerca».

- «Nunca antes en la historia de la Iglesia ha habido más pruebas de que se acerca el fin de los tiempos».

Walvoord escribió estas predicciones casi idénticas en libros que se publicaron con 36 años de diferencia. Nótese su uso de «cerca» y «a la mano». En un libro de 1952, Walvoord declaró: «El siglo XX ha sido testigo de la más significativa serie de profecías que se han cumplido en cualquier siglo desde los tiempos de Cristo». Como ha señalado Francis Gumerlock en sus 2000 años de predicciones proféticas, Walvoord estaba en compañía similar.

Es fácil para los escritores cristianos de profecías criticar a los excéntricos de la Nueva Era, a los defensores del fin del mundo en 2012, a los pronosticadores seculares y a los agoreros del medio ambiente, pero no hay muchos que estén dispuestos a evaluar el mercado evangélico de predicciones, y es un gran mercado. Ellos tienen su propio problema de calendario, y necesitan rendir cuentas. La credibilidad de la Biblia y el mensaje del Evangelio están en juego.

Desde el restablecimiento de Israel en 1948, la especulación profética de los cristianos ha ido en aumento. Por supuesto, hay una larga historia de fijación de fechas, pero el siglo pasado ha visto un aumento exponencial en el número de libros que proclaman que el fin está cerca. Es hora de que el síndrome del «niño que gritó lobo» sea tratado de manera bíblica. Muchos cristianos están empezando a cuestionar el negocio de las predicciones. Están dispuestos a echar un segundo vistazo al registro profético bíblico. Se está produciendo un cambio sísmico en las creencias proféticas en todo el mundo porque los cristianos, algunos por primera vez, están dispuestos a cuestionar sus creencias basándose en lo que realmente dice la Biblia. *Mitos Escatológicos* hará tambalear su sistema de creencias. Lo admito. Lo que está a punto de leer puede sacudirlo hasta la médula, pero al final será un mejor estudioso de la Palabra de Dios. ¿No es de eso de lo que se trata?

Introducción

Detección de un cambio sísmico en la escatología

Del mismo modo que se está produciendo un cambio fundamental en el ámbito de la teología por una reconsideración del calvinismo,[1] se está produciendo un cambio sísmico en la escatología. La escatología es el estudio de las «últimas cosas». La terminología más popular es «profecía bíblica». Existen numerosas escuelas de pensamiento sobre el tema. La versión más popular— el premilenialismo dispensacional— enseña que ciertos acontecimientos proféticos están en el horizonte, que un «rapto» de la Iglesia precede a un período de siete años que incluye el ascenso de un anticristo, un templo reconstruido y una Gran Tribulación. Una de las características distintivas de este punto de vista es la creencia de que existe una distinción entre Israel y la Iglesia, y debido a esta distinción Dios tiene dos programas redentores. A lo largo de los años he criticado este punto de vista profético y he escrito extensamente sobre el tema e incluso he participado en varios debates. Durante este tiempo, he recibido numerosas preguntas y no pocas críticas a mis puntos de vista. He intentado responder a todos los que se han tomado la molestia de escribirme. Algunos han sido amables en sus respuestas, y otros no. Muchos han abandonado su sistema de creencias dispensacional después de leer mis obras publicadas, otros no. Después de dedicarme a este tipo de trabajo durante más de 30 años, encuentro que hay algunas personas que no están dispuestas a poner a prueba su sistema profético, a pesar de que el sistema tiene una

---

[1] Josh Burek, «Christian faith: Calvinism is back», *The Christian Science Monitor* (27 de marzo de 2010): http://www.csmonitor.com/USA/Society/2010/0327/Christian-faith-Calvinism-is-back

Mitos escatológicos

historia reciente y está lleno de tantas interpretaciones novedosas. La siguiente carta es un ejemplo de algunas de las críticas proféticas que llegan a mi mesa:

> [Gary DeMar] se autodenomina no dispensacionalista. Aunque eso no es un crimen ni siquiera una *faux pax* teológica, ES especioso, considerando ese versículo que describe «no te jactes contra las ramas, porque ellas [Israel] te sostienen» y no *viceversa*. Incluido en ese campo está Hank Hanegraaff, a quien solo se le puede acusar de creer una cosa hace años y ahora creer exactamente lo contrario hoy. Entender el debate sobre la Teología del Reemplazo [que la Iglesia ha reemplazado a Israel en la economía de Dios] es EL tema de hoy y divide al Cuerpo como lo hizo el aborto hace 20 años.[2]

Hay mucho que desentrañar en este párrafo, ya que serpentea a través de una serie de temas que son irrelevantes para la cuestión central de esta discusión. Afirmar que un debate sobre la «Teología del Reemplazo» es comparable al aborto es absurdo, especialmente cuando el propio sistema profético de mi crítico prevé «el peor baño de sangre en la historia judía».[3] Por otra parte, tal vez el tema *sea* similar al aborto ya que los dispensacionalistas enseñan que después del «rapto» «dos tercios del pueblo judío [que vive en Israel durante la Gran Tribulación] serán exterminados».[4]

La idea de una distinción Israel-Iglesia, que es una doctrina fundamental del dispensacionalismo, se basa en una ficción interpretativa. Hay continuidad entre los pactos. Hubo creyentes israelitas antes, durante y después del ministerio terrenal de Jesús. Fueron incorporados a la «gran nube de testigos» de la época del Antiguo Pacto (Heb. 12:1). Recordemos a Zacarías (Lc. 1:5-23), Elisabeth (1:24-25), Juan (1:57-63), María (1:39-56), José (Mt. 1:18-25), Simeón (Lc. 2:25-35), Ana (2:36-37) y otros (Lc. 19:8-9; Jn. 2:23; 4:39, 50; 7:31; 8:31; 10:42).[5] Simeón cita un pasaje del Antiguo Testamento que vincula al remanente creyente de Israel y al remanente creyente de las naciones (gentiles):

---

[2] He corregido la ortografía del autor en varios lugares.

[3] Charles C. Ryrie, *The Best is Yet to Come* (Chicago, IL: Moody Press, 1981), 86. El dispensacionalista Arnold Fruchtenbaum escribe algo parecido: «Israel sufrirá una tremenda persecución (Mt. 24:15-28; Ap. 12:1-17). Como resultado de esta persecución del pueblo judío, dos tercios serán asesinados». (Arnold G. Fruchtenbaum, «The Little Apocalypse of Zechariah», *The End Times Controversy: The Second Coming Under Attack*, eds. Tim LaHaye y Thomas Ice [Eugene, OR: Harvest House, 2003], 262).

[4] El portavoz judío mesiánico Sid Roth en una entrevista con Pat Robertson en la edición del 18 de septiembre de 1991 del «Club 700».

[5] Howard A. Hanke, *Christ and the Church in the Old Testament: A Survey of Redemptive Unity in the Testaments* (Grand Rapids, MI: Zondervan, 1957).

Introducción

Porque han visto mis ojos tu salvación, que has preparado en presencia de todos los pueblos. «Luz de la Revelación para los gentiles, y gloria de tu pueblo Israel» (Lc. 2:31-32; cf. Is. 42:6; 49:6).

Dios siempre tuvo la intención de que las promesas hechas a Israel se extendieran para incluir a las naciones (Hch. 10; 13:47-48; 26:23). No se trata de suponer que todos los israelitas y no israelitas se salvarían; se trata del remanente (Rom. 9:27; 11:5), no de la descendencia natural (Jn. 1:12-13). Como veremos, no hay un *nuevo* cuerpo de creyentes llamado la Iglesia.

Breve y controvertida historia del dispensacionalismo

Todo el mundo antes de 1830 era no dispensacionalista, así que no veo por qué ser «no dispensacionalista» hoy en día conlleva connotaciones tan negativas. Además, hasta la publicación de la *Biblia de Referencia de Scofield* en 1909, no existía un sistema dispensacional consensuado ni siquiera entre una minoría de cristianos.[6] Es bastante sorprendente que las notas escritas por un hombre que no tenía una verdadera formación teológica acabaran creando un nuevo movimiento profético en el que las notas, la mayoría de las veces, suplantan al texto de las Escrituras.

Desde sus inicios, el dispensacionalismo ha sido considerado bíblicamente aberrante por una serie de tradiciones teológicas.[7] R. B. Kuiper (1886-1966), que fue profesor en el Seminario Teológico Westminster y Presidente del Seminario Teológico Calvin, escribió en 1936 que dos graves errores eran «frecuentes entre los fundamentalistas estadounidenses, el arminianismo y el dispensacionalismo de la Biblia de Scofield». La Asamblea General de la Iglesia Presbiteriana Ortodoxa llegó a describir el arminianismo

---

[6] A los dispensacionalistas les gusta afirmar que el mero uso de la palabra «dispensación» convierte a alguien en dispensacionalista. Pero no es así. Véase Ronald M. Henzel, *Darby, Dualism, and the Decline of Dispensationalism: Reassessing the Nineteenth-Century Roots of a Twentieth-Century Prophetic Movement for the Twenty-First Century* (Tucson: Fenestra Books, 2003), 25–29.

[7] Oswald T. Allis, *Prophecy and the Church* (Filadelfia, PA: Presbyterian and Reformed, 1945); John Wick Bowman, «The Bible and Modern Religions: II. Dispensationalism», *Interpretation* 10 (Abril 1956), 170–172; C. Norman Kraus, *Dispensationalism in America* (Richmond, VA: John Knox Press, 1958); Clarence B. Bass, *Backgrounds to Dispensationalism* (Grand Rapids, MI: Eerdmans, 1960); Curtis I. Crenshaw y Grover E. Gunn, III, *Dispensationalism: Today, Yesterday, and Tomorrow*, rev. ed. (Memphis: Footstool Publications, [1985], 1989. Hay demasiadas críticas al dispensacionalismo como para enumerarlas.

y el dispensacionalismo como «herejías antirreformistas»,[8] es decir, heréticas en términos de la teología que surgió de la Reforma.

El profesor John Murray, que enseñó Teología Sistemática en el Seminario Teológico de Westminster y escribió un comentario sobre Romanos para la New International Commentary Series, afirmó que el «'Dispensacionalismo' del que hablamos como heterodoxo desde el punto de vista de la Fe Reformada es esa forma de interpretación, ampliamente popular en la actualidad, que descubre en las diversas dispensaciones de la revelación redentora de Dios principios distintos e incluso contrarios del procedimiento divino y destruye así la unidad de los tratos de Dios con la humanidad caída».[9] El premilenialismo de la variedad pactal o clásica no estaba bajo el ataque de estos hombres.[10] Kuiper escribe de nuevo:

> Es de conocimiento común que hay mucho más en el dispensacionalismo de la Biblia de Scofield que la mera enseñanza del Premilenialismo. Ni los dos se sostienen y caen juntos. Hay premilenaristas que nunca han oído hablar de las dispensaciones de Scofield. Más importante que eso, hay estudiantes serios de la Palabra de Dios que sostienen el retorno premilenial de Cristo y rechazan enfáticamente el sistema de dispensaciones de Scofield como plagado de graves errores.[11]

Esto no quiere decir que los defensores del dispensacionalismo no sean herederos de la Reforma en la mayoría de los aspectos. La mayoría mantienen posturas ortodoxas sobre doctrinas cristianas básicas, pero el dispensacionalismo tal y como fue codificado por Scofield y se enseña y promueve hoy en día no se ha conocido en la historia de la iglesia hasta hace poco.

El dispensacionalismo ha pasado por numerosas revisiones desde la publicación de la *New Scofield Reference Bible* [*Nueva Biblia de Referencia Scofield*] en 1967. Sin embargo, los signos de un cambio más radical están barriendo el sistema hacia el olvido. Thomas Ice, graduado del Seminario Teológico de Dallas (DTS), predijo: «Para el año 2000 el Seminario Teológico de Dallas ya no será dispensacional. Las prioridades [profesionales] están en otra parte que la defensa del

---

[8] R. B. Kuiper, *The Presbyterian Guardian* (12 de septiembre de 1936), 225–227. Citado en Edwin H. Rian, *The Presbyterian Conflict* (Grand Rapids, MI: Eerdmans, 1940), 101.

[9] *The Presbyterian Guardian* (3 febrero de 1936), 143. Citado en Rian, *The Presbyterian Conflict*, 236–237.

[10] Craig L. Blomberg y Sung Wook Chung, *A Case for Historic Premillennialism: An Alternative to «Left Behind» Eschatology* (Grand Rapids, MI: Baker Academic, 2009).

[11] *The Presbyterian Guardian* (November 14, 1936), 54. Citado en Rian, *The Presbyterian Conflict*, 31.

Introducción

dispensacionalismo sistemático de la crítica externa».[12] Parece que el cumplimiento de la profecía de Ice ha llegado. En una entrevista con Charles Swindoll, quien sirvió por un tiempo como presidente del DTS y canciller de la escuela, nos enteramos de lo que, según él, le espera a la DTS: «No estoy seguro de que vayamos a hacer del *dispensacionalismo* una parte importante de nuestra marquesina cuando hablemos de nuestra escuela».[13]

El dispensacionalismo está siendo cuestionado por los carismáticos más ortodoxos.[14] El Dr. Joseph Kikasola, profesor emérito de Estudios Internacionales y Hebreo en la Universidad CBN cree que ha habido una «'disminución del dispensacionalismo', especialmente entre los carismáticos, quienes, dice, están llegando a ver que 'dispensacionalista carismático' es 'una contradicción en los términos'».[15] Muchos dispensacionalistas están perdiendo su fascinación por la fijación de fechas desde que el cuadragésimo aniversario de la nación de Israel (1948-1988) pasó sin un rapto. Dave Hunt (1926-2013), partidario de la reunión nacional de Israel como indicador del tiempo de los futuros acontecimientos proféticos, escribió: «Ni decir que el 1 de enero de 1982 se produjo la deserción de un gran número de personas de la posición de la pretribulación [rapto].... Muchos de los que una vez se entusiasmaron con la perspectiva de ser arrebatados al cielo en cualquier momento se han confundido y desilusionado por el aparente fracaso de una interpretación bíblica generalmente aceptada en la que una vez confiaron».[16] Más adelante afirma: «[La referencia de Gary] North a fechas específicas es un ataque al factor más persuasivo que apoya el escenario del rapto de [Hal] Lindsey: el renacimiento del Israel nacional. Este acontecimiento histórico, que es fundamental para el momento del rapto según el dispensacionalismo, como ha señalado John F. Walvoord, fue anticipado durante mucho tiempo y cuando por fin ocurrió pareció validar esa interpretación profética».[17]

Robert L. Saucy, profesor de teología sistemática en la Escuela de Teología Talbot, señaló: «Durante las últimas décadas, el sistema de interpretación teológica comúnmente conocido como dispensacionalismo ha experimentado un desarrollo y un refinamiento

---

[12] Entrevista de Thomas Ice con Martin Selbrede, *Counsel of Chalcedon* (December 1989). Citado en Gary North, *Rapture Fever: Why Dispensationalism is Paralyzed* (Tyler, TX: Institute for Christian Economics, 1993), 145.
[13] Citado en «Dallas's New Dispensation», *Christianity Today* (25 de octubre 1993), 14.
[14] Tradicionalmente, el pentecostalismo ha sido dispensacional.
[15] Randy Frame, «The Theonomic Urge», *Christianity Today*, (21 de abril 1989), 38.
[16] Dave Hunt, *Whatever Happened to Heaven?* (Eugene, OR: Harvest House, 1988), 68.
[17] Hunt, *Whatever Happened to Heaven?*, 64.

Mitos escatológicos

considerables».[18] Saucy aporta mucho en su nueva obra, tanto que la denomina «el nuevo dispensacionalismo» o «[dispensacionalismo] progresivo... para distinguir las interpretaciones más recientes de la versión más antigua del dispensacionalismo».[19]

En las formulaciones de los credos de la Iglesia que se remontan al Concilio de Nicea en 325 d.C. no se puede encontrar nada ni remotamente relacionado con el dispensacionalismo actual. Ni siquiera el premilenialismo no dispensacional (clásico) se incluyó en los credos cristianos básicos.[20] La mayoría de los mejores eruditos cristianos que ha producido la Iglesia no eran entonces ni son ahora dispensacionalistas. Por supuesto, una apelación a la historia (buena o mala) no significa que el dispensacionalismo sea un sistema falso, pero sí que una crítica generalizada contra los no dispensacionalistas es injustificada.

«Nada de lo que digas puede convencerme»

El autor de la carta que critica a los no dispensacionalistas se hace una pregunta al asumir que el dispensacionalismo es verdadero, bíblicamente fundamental y que tiene un largo y respetado pedigrí histórico. No argumenta a favor de estas posiciones; simplemente las afirma como verdades fundamentales y evidentes. Sus argumentos son similares a los utilizados por los evolucionistas y los entusiastas del calentamiento global: «¡El debate ha terminado! No hay nada que discutir». Si eso fuera cierto en todos los ámbitos del debate teológico, entonces nunca se habría celebrado el primer Concilio de Jerusalén (Hch. 15) y Pablo nunca habría reprendido a Pedro por su teología equivocada (Gál. 2:11-21).

Los argumentos de mi crítico se basan en lo que otros han escrito. No hay indicios de que haya realizado ninguna investigación independiente. «He llegado a confiar en algunos y descartar otros», escribió, «como todo el mundo». Es obvio que ha leído muy poco de lo que he escrito y no es consciente de la montaña de material que cubre este tema. Hay una gran cantidad de investigación independiente en mi trabajo. He demostrado al menos cierta

---

[18] Robert L. Saucy, *The Case for Progressive Dispensationalism: The Interface Between Dispensationalism and Non-Dispensational Theology* (Grand Rapids, MI: Zondervan, 1993), 8. Véase también, Craig A. Blaising y Darrell L. Bock, *Progressive Dispensationalism: An Up-to-Date Handbook of Contemporary Dispensational Thought* (Wheaton, IL: Victor Books, 1993).

[19] Saucy, *The Case for Progressive Dispensationalism*, 9.

[20] Gary DeMar y Francis X. Gumerlock, *The Early Church and the End of the World* (Powder Springs, GA: American Vision, 2005), cap. 4.

capacidad para determinar lo que es fiable y lo que debe descartarse, y me esfuerzo por defender ambas cosas. Además, estoy dispuesto a discutir y debatir el tema con otros.

El hecho de que alguien (por ejemplo, Hank Hanegraaff) haya cambiado de opinión no es un argumento a favor ni en contra de una postura. Sucede todo el tiempo. Si un no dispensacionalista se convierte en dispensacionalista después de 25 años de ser no dispensacionalista, ¿condenaría mi crítico este cambio? Por supuesto que no. Los que cambian a una nueva (para ellos) posición profética a menudo me dicen que no sabían que había una posición alternativa. Adoptaron la postura del *statu quo* porque alguien les dijo que eso era lo que enseñaba la Biblia, y se unieron a una hermandad en la que casi todo el mundo mantenía la misma postura, y si uno no la mantenía, entonces, bueno, obviamente era un cristiano mal informado. Cuando estas personas empezaron a leer y estudiar la Biblia por su cuenta, les surgieron preguntas y no obtuvieron buenas respuestas de los que mantenían el *status quo* actual (dispensacional). Esto es lo que me pasó a mí, y le ha pasado a muchos otros. Tengo los testimonios para probarlo.

Como escribe el apóstol Pablo, «cada uno debe estar plenamente convencido en su propia mente» (Rom. 14:5). Los de Berea fueron descritos como «de mente noble», ya que mientras «recibían la palabra con gran avidez», examinaban las Escrituras diariamente para determinar si lo que Pablo decía era cierto (Hch. 17:11). No es de extrañar que Pablo aceptara el escrutinio, ya que exhortó a los tesalonicenses a «examinarlo todo atentamente; retengan lo bueno» (1Tes. 5:21), algo que algunos de sus compatriotas se habían negado a hacer (Hch. 17:1-9). Aunque no debemos poner a prueba a Dios, la palabra de Dios sí nos dice que «probemos los espíritus para ver si proceden de Dios, porque muchos falsos profetas han salido por el mundo» (1Jn. 4:1).

Cuando le propuse a mi crítico que intercambiáramos material, respondió lo siguiente:

«Prefiero no hablar con él. Está convencido y yo también. No voy a aceptar su postura, no importa la discusión o el debate».

¿Se imagina una actitud así? No aceptaría mi postura «sin importar la discusión o el debate». ¡Increíble! He tenido gente que me ha combatido con uñas y dientes sobre escatología. Es increíble la cantidad de disculpas que he recibido a lo largo de los años. Recuerdo una llamada que recibí durante una entrevista en una emisora de radio de Orlando, Florida. Un tipo me regañó por mis «opiniones heréticas». Le dije que leyera mi libro *Last Days Madness* [*La locura de los últimos días*]. Me llamó unos seis meses después para disculparse. *Last Days Madness* le había convencido de que lo que creía no podía soportar el escrutinio de la Biblia. He aprendido mucho de los críticos. Sus argumentos me obligan a estudiar más. No soy tan arrogante como para creer que lo tengo todo resuelto. Quiero que me desafíen. Así es como crecemos.

«Jactarse contra las ramas»

Me gustaría saber por qué es «jactarse contra las ramas» (Rom. 11:18), como sostenía mi crítico epistolar, cuestionar los supuestos básicos del dispensacionalismo. Un argumento tan engañoso es típico de algunos dispensacionalistas a los que les resulta difícil representar con exactitud los puntos de vista no dispensacionalistas y tienen problemas para ofrecer una defensa bíblica coherente de su propio paradigma dispensacional sin numerosas salvedades interpretativas (por ejemplo, huecos entre los años declarados, descartar los indicadores de tiempo, añadir y quitar palabras a un versículo, etc.) cuando se les cuestionan afirmaciones básicas (por ejemplo, que los dispensacionalistas son los únicos que interpretan la Biblia de una forma «literal» coherente). Los dispensacionalistas no se dan cuenta de lo que Pablo escribe unos versículos más adelante en Romanos 11: «Y también ellos, **si no perseveran en su incredulidad**, serán injertados, porque Dios puede volver a injertarlos» (v. 23). Los israelitas serán injertados cuando (y todos los demás) abandonen su incredulidad. No conozco a nadie que crea que los judíos están excluidos del evangelio ahora que los no judíos están incluidos. *Eso* sería «jactarse contra las ramas».

Pablo no está tratando con una distinción Iglesia-Israel en Romanos 11. No hay nada en todo el libro que indique que hay una distinción Iglesia-Israel. La palabra «Iglesia» no aparece hasta el capítulo 16, donde se refiere en dos lugares a asambleas locales de creyentes (16:1, 5). No se dice nada de un «rapto» de la Iglesia, de que Israel vuelva a ser una nación, de la necesidad de reconstruir el templo ni del regreso de ningún judío a su tierra como cumplimiento de la profecía bíblica. Hay un solo olivo, y los judíos y gentiles creyentes se convierten en parte del mismo árbol de la misma manera: creyendo en Jesús como el Cristo. «Porque no hay parcialidad con Dios.... Porque no es judío el que lo es exteriormente, ni es circuncisión la que es exterior en la carne. Pero es judío el que lo es por dentro; y la circuncisión es la del corazón, por el Espíritu, no por la letra; y su alabanza no proviene de los hombres, sino de Dios» (Rom. 2:11, 28-29).

En Gálatas leemos algo parecido: «Ya no hay judío ni griego; no hay esclavo ni libre; no hay varón ni mujer; porque todos vosotros sois uno en Cristo Jesús. Y si son de Cristo, entonces son descendientes de Abraham, herederos según la promesa» (Gál. 3, 28-29). No son los israelitas de carne y hueso los herederos de las promesas hechas por primera vez a Abraham. Si una persona pertenece a Cristo, entonces es heredera de Abraham. La Biblia no puede ser más clara a este respecto.

En Romanos 15, vemos que la distinción es, una vez más, entre la «circuncisión» (Israel) y la «incircuncisión» (gentiles), no entre Israel y la Iglesia.

> Porque digo que Cristo se ha hecho siervo de la circuncisión en nombre de la verdad de Dios *para confirmar las promesas dadas a los padres*, y para que los gentiles glorifiquen a Dios por su misericordia; como está escrito, «Por eso TE ALABARÉ ENTRE LOS GENTILES, y cantaré a tu nombre». Otra vez dice: «Alégrense, gentiles, con Su pueblo». Y otra vez: «Alaben al Señor todos los gentiles, y alábenle todos los pueblos». Otra vez dice Isaías: «Vendrá la raíz de Isaí, y el que se levante para gobernar a los gentiles, en Él esperarán los gentiles» (Rom. 15:8-12).

Las promesas a «la circuncisión» (Israel) no se pospusieron a modo de paréntesis para que Dios pudiera ocuparse de una nueva entidad redentora llamada Iglesia. Pablo afirma que Dios había *confirmado* «las promesas **dadas a los padres**». Estas profecías del Antiguo Testamento se estaban realizando en tiempos de Pablo. Pregunta: «Dios no ha rechazado a su pueblo, ¿verdad? ¡De ninguna manera!» (Rom. 11:1). Como prueba, se ofrece a sí mismo: «Yo también soy israelita, de la descendencia de Abraham, de la tribu de Benjamín» (11:1). Con su propio ejemplo y el de otros miles de judíos que se habían acercado a Cristo, asegura a sus lectores que «Dios **no ha** rechazado a su pueblo» (11:2). No está describiendo algo que vaya a suceder en un futuro lejano. Estaba ocurriendo allí mismo.

Recordando la historia de Elías, que pensaba que era el único que no había doblado la rodilla ante Baal, Pablo escribe: «De la **misma manera**, pues, ha venido **al presente** un remanente según la benévola elección de Dios» (11:5). Fíjese, es «en el tiempo presente» que Dios estaba siendo fiel a las promesas que había hecho «a los padres» (15:8). Pablo estaba describiendo lo que sucedía en su propia época: «Pero yo les hablo a ustedes que son gentiles. Pues bien, como apóstol de los gentiles, engrandezco mi ministerio, por si de algún modo pudiera mover a celos a mis compatriotas y salvar a algunos de ellos» (11:13-14). Pablo ni siquiera insinúa que hay un paréntesis y que la iglesia era algo nuevo. Se refería a su «ahora», no a un futuro separado por un periodo profético aplazado que se ha extendido hasta casi 2000 años: «Porque así como ustedes [los gentiles] en otro tiempo fueron desobedientes a Dios, pero **ahora se les ha** mostrado misericordia a causa de la desobediencia de ellos [Israel], así también ellos **ahora** han sido desobedientes, para que a causa de la misericordia que se les ha mostrado [a los gentiles], también ellos [los israelitas] tengan **ahora** misericordia» (Rom. 11:30-31).

Solo hay un árbol

Dos puntos adicionales necesitan ser discutidos. En primer lugar, contrariamente a J. W. Brooks, los gentiles son injertados en Israel; los «judíos o israelitas» no son absorbidos «en la Iglesia gentil».[21] Los judíos creyentes y los gentiles creyentes forman un único cuerpo de creyentes (Ef. 2:11-22) que obtiene su sustento (bendiciones) del Olivo israelita original. Esto significa que tanto israelitas como gentiles participan de lo que representa el árbol original. Las promesas hechas a Israel pertenecen a los israelitas creyentes y a los gentiles creyentes ya que son parte del mismo Olivo israelita original. Si los gentiles nunca hubieran sido injertados, entonces el Olivo hubiera continuado creciendo dispensando sus bendiciones solo a los israelitas. El árbol no deja de dispensar las bendiciones del pacto a los israelitas ahora que los gentiles estan injertados, y tampoco estas bendiciones son retenidas de los gentiles porque primero fueron prometidas a los israelitas. Cualquier alimento que se da a las ramas israelitas también se da a las ramas gentiles. El Olivo es la nueva comunidad de creyentes en Cristo, lo que el Nuevo Testamento llama la *ekklēsia*, una asamblea de creyentes.

En segundo lugar, las ramas israelitas fueron desgajadas a causa de su incredulidad. Estas ramas israelitas pensaban que era suficiente ser la semilla física de Abraham. Juan describe la mentalidad de esta manera: «[Jesús] vino a los suyos, y los suyos no le recibieron. Pero a todos los que le recibieron, a los que creen en su nombre, les dio

---

[21] J. W. Brooks, *Elements of Prophetical Interpretation* (Filadelfia: Orrin Rogers, 1841), 180.

potestad de ser hechos hijos de Dios, no nacidos de sangre, ni de voluntad de carne, ni de voluntad de varón, sino de Dios» (Jn. 1:11-13). John Murray comenta:

> En la incredulidad no hay acepción de personas (*cf.* [Rom.] 2:11). Dios no perdonó a las ramas naturales y tampoco perdonará a los gentiles (vs. 21). Si no permanecen en la fe, también ellos serán cortados (vs. 22)... La piedad cristiana es constantemente consciente de los peligros de la fe, del peligro de quedarse corta, y se caracteriza por el temor y el temblor que imponen las altas exigencias del llamado de Dios (*cf.* 1Cor. 2:3; Fil. 2:12; Heb. 4:1; 1Pe. 1:17). «El que piensa estar firme, mire que no caiga» (1Cor. 10:12).[22]

Cuestionar el sistema de interpretación dispensacional no es cuestionar lo que Pablo argumenta enérgicamente en Romanos 9-11. Hay un árbol, no dos. Hay un pueblo de Dios, no dos.

---

[22] John Murray, *The Epistle to the Romans* (NICNT), 2 vol. ed. (Grand Rapids, MI: Eerdmans, 1968), 2:87–88.

1

El mito de la distinción entre Israel y la Iglesia

Los dispensacionalistas han perpetrado el mito de una distinción entre Israel y la Iglesia que, según ellos, se basa en una lectura directa del Nuevo Testamento, donde en un punto concreto de la historia bíblica el programa redentor de Dios cambió de Israel a una nueva entidad llamada «la Iglesia». Es en este punto, argumentan los dispensacionalistas, que el reloj profético de Israel se detuvo y un «paréntesis misterioso»[1] llamado la Era de la Iglesia se insertó entre las semanas 69 y 70 de la profecía de Daniel (Dan. 9:24-27). La Era de la Iglesia terminará, según el argumento, cuando la Iglesia sea «raptada». Será en este momento que el reloj de la profecía comenzará a correr de nuevo y Dios tratará una vez más con Israel durante un período de siete años que incluye la Gran Tribulación, la semana 70 de Daniel. El autor dispensacionalista Charles Ryrie considera que la distinción Iglesia-Israel es «la parte absolutamente indispensable» del dispensacionalismo.

> ¿Qué caracteriza a una persona como dispensacionalista? ¿Cuál es la condición *sine qua non* (la parte absolutamente indispensable) del sistema?... *Un dispensacionalista mantiene diferenciados a Israel y a la iglesia....* Esta es probablemente la prueba teológica más básica para determinar si una persona es o no dispensacionalista, y es sin duda la más práctica y concluyente. El que no distingue a Israel y a la iglesia de manera consistente, inevitablemente no sostendrá las distinciones dispensacionalistas; y el que sí lo hace, sí lo hará.[2]

---

[1] H. A. Ironside, *The Great Parenthesis* (Grand Rapids, MI: Zondervan 1943).
[2] Charles C. Ryrie, *Dispensationalism*, rev. y ex. ed. (Chicago: Moody Press, 1995), 38–39. Esta cita es una expansión de la definición dada en la edición de 1965 *Dispensationalism Today*

Entonces, sin una distinción Israel-Iglesia y un cambio en los programas proféticos de Israel a la Iglesia, no hay dispensacionalismo. Si se puede demostrar que una distinción Israel-Iglesia y dos programas redentores separados no se basan en nada que se encuentre en la Biblia, entonces el sistema dispensacional se derrumba.

Una asamblea del pueblo de Dios

Conseguir una comprensión adecuada de la palabra griega *ekklēsia*, traducida con más frecuencia como «iglesia» en el Nuevo Testamento,[3] debería ser nuestro punto de partida, ya que es la parte más absolutamente indispensable del sistema dispensacional según Ryrie. Ryrie considera que un método interpretativo «histórico-gramatical» de la Biblia es «el segundo aspecto de la condición *sine qua non del dispensacionalismo*», resumido como aquel enfoque del texto de las Escrituras que considera el significado «*normal o llano*» de una palabra.[4] Afirma que «debe estudiarse el significado de cada palabra», de modo que «implica la etimología [el estudio del origen de la palabra], el uso, la historia y el significado resultante».[5] Entonces, ¿cuál es el significado «normal o llano» de *ekklēsia*? Ryrie nunca nos lo dice. Aunque dedica un capítulo entero a definir «dispensación», no define «iglesia». Lo que sigue del *Greek-English Lexicon of the New Testament* [*Léxico Griego-Inglés del Nuevo Testamento*] resultará útil para establecer una definición léxica adecuada de *ekklēsia*:

> Aunque algunas personas han tratado de ver en el término gκκλησία un significado más o menos literal de «los llamados» [*ek + kaleō*] este tipo de etimologización no se justifica ni por el significado de gκκλησία en los tiempos del NT o incluso por su uso anterior. El término gκκλησία fue de uso común durante varios cientos de años antes de la era cristiana y se utilizaba para referirse a una asamblea de personas constituida por miembros bien definidos. Para el NT... es

---

(Chicago: Moody, 1965), 44: «Un dispensacionalista mantiene la distinción entre Israel y la Iglesia».

[3] La palabra griega *ekklēsia* es usada 115 veces en el Nuevo Testamento, y en la mayoría de las traducciones se traduce «iglesia». Algunas excepciones pueden hallarse en Hechos 7:38, 19:32, 39, 41, y Hebreos 2:12.

[4] Ryrie, *Dispensationalism*, 40.

[5] Ryrie, *Dispensationalism*, 82.

importante entender el significado de gκλησία como «una asamblea del pueblo de Dios».[6]

Nótese que los autores de este léxico dicen que la palabra estaba en uso «varios cientos de años antes de la era cristiana». No se dice nada sobre su «significado dispensacional». Ninguno de los léxicos estándar sabe nada sobre el significado de *ekklēsia* que cuadraría con cómo los dispensacionalistas definen la palabra. No hay duda de que *ekklēsia* adquiere un mayor significado redentor en el Nuevo Testamento a causa de Jesucristo, pero no tanto como para separarlo de raíz de su significado en el Antiguo Testamento. Es aquí donde aprenderemos su «etimología, uso, historia y significado resultante».

Veremos que hay una continuidad del pueblo de Dios— llamado *ekklēsia* en la traducción griega del Antiguo y Nuevo Testamento— así como imágenes del Antiguo Testamento que primero se aplicaron a Israel, pero que en el Nuevo Testamento se aplican a la asamblea de creyentes israelitas y no israelitas en el Nuevo Testamento. Esto se resume muy bien en la epístola a los Hebreos: «Pero ustedes se han acercado al monte Sión, a la ciudad del Dios vivo, la Jerusalén celestial, a miríadas de ángeles, a la asamblea general y a la iglesia [*ekklēsia*] de los primogénitos que están inscritos en los cielos, a Dios, el Juez de todos, a los espíritus de *los* justos hechos perfectos, a Jesús, el mediador de un nuevo pacto, y a la sangre rociada, que habla mejor que *la sangre* de Abel» (12:22-23).

El monte Sión y la Jerusalén celestial se equiparan con la *ekklēsia* que está inscrita en el cielo, esa gran «nube de testigos» de la que habló el autor en el capítulo anterior (12:1). Muy difícilmente el autor de Hebreos está describiendo una distinción dispensacional Israel-Iglesia con dos programas redentores, uno terrenal (Israel) y otro celestial (Iglesia). Se puede ver cómo, al igual que Pablo en Gálatas 4:24-31, el autor de Hebreos engrana la promesa de tierra y lugar de Israel en elementos de un «mejor pacto» que no tiene límites individuales ni fronteras geográficas.

> La «ciudad del Dios vivo, la Jerusalén celestial», es en esencia la misma ciudad que Abraham esperaba con fe, es decir, «la ciudad que tiene fundamentos, cuyo arquitecto y constructor es Dios» (11:10), como es «la ciudad que ha de venir», buscada en esta época por el pueblo de Dios, que no tiene ciudad permanente aquí (Heb. 13:14), y

---

[6] J. P. Louw y E. A. Nida, *Greek-English Lexicon of the New Testament: Based on Semantic Domains*, ed. electronic de la 2da. ed. (Nueva York: United Bible Societies, [1989] 1996). United Bible Societies: Nueva York.

cuya verdadera ciudadanía está en el cielo (Fil. 3:20). Es la «ciudad santa, la nueva Jerusalén», la capital del cielo nuevo y de la tierra nueva, en la que, en cumplimiento de su promesa de pacto, Dios habita con los hombres, y ellos son eternamente su pueblo, y todas las cosas anteriores, con sus penas e imperfecciones, han pasado (Ap. 21:1-4). En efecto, los ciudadanos son ellos mismos los ciudadanos, porque, como sugiere Peter Lombard, Dios, que les da la vida, habita en ellos. La presencia de Dios es lo que constituye la nueva Jerusalén.[7]

Estos ciudadanos celestiales son israelitas *y* no israelitas. No hay dualismo redentor. Esta «asamblea» (*ekklēsia*) es una reunión de «los primogénitos», «la contraparte de la congregación o 'iglesia' de los israelitas reunidos bajo el liderazgo de Moisés en el Sinaí». Así, Esteban dice de Moisés: «Este es el que estaba en la congregación (*ecclesia*) en el desierto con el ángel que le habló en el monte Sinaí» (Hch. 7:38).[8] Esta reunión de Israel «se menciona en Deuteronomio (4:10; 9:10; 18:16) como 'el día de la *ecclesia*'» (Septuaginta).[9] La idea de que los creyentes del Nuevo Testamento están en la congregación de los «primogénitos» es otro indicador de que las promesas hechas a Israel las posee la *ekklēsia* del Nuevo Testamento formada por israelitas y no israelitas. Israel es el «hijo» de Dios, Su «primogénito» (Éx. 4:22). La *ekklēsia* del Nuevo Testamento también es tratada como el primogénito de Dios (Heb. 12:23) porque ha alcanzado la condición de miembro de la *ekklēsia* preexistente.

La «Iglesia» no es algo nuevo

No hay distinción Iglesia-Israel en la Biblia porque la palabra griega *ekklēsia* no es una invención de los escritores del Nuevo Testamento. La palabra griega *ekklēsia* era una palabra común utilizada para describir una asamblea o congregación. Se utiliza de esta manera en la traducción griega del Antiguo Testamento— la Septuaginta (LXX)— y en el Nuevo Testamento griego. Esta palabra común es utilizada por Jesús en el evangelio de Mateo (el más judío de los evangelios):

---

[7] Philip Edgcumbe Hughes, *A Commentary on the Epistle to the Hebrews* (Grand Rapids, MI: Eerdmans, 1977), 546.
[8] Hughes, *A Commentary on the Epistle to the Hebrews*, 547.
[9] Hughes, *A Commentary on the Epistle to the Hebrews*, 547.

- «Yo también te digo que tú eres Pedro, y sobre esta piedra edificaré mi iglesia [*ekklēsia*]; y las puertas del Hades no la vencerán» (Mt. 16:18).[10]
- «Si se niega a escucharles, díselo a la iglesia [*ekklēsia*]; y si se niega a escuchar incluso a la iglesia [*ekklēsia*], que sea para ustedes como un gentil y un recaudador de impuestos» (Mt. 18:17).

Nadie le pregunta a Jesús: «¿Qué es una *ekklēsia*?». Sabían lo que era una *ekklēsia* puesto que conocían la traducción griega del Antiguo Testamento hebreo. «Esta versión griega de las Escrituras hebreas era la Biblia de la Iglesia primitiva... Así, cuando los escritores del Nuevo Testamento, cuya Biblia era la Septuaginta, utilizaron *ekklēsia*, no estaban inventando un término nuevo.[11] Encontraron el término en uso común y simplemente emplearon lo que tenían a mano».[12]

La palabra griega *ekklēsia* se utilizó muchas veces en la Septuaginta para la palabra hebrea *qāhāl* que significa

---

[10] Fruchtenbaum escribe que «cuando la Iglesia se menciona por primera vez en Mateo 16:18, todavía es futura, como muestra claramente el uso del tiempo futuro. Jesús no dijo: 'Yo estoy construyendo', que habría sido el caso si la Iglesia ya existiera. La única conclusión posible es que la Iglesia se formó en Pentecostés». (Fruchtenbaum, *Israelology*, 466). Lo que Fruchtenbaum no dice a sus lectores es que, aunque *ekklēsia* se utiliza por primera vez en el evangelio de Mateo, no es la primera vez que los discípulos de Jesús habían oído el término. Estaban muy familiarizados con él, ya que se utiliza a lo largo de la traducción griega del Antiguo Testamento hebreo. Jesús describe cómo edificará su asamblea de creyentes sobre la confesión de que Él es «el Cristo, el Hijo de Dios vivo» (Mt. 16:16), que es fundamental para todo el Antiguo Testamento (Lc. 24:27). Su novedad es similar a la forma en que el pacto es nuevo (Heb. 8:8); es el mismo pacto, pero ampliado para incluir a los no israelitas y asegurado mediante la sangre derramada de Jesús (Mt. 26:28). Observe el número de pasajes en Hebreos 8 que se toman del Antiguo Testamento (8:5, 8, 9, 10, 11, 12) y se aplican a la *ekklēsia* del Nuevo Testamento.

[11] Siguiendo a la LXX, la asamblea sagrada de Israel era la «*ekklēsia* del Señor» (Dt. 23:1). «El pueblo de Dios» está «en la *ekklēsia*» (Jue. 20:2). Salomón llevó «toda la *ekklēsia*» a Gabaón, donde estaba el arca (2Cr. 1:3). Allí la *ekklēsia* consultó al Señor (2Cr. 1:5). Cuando se terminó el templo, Salomón bendijo a «toda la *ekklēsia* de Israel» (1Re. 8:14; cf. 8:22, 55; 2Cr. 6:3). Si este versículo estuviera en el NT, diría «toda la iglesia de Israel». Cuando Salomón está ante el altar y ora, está «ante toda la *ekklēsia* de Israel» (2Cr. 6:12). La «*ekklēsia* del Señor» era la asamblea del pacto de Israel (Dt. 4:10).

[12] Earl D. Radmacher, *What the Church is All About: A Biblical and Historical Study* (Chicago: Moody Press, [1972] 1978), 121, 132. Radmacher argumenta que «aunque las asociaciones etimológicas de *ekklesia* tienen su incuestionable relación con el significado del término, la prueba decisiva debe extraerse de la investigación exhaustiva de su uso real en el Nuevo Testamento. Si bien es cierto que la continuidad histórica parece exigir que la aparición temprana de la palabra *ekklesia* en cualquier literatura nueva sugiera simplemente 'asamblea', también es cierto que el Espíritu Santo con frecuencia eleva las palabras de sus usos corrientes a un plano superior de significado y les da un contenido nuevo tan vasto que sus etimologías difícilmente pueden explicar». Whitney afirma: Los filólogos están de acuerdo en que la autoridad final de cualquier palabra no reside en su connotación etimológica o histórica, sino *en su uso real*» (132). Esa es la cuestión. ¿Cuál es su uso y significado reales en el Nuevo Testamento?

«congregación» o «asamblea». (Incluso las traducciones hebreas modernas del Nuevo Testamento griego traducen *ekklēsia* como *qāhāl*.[13]) Al igual que *ekklēsia*, el hebreo *qāhāl* es un término general que puede referirse a «la asamblea de Israel» (Dt. 31:30; Jos. 8:35) o a «la asamblea de los malhechores» (Sal. 26:5). *Ekklēsia* se utiliza de forma similar en el Nuevo Testamento. Puede referirse a asambleas locales de cristianos (Ap. 2:1, 8, 12, 18; 3:1, 7, 14) o a asambleas paganas de no cristianos (Hch. 19:32, 39, 41). Por supuesto, también tiene el significado de un cuerpo de creyentes redentor compuesto colectivamente por israelitas y no israelitas. El uso que Pablo hace de *ekklēsia* en algunas de sus epístolas indica «que la propia *ekklesia* todavía tenía un significado general de 'asamblea'; el tipo particular de asamblea tenía que indicarse mediante calificativos similares al uso de la Septuaginta».[14] Robert Saucy hace referencia a 1 y 2Tesalonicenses como ejemplos en los que *ekklēsia* tiene un «significado general». Segunda de Tesalonicenses fue escrita alrededor del año 50 d.C.[15] Esto significa que no se dio un significado dispensacional especializado a *ekklēsia* durante más de 20 años después de Pentecostés, cuando los dispensacionalistas afirman que se fundó la Iglesia. De hecho, no hay ninguna definición especializada dada a la palabra «iglesia» en Apocalipsis, donde se refiere a las asambleas locales de creyentes, un libro que fue escrito unos años antes de la destrucción de Jerusalén que tuvo lugar en el año 70 dC.

> El término *ekklēsia* describe una asamblea real, una reunión de personas juntas. Lo mismo ocurre con el término del Antiguo Testamento *qāhāl* que se traduce por *ekklēsia* en la versión Septuaginta del Antiguo Testamento. Las palabras en sí no tienen el significado restringido de la palabra 'iglesia'. Sin embargo, cuando Jesús dijo: «Edificaré mi Iglesia»..., no estaba diciendo simplemente: «Reuniré a un grupo de personas». Más bien, estaba utilizando un término bien conocido que describía al pueblo de Dios. La 'asamblea del desierto' (Hch. 7:38) era la asamblea definitiva de Israel, la asamblea del pacto, cuando Dios reclamó como suyo a su pueblo redimido» (Dt. 4:10 LXX; 9:10; 10:4; 18:16).[16]

---

[13] *The Hebrew Bible (Old Testament and New Testament)* (Jerusalén, Israel: The Bible Society in Israel, 1970).
[14] Robert L. Saucy, *The Church in God's Program* (Chicago: Moody Press, 1972), 16.
[15] Gordon D. Fee, *The First and Second Letters to the Thessalonians* (NICNT) (Grand Rapids, MI: Eerdmans, 2010), 237–241.
[16] Edmund P. Clowney, «The Biblical Theology of the Church», *The Church in the Bible and the World: An International Study*, ed. D. A. Carson (Grand Rapids, MI: Baker Book House, 1987), 17.

El mito de la distinción entre Israel y la Iglesia

Cualquier judío capaz de leer la traducción griega del Antiguo Testamento hebreo habría reconocido la palabra y sabido lo que significaba. Al dirigirse a sus compatriotas judíos, Esteban describe a la comunidad creyente en la época del Antiguo Testamento como «la congregación [*ekklēsia*] en el desierto» (Hch. 7:38). En Hechos 8:1 y 3 la «*ekklēsia* en Jerusalén» estaba formada exclusivamente por judíos: ¡todos israelitas! Si *ekklēsia* significa «congregación» en Hechos 7:38,[17] entonces ciertamente tiene el mismo significado unos versículos más adelante en Hechos 8:1: «Saulo estaba de acuerdo de todo corazón en darle muerte [a Esteban]. Y en aquel día comenzó una gran persecución contra la *ekklēsia* [iglesia] en Jerusalén,[18] y todos fueron esparcidos por las regiones de Judea y Samaria, excepto los apóstoles». En Hechos 8:3 leemos que «Saulo *comenzó* a asolar la *ekklēsia* [iglesia], entrando casa por casa, y arrastrando a hombres y mujeres» para «meterlos en la cárcel». La *ekklēsia* que Saúl asoló estaba formada por israelitas creyentes que eran un testimonio vivo del cumplimiento de las promesas de Dios hechas a Israel a través de los padres y los profetas. Estos israelitas no creían ser un paréntesis «misterioso». En Pentecostés, Pedro dijo a los «hombres de Israel» (Hch. 2:22) que estaban en Jerusalén «de todas las naciones bajo el cielo» (2:5-11) que lo que estaba ocurriendo era el cumplimiento de lo que Joel y otros profetas habían profetizado (2:14-47).

> «Hombres de Judea y todos los que viven en Jerusalén, sepan esto y presten atención a mis palabras. Porque estos hombres no están borrachos, como ustedes suponen, pues *solo* es la tercera hora del día; sino que esto es lo que se dijo por medio del profeta Joel» (Hch. 2:14b-16).

Pedro citó un pasaje del Antiguo Testamento y lo aplicó a los acontecimientos de Pentecostés, como cumplimiento de la profecía.

---

[17] «Cabe señalar que [la traducción de *ekklēsia* como 'iglesia' en Hechos 7:38] se encuentra en la versión King James. La mayoría de las otras traducciones han traducido más correctamente este versículo para leer, la congregación en el desierto, o la asamblea en el desierto. El término griego *ekklēsia* no solo se utiliza en el sentido técnico de la Iglesia del Nuevo Testamento, sino que también se utiliza en la Septuaginta como traducción del hebreo *kahal*, que significa 'congregación'. Esa era la intención evidente de Hechos 7:38. Además, en el propio libro de los Hechos, *ekklēsia* se utiliza en el sentido no técnico de 'asamblea', pues se usa para describir una asamblea de gente del pueblo que no eran ni judíos ni cristianos, sino paganos gentiles [Hch. 19:32-33, 41]» (Fruchtenbaum, *Israelology*, 30-31). Por supuesto, el hebreo *qāhāl* también se utiliza en un sentido no técnico de asamblea, así como asamblea de creyentes.

[18] ¿Está Lucas comparando la Jerusalén de su tiempo con el desierto? («la *ekklēsia* en el desierto» y «la *ekklēsia* en Jerusalén»). Jesús predijo que Jerusalén sería destruida (Mt. 22:1-14) y que el templo quedaría para aquella generación «desolado» (23:38).

Mitos escatológicos

Los dispensacionalistas enseñan que el Antiguo Testamento no sabía nada acerca de una *ekklēsia* (iglesia) del Nuevo Testamento. Si este es el caso, entonces ¿cómo podría una profecía del profeta Joel aplicarse al comienzo de la *ekklēsia* (iglesia) del Nuevo Testamento e incluir a «toda carne» (Hch. 2:17) y no solo a Israel? No podría. Por eso el dispensacionalista Thomas Ice tiene que añadir la palabra «como» a las palabras de Pedro inspiradas por Dios para que el pasaje diga lo que él cree que debe decir para mantener el dualismo Israel-Iglesia: «Pero esto es [**como**] lo que se dijo por medio del profeta Joel». Trata de explicar la adición de «como» alegando: «La afirmación única de Pedro ('esto es aquello') está en el lenguaje de la comparación y la similitud, no del cumplimiento».[19] No hay ninguna indicación de que sea «como» lo que Joel profetizó; *es* lo que Joel profetizó. Resulta extraño que alguien que afirma interpretar la Biblia literalmente añada una palabra a un pasaje, no por claridad gramatical como hacen muchas traducciones con otros pasajes, sino para hacer una puntualización teológica.

Los Testigos de Jehová hacen algo parecido con Colosenses 1:16-17 para evitar que Jesús no fue creado. Su *Traducción del Nuevo Mundo* inserta la palabra «otras» entre paréntesis antes de «cosas»: «Porque por medio de él fueron creadas todas las [otras] cosas en los cielos y en la tierra, las cosas visibles y las cosas invisibles, no importa si son tronos o señoríos o gobiernos o autoridades. Todas las cosas fueron creadas por medio de él y para él. Además, él es anterior a todas las cosas y por medio de él todas las cosas han llegado a existir». En ambos casos, la teología dirige lo que *debe* decir el texto.

El autor dispensacional Stanley D. Toussaint contradice a Ice al insertar la palabra «como» entre «esto» y «aquello»: «Esta cláusula no significa: 'Esto es *como* aquello'; significa que Pentecostés cumplió lo que Joel había descrito».[20] Después de decir esto, pasa a argumentar, contradiciendo lo que acaba de escribir: «Sin embargo, las profecías de Joel citadas en Hechos 2:19-20 no se cumplieron». Entonces, ¿cuál es? Dice que el cumplimiento vendrá «si Israel se arrepintiera». Pero el remanente elegido de Israel sí se arrepintió: «Habiendo oído esto, se compungieron de corazón, y dijeron a Pedro y a los demás apóstoles: 'Hermanos, ¿qué haremos?'. Pedro les dijo: Arrepiéntanse...». (Hch. 2:37-38). ¿Cuál fue el resultado? «Entonces los que habían recibido su palabra se bautizaron; y se añadieron aquel

---

[19] Thomas Ice, «Acts», en Tim LaHaye, ed. *Prophecy Study Bible* (Chattanooga, TN: AMG Publishers, 2000), 1187.
[20] Stanley D. Toussaint, «Acts», *The Bible Knowledge Commentary: New Testament*, John F. Walvoord y Roy B. Zuck (Wheaton, IL: Victor Books, 1983), 358.

día como tres mil personas» (2:41). Aunque Toussaint rechaza el argumento expuesto por Ice de que Pedro estaba diciendo «esto es *así*», su afirmación de que «las profecías de Joel citadas en Hechos 2:19-20 no se cumplieron» tiene a Pedro diciendo «esto *no* es así», una clara contradicción e incluso peor que lo que Ice hace con el versículo. Zane C. Hodges está de acuerdo en que la inserción de «como» «es improbable por motivos lingüísticos». Comenta además:

> Algunos pensadores dispensacionalistas han insistido en que la frase «esto es lo que» no pretende anunciar el *cumplimiento* de la profecía de Joel en esta ocasión. Más bien, significa algo análogo al fenómeno descrito por Joel. Según este punto de vista, la frase «esto es aquello» significa algo similar a «esto es como aquello», o «esto es ese tipo de cosa».
> Tal interpretación es improbable por motivos lingüísticos.[21]

Hodges se equivoca, pero no llega tan lejos como Ice y Toussaint. Sí insinúa que el uso que hace Pedro de «esto es aquello» no es tan literal como parece tras la primera lectura. «Podemos concluir que Pedro quiso decir que la efusión del Espíritu cumplió la profecía de Joel. Pero esto no choca en absoluto con las convicciones dispensacionalistas fundamentales... La realidad oculta de la iglesia sigue siendo realidad oculta incluso cuando se ve que la profecía de Joel se cumplió en Pentecostés».[22] ¿Qué «*quiso* decir» Pedro? ¿Qué quiere decir esto? El texto nos dice lo que Pedro *dijo*. Si, como sostienen los dispensacionalistas, la iglesia tuvo su comienzo en Pentecostés, y «la profecía de Joel se ve cumplida en Pentecostés», parece razonable concluir que la profecía de Joel se aplicaba a la «iglesia» formada por judíos.

Un hombre nuevo en Cristo

Esta asamblea judía original de creyentes posterior a Pentecostés es la «*ekklēsia* de Dios», la congregación y asamblea del pueblo de Dios (Hch. 8:1; Gál. 1:13; Hch. 20:28; 1Cor. 1:2; 10:32; 15:9; 2Cor. 1:1; 1Tim. 3:5), una continuación de la comunidad creyente que se encuentra a lo largo de lo que llamamos el Antiguo Testamento. Más adelante, en Hechos, nos enteramos de que los gentiles fueron injertados en una *ekklēsia* israelita posterior a Pentecostés que ya

---

[21] Zane C. Hodges, «A Dispensational Understanding of Acts 2», *Issues In Dispensationalism*, 168.
[22] Hodges, «A Dispensational Understanding of Acts 2», 168–169.

Mitos escatológicos

estaba creciendo (Hch. 10).[23] Estaban «asombrados porque el don del Espíritu Santo se había derramado **también** sobre los gentiles» (10:45). Nótese el «también»: «Al judío primeramente y **también** al griego» (Rom. 1:16; 2:9-10). Las promesas israelitas se extendieron a los gentiles.

Pedro se dirigió a la multitud de Pentecostés como los «hombres de Israel» (Hch. 2:22) y «toda la casa de Israel» (2:36). Los «hermanos» —hermanos israelitas— quieren saber qué deben hacer ellos, como israelitas, para salvarse. Pedro les dice: «Porque la promesa es para *ustedes* y para *sus* hijos...» (2:39). No hay nada en este capítulo que indique que las promesas hechas por primera vez a Israel no se estaban cumpliendo en ese mismo momento. Pedro continúa predicando a sus compatriotas informándoles de que «Jesús el Cristo» estaba «destinado para **ustedes**» (3:20). La «restauración de todas las cosas» (3:21) es la obra redentora preordenada de Jesús para cumplir lo que todos los profetas habían escrito. Pedro les dice que los profetas «anunciaron **estos días**» (3:24). «**Ustedes** son los hijos de los profetas y del pacto que Dios hizo con sus padres, diciendo a Abrahán: 'Y en **tu** descendencia serán benditas todas las familias de la tierra'» (3:25).

Seguimos leyendo sobre el cumplimiento de la promesa hecha a Israel, «hijos de la familia de Abraham». Las promesas se cumplen, no se posponen.

> «De la descendencia de este hombre, según la promesa, Dios ha traído a Israel un Salvador, Jesús, después de que Juan proclamara antes de su venida un bautismo de arrepentimiento a todo el pueblo de Israel. Y mientras Juan terminaba su curso, seguía diciendo: '¿Qué suponen que soy yo? Yo no soy *Él*. Pero he aquí que viene tras de mí uno cuyas sandalias de los pies no soy digno de desatar'. Hermanos, hijos de la familia de Abraham, y los que entre ustedes temen a Dios, a nosotros se

---

[23] Como observa Marten H. Woudstra: «La cuestión de si es más apropiado hablar de una sustitución de los judíos por la Iglesia cristiana o de una extensión (continuación) del pueblo de Dios del AT al de la Iglesia del NT recibe respuestas diversas». Marten H. Woudstra, « Israel and the Church», en *Continuity and Discontinuity: Perspectives on the Relationship Between the Testaments*, ed. John S. Feinberg. John S. Feinberg (Wheaton, IL: Crossway, 1987), 237. Clarence Bass adopta una postura similar: «No es que los exégetas anteriores a su época no vieran un pacto entre Dios e Israel, o una relación futura de Israel con el reino milenario, sino que siempre vieron a la iglesia como una continuación del único programa de redención de Dios iniciado en Israel. Es la rígida insistencia del dispensacionalismo en una clara división entre Israel y la Iglesia, y su creencia en un cumplimiento incondicional posterior del pacto abrahámico, lo que lo aleja de la fe histórica de la Iglesia. (Clarence Bass, *Backgrounds to Dispensationalism* [Grand Rapids, Eerdmans, 1960], 27).

nos ha enviado el mensaje de esta salvación. Porque los que viven en Jerusalén y sus jefes, no reconociéndole a Él ni las palabras de los profetas que se leen todos los sábados, *las* cumplieron *condenándole*» (Hch. 13:23; cf. 13:32-33; 26:6).

Obsérvese cómo Pablo argumenta en Romanos «que la promesa se garantizará a todos los descendientes, no solo a los que son de la Ley, sino también a los que son de la fe de Abraham, que es el padre de todos nosotros» (Rom. 4:16; cf. 9:8; Gál. 3:29; 4:28). A los creyentes no israelitas, la «incircuncisión» (Ef. 2:11) que están «en Cristo», se les hace parte de la comunidad de Israel y se les extienden las promesas originalmente dadas a Israel:

Recuerden que en aquel tiempo estaban separados de Cristo, excluidos de la comunidad de Israel y ajenos a los pactos de la promesa, sin esperanza y sin Dios en el mundo. Pero ahora, en Cristo Jesús, ustedes que antes estaban lejos, han sido hechos cercanos por la sangre de Cristo. Porque Él mismo es nuestra paz, que de ambos pueblos hizo uno, derribando la barrera del muro de separación (2:12-14).

En consecuencia, los creyentes no israelitas en Cristo participan de la (1) «**comunidad** de Israel», pues (2) ya no son «ajenos a los **pactos de la promesa**» (Ef. 2:12), (3) «ya no extranjeros ni advenedizos», sino (4) «**conciudadanos** de los santos, y (5) miembros **de la familia de Dios**, edificados (6) sobre el **fundamento de los apóstoles y profetas**, siendo la piedra angular Cristo Jesús mismo, en quien todo el edificio, bien coordinado, va creciendo para ser (7) un **templo santo** en el Señor, en el cual ustedes también son juntamente edificados para morada de Dios en el Espíritu» (2:20-22). No hay nada más israelita que estas denominaciones. Gotean descripciones del Antiguo Testamento para Israel: mancomunidad, ciudadanía, hogar, fundamento de apóstoles y profetas, templo santo y pactos. Es a través de Jesús que «**ambos tenemos** acceso al Padre en un solo Espíritu» (2:18).

Se dice que las promesas hechas al Israel del Antiguo Testamento son cumplidas por Pablo en la llamada era de la iglesia, algo que un dispensacionalista nunca reconocería: «Porque **somos templo** del Dios viviente; como Dios dijo: Habitaré en ellos, y andaré entre ellos; y seré su Dios, y **ellos serán mi pueblo....** Y seré para ustedes por padre, y ustedes me serán hijos e hijas, dice el Señor Todopoderoso» (2Cor. 6:16, 18). ¿Cómo puede ser esto cuando Pablo está citando un

Mitos escatológicos

versículo que originalmente se aplicaba a Israel? ¿Cómo puede la iglesia ser el templo? El templo es estrictamente judío. Segunda Corintios 6:18 es una cita directa de Éxodo 29:45: «Y habitaré entre los hijos de Israel y seré su Dios». Luego está la declaración a los *ekklēsia* corintios de «salgan de en medio de ellos y apártense». Esta también es una referencia del Antiguo Testamento a Israel, al igual que la referencia a no tocar «lo que es impuro» (2Cor. 6:17b; Is. 52:11). Por último, Pablo dice a los corintios que Dios será un Padre para ellos y que serán «hijos e hijas» suyos (2Cor. 6:18). Una vez más, Pablo recurre a pasajes que primero se aplicaron a Israel (Is. 43:6; Oseas 1:10).

Observe cómo comienza 2Corintios 7: «Así que, amados, teniendo **estas promesas**, limpiémonos de toda contaminación de carne y de espíritu, perfeccionando la santidad en el temor de Dios» (v. 1). «Estas promesas» fueron hechas a Israel, y sin embargo Pablo las aplica a la iglesia de Corinto (1:1).

No se menciona un aplazamiento de las promesas, «un período intercalario [insertado en el calendario] de la historia»,[24] hechas por primera vez a Abraham. Estos creyentes judíos, destinatarios de las promesas pronunciadas por los profetas (Hch. 3:24), constituían «la iglesia» (5:11). Así pues, cuando los gentiles fueron injertados en la *ekklēsia* israelita existente, tomaron parte en las mismas promesas israelitas. Los dispensacionalistas tienen que mantener que este nunca fue el plan de Dios. Citando Isaías 57:19, Pablo asegura a israelitas y no israelitas que están en Cristo, «y vino y les anunció la paz a ustedes que estaban lejos, y la paz a los que estaban cerca» (Ef. 2:17). ¡La *ekklēsia* del Nuevo Testamento fue siempre el plan de Dios!

Los dispensacionalistas siguen manteniendo que hay promesas incumplidas para Israel. ¿En qué parte del Nuevo Testamento se dice esto? Ni un solo escritor del Nuevo Testamento ofrece una advertencia a su afirmación de que las promesas se han cumplido. Tenemos que preguntarle al dispensacionalista cuándo se van a cumplir estas promesas incumplidas. No puede ser durante la llamada era de la iglesia ya que, como afirma el dispensacionalista Thomas Ice, «Nosotros los dispensacionalistas creemos que la iglesia ha suplantado a Israel durante la actual era de la iglesia, pero Dios tiene un tiempo futuro en el que restaurará al Israel nacional 'como la institución para la administración de las bendiciones divinas al

---

[24] E. Schuyler English, *A Companion to the New Scofield Reference Bible* (New York: Oxford University Press, 1972), 135.

mundo'».²⁵ ¿Cuándo tendrá lugar esta bendición divina al mundo? No puede tener lugar «durante la actual era de la iglesia» ya que Dios, según Ice, ha reemplazado a Israel con la iglesia. No tendrá lugar durante la versión dispensacionalista de la Gran Tribulación ya que habrá una matanza masiva de judíos y una destrucción aún mayor del mundo. ¿Será durante el «milenio»? Apocalipsis 20 no dice nada sobre el cumplimiento final de las promesas ya que no se menciona a Israel ni a la tierra de Israel.

Conclusión

Los dispensacionalistas sostienen vehementemente que la *ekklēsia* (iglesia) era desconocida para los escritores del Antiguo Testamento. La llamada era de la iglesia se dice que es un «misterio», un paréntesis, una brecha en el tiempo profético, hasta el «rapto» pretribulacional cuando la iglesia será removida de la tierra y Dios tratará con Israel de nuevo. Entonces, ¿por qué el escritor a los Hebreos cita el Salmo 22:22 y utiliza la palabra griega *ekklēsia*, traducida con precisión en la mayoría de las traducciones modernas como «congregación», como debería traducirse en otros lugares (véase más adelante)? La *ekklēsia* era bien conocida por cualquiera que estuviera familiarizado con la traducción griega de las Escrituras hebreas. La *ekklēsia* no era un concepto nuevo:

«Proclamaré Tu nombre a mis hermanos,
En medio de la congregación [*ekklēsia*] cantaré Tu alabanza»
(Heb. 2:12).

Philip E. Hughes escribe: «La proclamación de la Buena Nueva y la alabanza a Dios que la acompaña tienen lugar, además, *en medio de la congregación,* o más literalmente (como en muchas versiones) 'en medio de la iglesia' [*ekklēsia* aquí es la traducción de los LXX del hebreo *qāhāl*'], que en la perspectiva del Nuevo Testamento es el nuevo templo de Dios que se está construyendo con esas 'piedras vivas' que son hermanos con y en Cristo (1Pe. 2:5; Ef. 2:19-22)».²⁶

Si los dispensacionalistas están en lo cierto, entonces los escritores del Nuevo Testamento estaban terriblemente confundidos, a pesar del hecho de que ellos, al igual que sus homólogos del Antiguo

---

[25] Thomas Ice, «The Israel of God», The Thomas Ice Collection: www.raptureready.com/featured/TheIsraelOfGod.html#_edn3
[26] Hughes, *A Commentary on the Epistle to the Hebrews*, 108.

Testamento, estaban bajo la inspiración directa del infalible Espíritu Santo (2Tim. 3:16-17). Por supuesto, sabemos que no estaban confundidos en lo más mínimo. Si hubieran querido hacer tal distinción entre Israel y la «iglesia», sin duda habrían utilizado una palabra distinta de *ekklēsia*, que poseía una *continuidad de significado* que abarcaba tanto el Antiguo como el Nuevo Testamento de la Biblia griega.

2

El mito de que el moderno Estado de Israel es una señal de que el rapto está cerca

Además de la insistencia del dispensacionalismo en que la aplicación del programa redentor de Dios cambió en el Nuevo Testamento de Israel a una nueva entidad llamada «la Iglesia» (véase el capítulo 1), otro principio fundamental del dispensacionalismo es que no hay señales proféticas antes del «rapto». Ni una. Nada. Nadita. Ninguna. Esto se debe a que, según los dispensacionalistas, la Iglesia tuvo su comienzo en Pentecostés. En ese momento, el reloj profético en lo que respecta a Israel se detuvo (el final de la semana 69 de Daniel: 483 años). No comenzará de nuevo hasta el «rapto» (el comienzo de la semana 70) que ellos argumentan es todavía un evento futuro (Jesús viniendo *por* Su Iglesia) que es diferente de la Segunda Venida (Jesús viniendo *con* Su Iglesia).[1] De nuevo, siguiendo la hermenéutica dispensacional, la llamada Era de la Iglesia no tiene historia profética en el Antiguo Testamento. Esto significa que *ninguna* profecía del Antiguo Testamento puede encontrar cumplimiento desde el tiempo de Pentecostés cuando la Era de la Iglesia tuvo su comienzo y el «rapto» cuando se dice que la Era de la Iglesia termina.

Se dice que el «rapto» pondrá fin a la Era de la Iglesia y comenzará de nuevo el trato de Dios con Israel tras un aplazamiento de casi 2000 años (y contando). Los dispensacionalistas creen que el

---

[1] Mark Hitchcock, *Could the Rapture Happen Today?* (Sisters, OR: Multnomah Publishers, 205), cap. 7. Para un estudio detallado de este tema, véase Gary DeMar con Francis X. Gumerlock, *The Rapture and the Fig Tree Generation* (Powder Springs, GA: American Vision, 2020).

Mitos escatológicos

«rapto» es siempre «inminente», que puede tener lugar en cualquier momento durante la Era de la Iglesia. Gerald B. Stanton lo pone de esta manera: *«El rapto no tiene señales... y es presentado en las Escrituras de tal manera que cada generación pueda disfrutar de la esperanza, el desafío y otras bendiciones de Su aparición».*[2] Tome nota de la frase «cada generación», porque servirá como una pieza importante en el rompecabezas del «rapto» que a menudo es pasada por alto por aquellos que sostienen la teoría del rapto en cualquier momento. Según Stanton y cualquier otro dispensacionalista, significa que el «rapto» podría haber tenido lugar en la generación de Pablo (1Tes. 4:17) y en cualquier generación posterior.[3] Jesse Forest Silver escribió que los padres apostólicos «esperaban el regreso del Señor en sus días».[4] ¿Se estaba preparando el escenario en la era post-apostólica? ¿Cómo podría ser eso cuando todos los actores principales que los dispensacionalistas dicen que están en su lugar hoy no existían, incluyendo lo que Tim LaHaye dice que es la «Súper Señal», el regreso de los judíos a su tierra?

Si la doctrina de la inminencia[5] es fiel a sí misma, el rapto podría haber tenido lugar antes de la destrucción de Jerusalén cuando la

---

[2] Gerald B. Stanton, «The Doctrine of Imminency: Is It Biblical?», *When the Trumpet Sounds: Today's Foremost Authorities Speak Out on End-Time Controversies*, ed. Thomas Ice and Timothy Demy (Eugene, OR: Harvest House, 1995), 223.

[3] Stanton escribe: «Pablo parecía incluirse a sí mismo entre los que esperaban el regreso de Cristo (1Tes. 4:15, 17; 2Tes. 2:1).... Muchos han llegado a la conclusión de que la expectación de algunos era tan fuerte que habían dejado de trabajar y tuvieron que ser exhortados a volver a sus puestos de trabajo (2Tes. 3:10-12)». («The Doctrine of Imminency: Is It Biblical?», 224.

[4] Jesse Forest Lee, *The Lord's Return* (Nueva York: Fleming H. Revell Co., 1914), 62–63. Citado en Stanton, «The Doctrine of Imminency: Is It Biblical?», 225.

[5] Como afirma el dispensacionalista y promotor de la doctrina de la inminencia del «rapto» («en cualquier momento») Earl D. Radmacher: «Las palabras inminente e inminente no se encuentran en las Escrituras». (Earl D. Radmacher, «The Imminent Return of the Lord», *Issues in Dispensationalism*, eds. Wesley R. Willis y John R. Master [Chicago: Moody Press, 1994], 248.) No es tanto que no se utilicen las palabras, sino que el concepto en sí no se encuentra en las Escrituras debido a la forma específica en que se utilizan las palabras para identificar cuándo deben tener lugar los acontecimientos. Radmacher reconoce que es difícil desarrollar la doctrina de la inminencia basándose en palabras específicas: «Con respecto a la palabra *engus* [cerca/ a la mano], cuando se usa en Mateo 26:45-46)... la cosa de la que se habla como 'estar cerca' tuvo lugar mientras el orador aún estaba hablando»: He aquí que se acerca la hora, y el Hijo del hombre es entregado en manos de pecadores. Levántense, vamos. Miren, el que me entrega está cerca». Y mientras Él aún hablaba, he aquí que Judas, uno de los doce,... vino». (251). A continuación, Radmacher compara el pasaje de Mateo con 1Pedro 4:7, que afirma: «el fin de todas las cosas está cerca [*engus*]», literalmente, «se ha acercado». Radmacher concluye que *engus* («a la mano» o «cerca») significa que un acontecimiento «puede suceder en unos pocos minutos (Mt. 26:45-47) o en unos pocos miles de años (1Pe. 4:7)» (251). Esto difícilmente puede ser cierto, sobre todo cuando se hace un estudio completo de *engus*. Nunca se utiliza de tal manera que el lector se quede con la impresión de que un acontecimiento podría suceder en cualquier momento, ya sea dentro de una semana o de dos mil años, sino que el acontecimiento está en el horizonte inmediato. Un lenguaje similar se utiliza en Sofonías 1:14-18, que es una descripción de lo que iba a suceder a Judá y a «todos los habitantes de Jerusalén» (1:4) cuando

El mito de que el moderno Estado de Israel es una señal de que el rapto está cerca

ciudad fue saqueada por los romanos en el año 70 d.C., o podría haber ocurrido en el año 1000, 1066, 1492, 1517, 1776, 2001, o en la actualidad. En teoría, el «rapto» podría haber ocurrido en cualquier momento después de Pentecostés. Así es como el dispensacionalista John MacArthur, que es un representante del punto de vista del rapto sin señales y en cualquier momento, explica la posición:

> Podría ocurrir en cualquier momento. Es un evento sin señales, inminente, es lo siguiente, no se necesitan señales... [Hay] señales antes de la Segunda Venida, [pero no hay] señales antes del Rapto. Vivimos en la luz que en cualquier momento en cualquier fracción de un momento, sonidos de trompetas [*sic*], el ángel llama y vamos. Este es el siguiente evento en el plan de Dios. Es solo para aquellos que conocen y aman a Cristo. Estamos aquí para servirles y ayudarles».[6]

MacArthur no es el único dispensacionalista que presenta el argumento de cualquier momento, sin señales. James F. Stitzinger argumenta de manera similar: «La venida de Cristo en el rapto es inminente, en el sentido de una venida en cualquier momento. Aunque no hay señales para el rapto, hay señales de la Segunda Venida que seguirá y estas pueden aparecer antes del rapto. Observe Filipenses 3:20-21; 1Tesalonicenses 1:10; 4:16; Tito 2:13; Santiago 5:7-9».[7] Paul Feinberg está de acuerdo: «No hay mención de ninguna señal o evento que preceda al Arrebatamiento de la iglesia en *ninguno* de los pasajes del Arrebatamiento. El punto parece ser que el creyente antes de este evento debe buscar, no alguna señal, sino al Señor desde el cielo. Si el Rapto fuera parte del complejo de eventos que conforman la Segunda Venida, y no distinto de ella, entonces esperaríamos que hubiera una mención de señales o eventos en al menos un pasaje».[8] La frase clave es: «*no* hay *señales* que precedan al 'rapto'». Usted va a leer a muchos escritores de profecía que afirman esto como la doctrina fundamental de su sistema profético. Sin ella,

---

«el Señor entregó a Joaquín, rey de Judá, en manos [de Nabucodonosor]» (Dan. 1:2). Un lenguaje similar de «fin del mundo» se encuentra en el Salmo 18 para lo que obviamente eran acontecimientos locales.

[6] John MacArthur, «The Final Generation of the Future Judgment», comentario sobre Lucas 21:29–33 (GC 42-264): http://www.biblebb.com/files/MAC/42-264.htm

[7] James F. Stitzinger, «The Rapture in Twenty Centuries of Biblical Interpretation», *The Masters Seminary Journal* 13:2 (Otoño 2002), 152: http://www.tms.edu/tmsj/tmsj13e.pdf.

[8] Paul D. Feinberg, «The Case for the Pretribulation Rapture Position», *The Rapture: Pre-, Mid-, or Post-Tribulational?*, ed. Ben Chapman (Grand Rapids, MI: Academic Books, 1984), 80.

no habría movimiento profético moderno. Pero hay un problema mayor.

No y Sí

No, no hay señales. Sí, hay señales. Podríamos replantearlo así: «Por un lado... pero por otro». He aquí un ejemplo perfecto. Todd Strandberg y Terry James, autores del libro *Are You Rapture Ready?* [*¿Estás listo para el Rapto?*] escriben: «La Biblia no da señales específicas que precederán al Rapto. Será sin anuncio. Instantáneo. Sorprendente». Suena como si estuvieran en línea con el paradigma del «rapto» sin señales y en cualquier momento. Luego, *en las dos frases siguientes*, se contradicen: «Los profetas de la Biblia, por otro lado, enumeran muchas señales proféticas que precederán al período de siete años de problemas mundiales conocido como 'Tribulación' o 'Apocalipsis'. Curiosamente, los estudiosos de la profecía están descubriendo que señales similares a las que los profetas de la Biblia tienen para la era de la Tribulación están a nuestro alrededor».[9] Este tipo de esquizofrenia profética se extiende por casi todos los libros de profecía populares escritos hoy en día, como demostraré a continuación.

El mantra de que no hay señales antes del «rapto» es una parte absolutamente indispensable del sistema dispensacional porque la inminencia «*es* una deducción necesaria del pretribulacionismo».[10] Es la extensión lógica de la creencia en un paréntesis imprevisto del que los profetas del Antiguo Testamento no sabían nada. Si los judíos no hubieran rechazado a Jesús, afirman los dispensacionalistas, el Reino tal como fue prometido a Israel habría comenzado en la primera venida de Jesús. Esto significa que «cuando los judíos rechazaron a Jesús como su Mesías, Dios suspendió el calendario profético al final de la sexagésima novena semana de Daniel y empezó a construir un pueblo nuevo y celestial: la Iglesia».[11] E. Schuyler English, que fue elegido en 1954 por Oxford University Press para presidir un comité de revisión para editar y actualizar la *Scofield Reference Bible*, lo explica así:

---

[9] Todd Strandberg y Terry James, *Are You Rapture Ready?: Signs, Prophecies, Warnings, Threats, and Suspicions that the Endtime is Now* (Nueva York: Dutton, 2003), xiii–xiv.

[10] Richard L. Mayhue, *Snatched Before the Storm!: A Case for Pretribulationism* (Winona Lake, IN: BMH Books, 1980), 4.

[11] Timothy Weber, «The Dispensationalist Era», *Christian History*, 18:1 (Issue 61), 34.

El mito de que el moderno Estado de Israel es una señal de que el rapto está cerca

Un período intercalado [insertado en el calendario] de la historia, después de la muerte y resurrección de Cristo y la destrucción de Jerusalén en el año 70 d.C., ha intervenido. Esta es la era presente, la era de la Iglesia.... Durante este tiempo Dios no ha estado tratando con Israel nacionalmente, porque ellos han sido cegados con respecto a la misericordia de Dios en Cristo.... Sin embargo, Dios tratará de nuevo con Israel como nación. Esto será en la septuagésima semana de Daniel, un período de siete años aún por venir.[12]

Scofield había establecido la pauta para este tipo de interpretación en su edición de 1909 de su *Reference Bible*. Refiriéndose a Mateo 4:17b, «Arrepiéntanse porque el reino de Dios está cerca», Scofield hizo estos comentarios sobre el pasaje: «'Se acerca' nunca es una afirmación positiva de que la persona o cosa de la que se dice que 'se acerca' aparecerá inmediatamente, sino solo de que no debe intervenir ningún acontecimiento conocido o predicho. Cuando Cristo se apareció al pueblo judío, lo siguiente en el orden de la revelación, tal como estaba entonces, debería haber sido el establecimiento del reino davídico».[13] Por supuesto, un estudio de «a mano» (*engus*) enseña lo contrario.[14] *Siempre* significa algo que está próximo, en el horizonte

---

[12] E. Schuyler English, *A Companion to the New Scofield Reference Bible* (Nueva York: Oxford University Press, 1972), 135.

[13] Cyrus Ingersoll Scofield, *The Scofield Reference Bible* (New York: Oxford University Press, 1909), 988, note 3. Piense en las implicaciones de la afirmación de Scofield. Si la nación de Israel en su conjunto hubiera abrazado a Jesús como el Mesías, entonces las 70 semanas de Daniel habrían comenzado inmediatamente. ¿Pero qué sucede en esta semana final? El anticristo hace un pacto con Israel. Rusia se abalanza y se le unen las naciones islámicas (dos entidades que no existían en el primer siglo). Luego, para colmo de males, después de confiar en Jesús, dos tercios de los judíos que viven en Israel son masacrados (Zc. 13:8). ¿Puede usted ver cómo el dispensacionalismo es un sistema interpretativo imposible y cuantas lagunas son necesarias para que funcione? Los dispensacionalistas pueden seguir empujando los eventos proféticos hacia el futuro afirmando siempre que todo se cumplirá «después del rapto» cuando ningún cristiano que viva ahora estará cerca para probar lo que ellos afirman que es verdad de su sistema interpretativo.

[14] «[La palabra griega *engus*] es un adverbio de tiempo formado por dos palabras: *en* ('en') y *guion* ('miembro'). De ahí que su significado sea literalmente 'a mano'. El Léxico Arndt y Gingrich ofrece una palabra, 'cerca', como significado. [W. F. Arndt y F. W. Gingrich, eds., *A Greek-English Lexicon of the New Testament and Other Early Christian Literature*, 4ta. ed. (Chicago: University of Chicago, 1957), 213.]. Thayer amplía la idea de la palabra: 'del Tiempo; concerniente a cosas inminentes y que pronto sucederán'. [Joseph Henry Thayer, ed., *Greek English Lexicon of the New Testament* (Nueva York: American Book, 1889), 164.]. Algunos de los ejemplos de Thayer son: 'la venida del Señor está cerca' (Stg. 5:8); 'el tiempo está cerca' (Lc. 21:8) 'el día está cerca' (Rom. 13:12); 'el fin está cerca' (1Pe. 4:7)]. Enumera Apocalipsis 1:3 y 22:10 en su serie de ejemplos. La palabra se usa con frecuencia de acontecimientos cronológicamente cercanos, como la proximidad del verano (Mt. 24:32), la Pascua (Mt. 26:18; Jn. 2:13; 11:55), la Fiesta de los Tabernáculos (Jn. 7:2), etc». [Kenneth L. Gentry,Jr., *La caída de Jerusalén: Fechando el libro de Apocalipsis*, (Salem, OR: Publicaciones Kerigma, 2022), 140.].

de cumplirse, tanto si se refiere a personas como a acontecimientos (por ejemplo, Mc. 14:42; Lc. 21:8; Jn. 2:13; 6:4; 7:2, 6; 11:55; Rom. 13:12; Stg. 5:8). Milton Terry, autor de *Biblical Hermeneutics* [*Hermenéutica bíblica*], una obra recomendada por dispensacionalistas y no dispensacionalistas,[15] ofrece un buen antídoto contra la afirmación de que palabras temporales como «cerca» y «dentro de poco» significan un período de tiempo prolongado:

> Cuando un escritor dice que un acontecimiento sucederá pronto o está a punto de suceder, es contrario a toda propiedad declarar que sus afirmaciones nos permiten creer que el acontecimiento está en un futuro lejano. Es un abuso censurable del lenguaje decir que las palabras *inmediatamente*, o *cerca*, significan *dentro de siglos*, o *después de mucho tiempo*. Tal tratamiento del lenguaje de las Escrituras es incluso peor que la teoría del doble sentido.[16]

Aun así, hay quienes insisten en interpretar la Biblia literalmente y no pueden aceptar la explicación interpretativa de Terry. Por ejemplo, Larry Spargimino sostiene que estas palabras sobre el tiempo «se refieren a asuntos humanos. El hombre tiene un sentido del tiempo diferente al de Dios».[17] Esto significa, según Spargimino, que cada vez que se encuentran palabras como «cerca» y «dentro de poco» en un contexto profético, significan lo contrario.

Para ver si había cambiado algo en el significado de *engus*, consulté el recién publicado *Analytical Lexicon of the Greek New Testament* [*Léxico analítico del griego del Nuevo Testamento*]. Dos de los tres autores trabajaron como lingüistas de campo y profesores de lingüística de posgrado en el sudeste asiático. Uno trabajó en varios países como consultor de griego para Wycliffe Bible Translators. Estas son sus conclusiones «[*engus*] adverbio (1) de espacio *cercano, próximo a* (JN 3.23); absolutamente *cercano, a mano, vecino* (JN 19.42); (2) de tiempo *cercano, inminente, próximo* (MT 26:18); (3) figuradamente, de relación cercana o íntima *cercana, próxima* (EP 2.17)».[18]

---

[15] Robert L. Thomas, «The Hermeneutics of Progressive Dispensationalism», *The Master's Perspective on Contemporary Issues* (Grand Rapids, MI: Kregel, 1998), 190.

[16] Milton S. Terry, *Biblical Hermeneutics: A Treatise on the Interpretation of the Old and New Testaments* (New York: Phillips & Hunt, 1883), 495–496.

[17] Larry Spargimino, *The Anti-Prophets: The Challenge of Preterism* (Oklahoma City: Hearthstone Publishing, 2000), 140.

[18] Timothy Friberg, Barbara Friberg, and Neva F. Miller, *Analytical Lexicon of the Greek New Testament* (Grand Rapids, MI: Baker Books, 2000), 126.

El mito de que el moderno Estado de Israel es una señal de que el rapto está cerca

Un acontecimiento sin señales, pero con señales

La creencia esencial de que el «rapto» es un acontecimiento sin señales no ha impedido que los dispensacionalistas hagan anuncios proféticos o escriban libros que enumeran señales que, según ellos, son pruebas de que el rapto está cerca. Jerry Falwell (1933-2007), quien declaró en una emisión televisiva del 27 de diciembre de 1992 que «no creía que hubiera otro milenio... u otro siglo», escribió lo siguiente el 23 de julio de 2006:

> Es evidente, a la luz del renacimiento del Estado de Israel, que los acontecimientos actuales en Tierra Santa pueden muy bien servir de preludio o precursor de la futura batalla de Armagedón y del glorioso regreso de Jesucristo.[19]

Mark Hitchcock sigue la posición dispensacional estándar de que «el Rapto es un acontecimiento inminente, sin señales, que, desde la perspectiva humana, podría ocurrir en cualquier momento»,[20] pero luego pasa a escribir otros libros que describen las señales que él afirma son evidencia de que el «rapto» está cerca. He aquí una descripción de su libro *Seven Signs of the End Times* [*El fin se acerca*]:[21]

> Desde 1948, cuando las Naciones Unidas establecieron una patria nacional israelí, los judíos han regresado a la región en masa. Mark Hitchcock afirma que este regreso, que pone fin a siglos de exilio, es solo una señal del fin de los tiempos. La guerra en Oriente Medio, la Unión Económica Europea, el globalismo, la apostasía en la Iglesia... todo indica que el regreso de Cristo es inminente.

Después de pasar más de cien páginas describiendo cómo los acontecimientos proféticos se están cumpliendo en nuestros días en su libro *The Late Great United States* [*El gran difunto Estados Unidos*], en la página 115 Hitchcock dice a sus lectores: «Pero el rapto podría ocurrir en cualquier momento, y después de eso, todas las apuestas están cerradas».[22] Si el rapto podría ocurrir en cualquier momento, y esto debe haber sido cierto antes de que existieran los Estados Unidos,

---

[19] Jerry Falwell, «On the threshold of Armageddon?» (July 23, 2006): www.worldnetdaily.com/news/article.asp?ARTICLE_ID=51180

[20] Hitchcock, *Could the Rapture Happen Today?*, 80.

[21] Mark Hitchcock, *Seven Signs of the End Times* (Sisters, OR: Multnomah Publishers, 2003).

[22] Mark Hitchcock, *The Late Great United States: What Bible Prophecy Reveals About America's Last Days* (Colorado Springs, CO: Multnomah Press, 2009), 115.

entonces ¿por qué cualquier cosa que le ocurra a los Estados Unidos a este lado del rapto es proféticamente significativa? En otro libro de Hitchcock, *2012: The Bible and the End of the World* [*La Biblia y el fin del mundo=2012*], escribe: «Cada generación desde la primera venida de Cristo ha vivido con la esperanza de que podría ser la generación terminal y que Cristo podría regresar en cualquier momento. Ningún acontecimiento profético debe cumplirse antes de la venida de Cristo, por lo que, en este sentido, el fin está realmente cerca».[23] Para repetir, si todas las generaciones anteriores a la nuestra podían esperar que Jesús regresara en el «rapto», y si las señales actuales son únicas (armas atómicas, Israel vuelve a ser una nación, microchips implantables, sociedad sin dinero en efectivo,[24] etc.), entonces ni una sola generación anterior a la nuestra podría haber sido «la generación terminal».

Thomas Ice, coautor de varios libros con Hitchcock, escribió un artículo que amonesta a quienes sostienen que habrá señales proféticas antes del rapto.

> Lo que más me molesta de todo este asunto es la aparente falta de comprensión por parte de los fijadores de fechas, que son defensores del pretribulacionismo, de que sus mismos esquemas de fijación de fechas son inconsistentes con la enseñanza neotestamentaria del rapto en cualquier momento. No parecen darse cuenta de que al introducir en nuestro enfoque futurista de la profecía ideas y conclusiones que fluyen de la lógica de la largamente desacreditada hermenéutica historicista, están cambiando y tergiversando el carácter mismo de la teología del rapto. Nuestros amigos deben despertar y darse cuenta del daño involuntario que están causando a la enseñanza general sobre nuestra Bendita Esperanza: ¡el rapto![25]

Por un lado, Ice, junto con dos de sus coautores, afirma que «la presente era de la iglesia no es un tiempo en el que se esté cumpliendo la profecía bíblica», «la profecía bíblica se refiere a un tiempo *después del rapto* (el período de siete años de tribulación)»,[26] «el Rapto es un evento sin señales», «no hay señales mencionadas en la Biblia que indiquen que el Rapto está cerca», y «es imposible que un

---

[23] Mark Hitchcock, *2012: The Bible and the End of the World* (Eugene, OR: Harvest House, 2009), 106.

[24] Thomas Ice y Timothy Demy, *The Coming Cashless Society* (Eugene, OR: Harvest House, 1996).

[25] Thomas Ice, «Why Date-Setting the Rapture is Wrong»: http://www.pre-trib.org/articles/view/why-date-setting-rapture-is-wrong

[26] Thomas Ice y Timothy Demy, *Prophecy Watch: What to Expect in the Days to Come* (Eugene, OR: Harvest House, 1998), 10.

El mito de que el moderno Estado de Israel es una señal de que el rapto está cerca

evento inminente tenga señales».[27] Y luego en el siguiente aliento, en realidad el siguiente párrafo, él y Tim LaHaye en su libro *Charting the End Times* [*Trazando los tiempos finales*], declaran, «podemos ver que estas señales [del período de la Tribulación] se están acercando a su cumplimiento durante la presente era de la iglesia».[28] Esto es un truco interpretativo. Si hay señales para el período de la tribulación, entonces *hay* señales para el rapto, pero los dispensacionalistas no pueden admitirlo ya que todo su sistema profético se basa en la afirmación de que la llamada era de la iglesia no tiene historia profética. Si las señales solo han aparecido en los últimos 100 años más o menos, entonces el «rapto» no podría haber sido inminente antes de este tiempo.

Observe en la cita en bloque anterior que Ice descarta «la largamente desacreditada hermenéutica historicista». ¿Qué es la hermenéutica historicista? «El enfoque historicista sostiene que el Apocalipsis proporciona una visión profética de la historia de la Iglesia desde el siglo I hasta el regreso de Cristo»,[29] lo que los dispensacionalistas llaman la «Era de la Iglesia». Aunque Ice descarta este enfoque para interpretar la profecía, él y Timothy Demy lo siguen en su libro *Prophecy Watch* [*Vigilancia profética*]. Se dice que las siete iglesias en Apocalipsis 2-3 son un resumen profético que «procede desde Pentecostés hasta el rapto, como lo indica la frase repetida a menudo: 'El que tiene oído, oiga lo que el Espíritu dice a las iglesias' (Ap. 2:7, 11, 17, 29; 3:6, 13, 22)».[30] Nótese que el pasaje no dice «a la iglesia» (singular), eso es una referencia a la iglesia mundial. Aquellos que enseñan el enfoque historicista dispensacional identifican el período profético de la Era de la Iglesia de Laodicea como comenzando en 1900. Esta interpretación es imposible, especialmente para alguien que afirma interpretar la Biblia literalmente. El Apocalipsis no está describiendo lo que el Espíritu está diciendo a la *Iglesia* a través de las edades, sino a siete asambleas específicas que existían en el primer siglo. Siempre se trata de «la iglesia en» uno de los siete lugares de Asia Menor (2:1, 8, 12, 18; 3:1,

---

[27] Tim LaHaye y Thomas Ice, *Charting the End Times: A Visual Guide to Understanding Bible Prophecy* (Eugene, OR: Harvest House, 2001), 118.

[28] LaHaye y Ice, *Charting the End Times*, 118.

[29] J. Daniel Hays, J. Scott Duvall, y C. Marvin Pate, *Dictionary of Biblical Prophecy and End Times* (Grand Rapids, MI: Zondervan, 2007), 201–202. Véase Steve Gregg, ed., *Revelation: Four Views—A Parallel Commentary* (Nashville: Thomas Nelson, 1997) y C. Marvin Pate, *Reading Revelation: A Comparison of Four Interpretative Translations of the Apocalypse* (Grand Rapids, MI: Kregel, 2009).

[30] Ice y Timothy, *Prophecy Watch*, 45.

Mitos escatológicos

7, 14). El mismo lenguaje se usa en Hechos 8:1: «la iglesia en Jerusalén».

Tim LaHaye sigue el mismo método historicista desacreditado. Al igual que Ice y Hitchcock, escribe que la «iglesia del primer siglo creía en el regreso inminente de Cristo, posiblemente durante su vida».[31] Quiere decir que los cristianos del primer siglo creían— debido a la doctrina dispensacional de la «inminencia»— que Jesús podría venir en cualquier momento para «arrebatar» a la iglesia. Pero más adelante, en el mismo libro, escribe: «El capítulo 1 [de Apocalipsis] es la introducción; los capítulos 2 y 3 *abarcan la era de la Iglesia*, utilizando siete iglesias históricas para describir toda la era. (Por ejemplo, la iglesia de Éfeso es la única que se refiere a los apóstoles porque solo la iglesia del primer siglo incluía apóstoles)».[32] ¿Cómo podrían creer los cristianos que Jesús podría venir en cualquier momento cuando dispensacionalistas como Ice, Demy y LaHaye sostienen que la Biblia enseña que Él no vendría hasta que apareciera la última de las siete iglesias representativas, y eso no hasta 1900? Esto destruye su doctrina del rapto de la iglesia en cualquier momento antes de 1900 ya que el «rapto» no pudo haber tenido lugar hasta mil ochocientos años después cuando comenzó la era de la iglesia de Laodicea.[33]

La mayoría de las personas que leen la serie de varios volúmenes *Dejados atrás* son llevados a creer que ciertos eventos proféticos se alineaban para el «rapto» que probablemente ocurriría en su vida. La teología dispensacional dice que no hay señales que indiquen que el «rapto» está cerca. Pero esto no ha impedido que LaHaye enseñe que sí hay señales, incluyendo lo que él describe como la «súper señal».

LaHaye enumera «Doce razones por las que esta podría ser la generación terminal». En el «Resumen» que introduce el artículo de LaHaye sobre las doce razones, leemos: «¿Estamos a pocos años del segundo advenimiento de Jesucristo? Muchos creen que sí. Sin decir que lo estamos, el autor [LaHaye] proporciona 12 razones por las que piensa que esta generación podría estar viviendo a punto del regreso de Cristo».[34] Según LaHaye, la «superseñal» está relacionada con el

---

[31] Tim LaHaye, *No Fear of the Storm: Why Christians Will Escape All the Tribulation* (Sisters, OR: Multnomah, 1992), 65. *No Fear of the Storm* ha sido publicado nuevamente como *Rapture Under Attack*.
[32] LaHaye, *No Fear of the Storm*, 74. Véase Tim LaHaye, *Revelation Unveiled*, ed. rev. (Grand Rapids, MI: Zondervan, 1999), 51–91.
[33] LaHaye, *Revelation Unveiled*, 84.
[34] Tim LaHaye, «Twelve Reasons Why This Could be the Terminal Generation», *When the Trumpet Sounds*, eds. Thomas Ice y Timothy Demy (Eugene, OR: Harvest House Publishers, 1995), 429.

El mito de que el moderno Estado de Israel es una señal de que el rapto está cerca

renovado estatus nacional de Israel en el siglo XX. Dependiendo de la edición de LaHaye de *The Beginning of the End* [*El Principio del Fin*] que usted lea, las fechas clave son el advenimiento de la Primera Guerra Mundial y la firma de la Declaración Balfour el 2 de noviembre de 1917[35] (la edición de 1972)[36] o el reconocimiento mundial por las Naciones Unidas de la condición de estado de Israel en 1948 (la edición de 1991).[37] Todas las señales que LaHaye enumera tienen lugar en la llamada Edad de la Iglesia. Pero según la posición del rapto en cualquier momento, no puede haber ninguna señal durante la Era de la Iglesia, incluyendo que Israel vuelva a ser una nación.

Como está empezando a ver, mientras que los dispensacionalistas hablan mucho de un paréntesis profético sin señales antes del «rapto», lo que han llamado la «Era de la Iglesia», también llenan sus libros con lo que sostienen que son señales que confirman que el «rapto» está cerca. Oswald T. Allis vio esta esquizofrenia en 1945 cuando escribió *Prophecy and the Church* [*Profecía y la Iglesia*], una de las primeras críticas completas del dispensacionalismo:

> Una de las indicaciones más claras de que los dispensacionalistas no creen que el rapto sea realmente «sin señal, sin nota temporal y sin relación con otros acontecimientos proféticos»[38] es el hecho de que no pueden escribir un libro sobre profecía sin dedicar una cantidad considerable de espacio a las «señales» de que este acontecimiento debe estar muy cerca. Estas señales pueden ser guerras, hambrunas, pestes, la situación política, incluso tanques y aviones. [William E.] Blackstone enumeró ocho señales. Un escritor reciente da quince[39]...

---

[35] LaHaye lo llama «El Tratado de Balfore». (LaHaye, «Twelve Reasons Why This Could Be the Terminal Generation», 432).

[36] Tim LaHaye, *The Beginning of the End* (Wheaton, IL: Tyndale House Publishers, 1972), 165, 168.

[37] Tim LaHaye, *The Beginning of the End*, ed. rev. (Wheaton, IL: Tyndale House Publishers, 1991), 1993. Énfasis añadido. Para un análisis paralelo del cambio de LaHaye, véase Richard Abanes, *End-Time Visions: The Road to Armageddon?* (Nueva York: Four Walls Eight Windows, 1998), 295.

[38] C. I. Scofield, *What Do the Prophets Say?* (Filadelfia, The Sunday School Times Co., 1918), 97.

[39] [Louis] Bauman, *Light from Bible Prophecy* (1940). Allis añade: «La discusión de estas señales ocupa cincuenta páginas o aproximadamente un tercio del libro. Hace algunos años, L. S. Chafer publicó un pequeño libro titulado *Seven [Biblical] Signs of the Times* [Filadelfia: Sunday School Times, 1919]. En ningún aspecto es más evidente la inconsistencia de los dispensacionalistas que en sus persistentes esfuerzos por descubrir *señales* de la proximidad de un acontecimiento que ellos declaran enfáticamente que *carece de señales*. [John Ashton] Savage apela a tales acontecimientos, pero se niega a llamarlos señales. Esto demuestra que reconocía la incoherencia de intentar demostrar mediante señales la proximidad de un acontecimiento que se considera *carente de señales* (*The Scroll [of Time]*, p. 201)». (Oswald T.

> Los dispensacionalistas deben reconocer que el intento de probar por señales y eventos que el rapto «sin señales» y no anunciado en *cualquier momento* debe estar cerca realmente equivale a una rendición del principio de *cualquier momento*.[40]

Pero renunciar al principio del «rapto» en cualquier momento anularía lo que Charles C. Ryrie llama la condición *sine qua non* del dispensacionalismo, mantener a Israel y a la Iglesia redentoramente separados y distintos[41] durante la Edad de la Iglesia.

Hay dispensacionalistas que critican a los que afirman enseñar un «rapto» sin señales, pero que también se dedican a identificar señales que, según ellos, sirven como prueba incontrovertible de que el «rapto» está cerca. Earl D. Radmacher, que fue un conocido autor dispensacional, es uno de ellos:

> Tan injustificados como la fijación de fechas para el regreso de Cristo son los numerosos sermones que intentan encontrar el cumplimiento de la profecía en esta época. Típico de ellos es un popular autor, conferencista y personalidad de la televisión que ha declarado su creencia de que la «señal profética suprema» es que Israel tenía que volver a ser una nación en la tierra de sus antepasados. Esta condición se cumplió, afirma, el 14 de mayo de 1948.[42] Este pronunciamiento es simplemente representativo de cientos, quizás miles, de otros que, aunque ansiosos en su anticipación de la venida de Cristo, distorsionan las Escrituras y causan terrible confusión al pueblo de Dios.[43]

Radmacher afirma que utilizar el nuevo estatus nacional de Israel en 1948 como una señal profética es una distorsión de las Escrituras que causa «una terrible confusión al pueblo de Dios». «Este énfasis contradictorio», escribe, «engendra la situación bastante embarazosa de hablar de señales de un acontecimiento sin señales».[44] Y, sin embargo, hay una larga historia de hacer justo lo que Radmacher condena.

Allis, *Prophecy and the Church* [Filadelfia, PA: Presbyterian and Reformed, (1945) 1955], 315, note 10).

[40] Allis, *Prophecy and the Church*, 174–175.

[41] Charles C. Ryrie, *Dispensationalism*, rev. y ex. ed. (Chicago: Moody Press, 1995), 38–39.

[42] «El único acontecimiento que muchos estudiantes de la Biblia en el pasado pasaron por alto fue esta señal profética primordial: Israel tenía que volver a ser una nación en la tierra de sus antepasados». (Hal Lindsey, *The Late Great Planet Earth* [Grand Rapids: Zondervan, 1970], 43).

[43] Radmacher, «The Imminent Return of the Lord», 248.

[44] Radmacher, «The Imminent Return of the Lord», 248.

El mito de que el moderno Estado de Israel es una señal de que el rapto está cerca

Lewis Sperry Chafer lo hizo en su libro de 1919 *Biblical Signs of the Times* [*Siete Señales Bíblicas de los Tiempos*][45] al decirles a sus lectores que el rapto «es inminente, y lo ha sido desde que se dio la primera promesa al respecto».[46] Si esto es cierto, y todo dispensacionalista sostiene que lo es, entonces ¿cómo pueden las siete señales de Chafer ser «señales de los tiempos»? Si fueron señales para el tiempo de Chafer, entonces no fueron señales en generaciones pasadas, especialmente «ya que la primera promesa» fue dada hace casi 2000 años. Si Israel volviendo a ser una nación es la primera señal de Chafer, y Jerusalén siendo liberada de la dominación gentil es su tercera señal, entonces el «rapto» no pudo haber sido inminente hasta el siglo XX:

> El indicio actual de cumplimiento se encuentra en el hecho de que Jerusalén y Judea han sido arrebatadas al Turco y ahora están en manos de un pueblo que se ha comprometido, tanto por sus propios deseos como por las obligaciones de una confianza sagrada, a devolver estas posesiones a los hijos de Abraham, a quienes les fueron dadas como posesión eterna.[47]

Esta línea de razonamiento significa que el rapto no podría haber sido inminente hasta que Jerusalén y Judea hubieran sido arrebatadas al Turco, es decir, al dominio musulmán. Pero el Islam no tenía historia antes del 610 d.C. Así que antes del siglo VII, el rapto nunca pudo haber sido inminente. Por supuesto, nada de esto realmente importa ya que la séptima de las siete edades de la iglesia en Apocalipsis no comenzó hasta 1900.

Chafer no es el único dispensacionalista prominente que afirma que el «rapto» es inminente y luego promueve la idea de que hay señales que se están cumpliendo actualmente que indican que el «rapto» está cerca. John Walvoord, autor dispensacional y profesor del Seminario Teológico de Dallas, escribió:

---

[45] «[1] El judío se levanta a la vida nacional; [2] Los gobiernos gentiles se vuelven a la democracia; [3] Jerusalén es liberada del dominio de los gentiles; [4] La profecía es revelada; [5] El conocimiento aumenta, y los hombres corren de un lado a otro, y toda la creación va a ser liberada de la esclavitud de la corrupción; [6] Debe aparecer una apostasía que retiene la forma externa de la piedad, pero niega el poder de la misma; [7] Y el tesoro debe ser amontonado para los 'últimos días'. Estas son las señales de Dios y se están cumpliendo en este momento. Las escarpadas montañas aparecen; pero nuestro bendito refugio en la presencia de nuestro Señor está aún más cerca. Que esta solemne verdad nos conduzca a ser instantáneos a tiempo y fuera de tiempo en la obra que Él nos ha dado para hacer!» [Lewis Sperry Chafer, *Seven Biblical Signs of the Times* (Chicago: The Bible Institute Colportage Association, [1919], 1928)].

[46] Chafer, *Seven Biblical Signs of the Times*, 10.

[47] Chafer, *Seven Biblical Signs of the Times*, 10.

Mitos escatológicos

La esperanza del regreso de Cristo para llevar a los santos al cielo se presenta en Juan 14 como una esperanza inminente. No se enseña ningún acontecimiento intermedio. La perspectiva de ser llevados al cielo en la venida de Cristo no está matizada por la descripción de ningún señal o acontecimiento previo. Aquí, como en otros pasajes que tratan de la venida de Cristo para la Iglesia, la esperanza se presenta como un acontecimiento inminente... Otras exhortaciones en relación con el regreso de Cristo para la Iglesia también pierden gran parte de su significado si se destruye la doctrina de la inminencia.[48]

En otro lugar, escribió: «el Señor podría venir en cualquier momento y no hay acontecimientos intermedios necesarios».[49] Y esto fue dos años después de que escribiera un libro en el que esbozaba una serie de señales que precederían al «rapto».

La creencia en la inminencia y en la ausencia de un «acontecimiento intermedio» que preceda al «rapto» no impidió a Walvoord ganarse muy bien la vida escribiendo libros que describían un montón de acontecimientos intermedios. Su edición de 1974 de *Armageddon, Oil and the Middle East Crisis* [*Armagedón, petróleo y la crisis en el Medio Oriente*] comenzaba con esta declaración: «Los titulares de cada día plantean nuevas preguntas sobre lo que nos depara el futuro».[50] Como ahora sabemos, el libro de Walvoord se basaba en acontecimientos actuales y no en métodos sólidos de interpretación bíblica, ya fueran dispensacionalistas o de otro tipo. Descrito como «el principal intérprete de profecías bíblicas del mundo», en 1991 esperaba que «el Rapto ocurriera durante su propia vida».[51] Murió en 2002. ¿Cómo podía esperarlo si era, como él afirma, «sin señales»? Si hubiera dicho que el rapto podría haber ocurrido en su vida independientemente de cualquier cosa que estuviera ocurriendo en el mundo, entonces habría sido coherente con lo que había enseñado repetidamente y se habría abstenido de citar cualquier acontecimiento intermedio antes del «rapto».

El libro de Walvoord *Armageddon* [*Armagedón*] se reimprimió en 1976 y luego se hundió sin dejar rastro hasta que apareció una edición revisada a finales de 1990. Era una predicción decisiva basada en los acontecimientos de la primera Guerra del Golfo:

---

[48] John F. Walvoord, *The Rapture Question: A Comprehensive Biblical Study of the Translation of the Church* (Findlay, OH: Dunham Publishing Company, 1957), 78–79.

[49] John F. Walvoord, *Bibiotheca Sacra*, Abril-Junio 1976.

[50] John F. Walvoord y John E. Walvoord, *Armageddon, Oil and the Middle East Crisis* (Grand Rapids, MI: Zondervan, 1974), 7.

[51] Citado en Kenneth L. Woodward, «The Final Days are Here Again», *Newsweek* (18 de marzo de 1991), 55.

El mito de que el moderno Estado de Israel es una señal de que el rapto está cerca

> El mundo actual es como el escenario de un gran drama. Los principales actores ya están entre bastidores esperando su momento en la historia. El decorado principal ya está preparado. La obra profética está a punto de comenzar.... Nuestro mundo actual está bien preparado para el comienzo del drama profético que conducirá al Armagedón. Puesto que el escenario está preparado para este clímax dramático de la era, debe significar que la venida de Cristo por los suyos está muy cerca.[52]

No mucha gente se dio cuenta de que el contenido básico de la edición revisada tenía casi dieciséis años cuando se reeditó. Cuando la Guerra del Golfo terminó de forma abrupta, el libro se vendía a veinticinco céntimos el ejemplar, ¡si se compraba por cajas! Pero para entonces el libro había vendido casi 1,7 millones de ejemplares y había sido «galardonado con el Platinum Book Award de la Evangelical Christian Publishers Association»,[53] un libro que era una falsa profecía.

Tyndale House Publishers publicó una tercera edición en 2007 con un título y contenido revisados para reflejar un cambio en los acontecimientos actuales: *Armageddon, Oil, and Terror* [*Armagedón, petróleo y terror*].[54] No se menciona lo que Walvoord escribió en 1957: «No se enseña ningún acontecimiento intermedio». El material promocional aseguraba a los lectores que su contenido «es tan actual como las noticias de hoy... y cada predicción suena a verdad». ¿Dónde hemos oído esto antes? Pues sí. En 1974, cuando se publicó la primera edición de *Armageddon, Oil, and the Middle East Crisis*, se utilizó la misma redacción. Con el éxito de sus libros de predicciones, Walvoord pasó a escribir *Major Bible Prophecies: 37 Crucial Prophecies that Affect You Today* [*Grandes profecías bíblicas: 37 Profecías Cruciales que le Afectan Hoy*].[55] ¿Cómo puede ser esto cuando Walvoord dijo repetidamente a quienes leían sus libros de profecías que una «estricta adherencia a la revelación

---

[52] John W. Walvoord, *Armageddon, Oil and the Middle East Crisis* (Grand Rapids, MI: Zondervan, 1990), 228. Nótese el uso de la palabra «cerca».

[53] Como reportado en «Zondervan Book on Prophecy Receives Bestselling Award» por Zondervan Publishing House (1991). En archivo.

[54] John F. Walvoord y Mark Hitchcock, *Armageddon, Oil, and Terror: What the Bible Says About the Future of America, the Middle East, and the End of Western Civilization* (Wheaton, IL: Tyndale, 2007).

[55] John F. Walvoord, *Major Bible Prophecies: 37 Crucial Prophecies that Affect You Today* (Grand Rapids, MI: Zondervan, 1991).

Mitos escatológicos

Escritural indudablemente llevaría a la conclusión de que no hay señales del rapto de la iglesia reveladas en las Escrituras».[56]

Walvoord tiene mucha compañía al afirmar la inminencia y luego escribir libros que anulan la idea de la inminencia. J. F. Strombeck escribió *First the Rapture* [*Primero el rapto*] en el que afirma que los cristianos deben esperar que Jesús venga «en cualquier momento».[57] El libro se titula mal. Debería llamarse *Primero un montón de señales y después el rapto*:

> La actual es una época de gran ansiedad debido a los acontecimientos catastróficos que se han predicho. Se cita a H. G. Wells cuando dijo: «Este mundo está al límite de sus fuerzas, el fin de todo lo que llamamos vida está cerca».[58] Un gran general ha dicho: «Hemos tenido nuestra última oportunidad. El Armagedón está cerca», y el gobernador de un gran estado ha dicho: «Al menos el 90% de todos los estaodunidenses que viven ahora morirán por bombas atómicas dentro de cinco años».
>
> El cumplimiento de estas predicciones no puede ser otro que la gran tribulación predicha por Jesús en el discurso del Monte de los Olivos.[59]

Pero si las bombas atómicas son señales proféticas, y las bombas atómicas no se desarrollaron hasta el siglo XX, entonces el «rapto» no podría haber sido inminente hasta el siglo XX.

Wendell G. Johnston escribió en 1975 «que la venida de Cristo por la Iglesia es inminente, es decir, podría ser en cualquier momento. No hay eventos dados a nosotros en la Palabra de Dios que deban cumplirse antes de que Cristo pueda regresar por Su Iglesia. En otras palabras, es el próximo acontecimiento profético, en lo que se refiere a las Escrituras».[60] Después de escribir esto, Johnston contradice su afirmación de que no hay acontecimientos que deban cumplirse antes del rapto: «Desde 1948 Israel ha ido ganando poder; cada día es más importante. La Biblia profetiza que esto sucederá».[61] Si lo hace, no profetiza que sucederá antes del «rapto» ya que, según el

---

[56] John F. Walvoord, «Is the End of the Age at Hand?», Focus on Prophecy, ed. Charles L. Feinberg (Westwood, NJ: Fleming H. Revell, 1964), 167.

[57] J. F. Strombeck, *First the Rapture* (Moline, IL: Strombeck Agency, Inc., 1950), 11.

[58] «El final de todo lo que llamamos vida está cerca y no puede eludirse... El escritor está convencido de que no hay salida, ni vuelta atrás, ni paso por el callejón sin salida. Es el fin». (H. G. Wells, *Mind at the End of Its Tether and The Happy Turning: A Dream of Life* [Nueva York: Didier, 1946], 1, 4).

[59] Strombeck, *First the Rapture*, 7.

[60] Wendell G. Johnston, «When Can the Church Expect the Lord's Return?», *Jesus the King is Coming* (ed. Charles Lee Feinberg (Chicago: Moody Press, 1975), 37.

[61] Johnston, «When Can the Church Expect the Lord's Return?», 45.

El mito de que el moderno Estado de Israel es una señal de que el rapto está cerca

dispensacionalismo, no hay señales antes del rapto. Si las hubiera, el «rapto» no sería un acontecimiento inminente. Johnston pasa luego a hablar de Rusia y Egipto,[62] otras dos «señales» para un acontecimiento supuestamente «sin señales».

Tim LaHaye tenía una lista de 12 señales, y Mark Hitchcock, siguiendo a su mentor teológico Chafer, ofreció una lista similar en su libro *Seven Signs of the End Times* [*Siete señales del fin de los tiempos*], encabezada con «El retorno del pueblo judío a Israel».[63] Como el Nuevo Testamento no dice nada sobre que Israel vuelva a ser una nación, Hitchcock debe recurrir al Antiguo Testamento. Pero según uno de los principales principios del dispensacionalismo, el Antiguo Testamento no menciona la Era de la Iglesia de ninguna manera o forma.

Al igual que Radmacher, el dispensacionalista John R. Rice era muy crítico con los que afirmaban que cualquier señal precedía al «rapto».

Algunos escritores cristianos consideran que la bomba atómica, el ascenso de Rusia, la fundación del nuevo Estado de Israel, la última guerra mundial (como consideraron la primera guerra mundial), son pruebas de que estamos en los últimos días antes de la venida de Jesús.[64]

> Todas estas personas, por lo general fieles creyentes en la Biblia, cristianos serios, han sido influenciados y engañados por una herejía que se ha generalizado en los últimos años. Esta enseñanza errónea sostiene que estamos ahora, de acuerdo con lo que se consideran señales definitivas, en las últimas semanas o meses o años antes de que Jesús venga; que este período que ellos llaman «los últimos días» es más difícil que nunca.[65]

***

Ha crecido la costumbre entre muchos cristianos premileniales de buscar el regreso de Cristo porque hemos tenido la primera o la segunda guerra mundial, o de buscar el regreso de Cristo porque los sionistas y los judíos infieles han establecido la moderna nación Israel en Palestina. Algunos se conmueven

---

[62] Johnston, «When Can the Church Expect the Lord's Return?», 45–46.
[63] Hitchcock, *Seven Signs of the End Times*, chap. 1.
[64] John R. Rice, *We Can Have Revival Now* (Wheaton, IL: Sword of the Lord Publishers, 1950), 41.
[65] Rice, *We Can Have Revival Now*, 41.

Mitos escatológicos

más por los relatos de los periódicos que por el claro mandato del Señor Jesús.⁶⁶

***

Una teoría es que Jesús no vendrá hasta que hayan aparecido ciertas señales. Algunos piensan que Jesús no puede venir hasta que el evangelio sea predicado de nuevo a todo el mundo. Algunos piensan que Jesús no podría venir hasta lo que ellos llaman «el brote de la higuera», el restablecimiento de la nación Israel como se ha restablecido recientemente en Palestina. Otros piensan que Jesús no podría volver hasta la llamada «gran apostasía», la ola de modernismo en la iglesia que ha ocurrido en Estados Unidos en los últimos cincuenta años y que ahora posiblemente ha pasado su clímax. Muchos dirían que la primera y segunda guerras mundiales son señales de la pronta venida de Cristo. Si eso es verdad, entonces Jesús no pudo haber venido antes de estas guerras. Otros creen que ciertos terremotos, que la hambruna que siguió a las guerras, que la actual controversia capital-trabajo alentada por socialistas y comunistas en todas partes son señales de la venida de Cristo, y que por lo tanto Cristo no pudo haber venido antes de que estos enfrentamientos ocurrieran y el comunismo y el socialismo alcanzaran su actual popularidad.⁶⁷

***

Rice expone repetidamente estos puntos en su libro. Sostiene que las señales que preceden al «rapto» son contrarias a la «doctrina de la inminencia del regreso de Cristo» dispensacional. Quiere que sus lectores «noten cuidadosamente que esta doctrina de la inminencia del regreso de Cristo contradice la doctrina de que Jesús no podría venir hasta cierto tiempo establecido en un programa y que debe venir después de que se cumplan una serie de señales especificadas».⁶⁸

Preparar el escenario

Los libros de profecías que venden cientos de miles, incluso millones de copias son aquellos que (1) dicen a los lectores que el rapto podría ocurrir en cualquier momento, (2) que no hay señales que lo precedan, y luego (3) pasan a enumerar numerosas señales que afirman que se

---

⁶⁶ Rice, *We Can Have Revival Now*, 43.
⁶⁷ Rice, *We Can Have Revival Now*, 45.
⁶⁸ Rice, *We Can Have Revival Now*, 45.

El mito de que el moderno Estado de Israel es una señal de que el rapto está cerca

están cumpliendo ante nuestros ojos. Algunas personas ven a través de la farsa, la mayoría no. David Jeremiah es un prominente pastor y escritor de profecías. Ha tenido varios best sellers proféticos a lo largo de los años, incluyendo *Escape the Coming Night* [*Escape de la noche venidera*] y *The Handwriting on the Wall* [*La escritura en la pared*] escrito con C. C. Carlson quien colaboró con Hal Lindsey en *The Late Great Planet Earth*. En 2008, Jeremiah escribió *What in the World is Going On?*, [*¿Qué mundos está pasando?*], un título apropiado ya que incluso un asistente regular a su iglesia no fue capaz de conciliar un rapto sin señales con toda su charla acerca de las señales. Así es como Jeremiah lo cuenta:

> Recientemente, una mañana hablé sobre el Rapto durante una serie de mensajes sobre profecía. Más tarde me contaron que, a la salida de la iglesia, una niña expresó a su madre su confusión por algo que yo había dicho. «El Dr. Jeremiah no deja de hablar de todas las señales que se están desarrollando en relación con el regreso del Señor. Y luego en el siguiente aliento dice que nada tiene que suceder antes de que Jesús regrese para llevarnos a casa para estar con Él [en el Rapto]. No lo entiendo». A esta chica le pareció que me había contradicho. Primero, parecía decir que ciertas señales profetizadas ocurrirían antes de la venida de Cristo; luego parecía decir que nada tenía que ocurrir antes de que Jesús viniera a reclamar a los Suyos [en el Rapto]. La sincera confusión de la chica merece ser tratada porque creo que habla en nombre de muchos que están igualmente desconcertados sobre los acontecimientos relacionados con el Rapto.[69]

Al menos es lo bastante honesto como para admitir que el modelo interpretativo de «no hay señales, pero hay señales» es confuso y desconcertante. Escribe que «la mayor parte del malentendido proviene de confundir dos acontecimientos: el Rapto y la Segunda Venida».[70] Mientras que no hay señales para el «rapto», sí las hay para el período de siete años de tribulación que termina con la Segunda Venida. Pero después de tratar de aclarar la confusión, en la página siguiente afirma una vez más: «No hay eventos que deban ocurrir antes de que ocurra el Rapto. Todo es cuestión del tiempo perfecto de Dios».[71]

---

[69] David Jeremiah, *What in the World is Going On?: 10 Prophetic Clues You Cannot Afford to Ignore* (Nashville: Thomas Nelson, 2009), 99.
[70] Jeremiah, *What in the World is Going On?*, 99.
[71] Jeremiah, *What in the World is Going On?*, 100.

David Jeremiah no es el único que adopta este enfoque explicativo. En su libro *Charting the End Times*, LaHaye y su coautor Ice escriben: «Creemos que nuestra generación tiene más señales que indican que Cristo *podría* venir durante nuestra vida que cualquier generación anterior a la nuestra».[72] Creen que Dios está «preparando el escenario»[73] para el «rapto». Como hemos visto, proponen que hay muchas señales relacionadas con el programa de Dios para Israel al final de los tiempos y al mismo tiempo afirman que «las señales proféticas relacionadas con Israel no se están cumpliendo en nuestros días». Entonces, ¿cómo reconcilian lo que parece una contradicción obvia?:

> Lo que Dios está haciendo proféticamente en nuestros días es preparar al mundo o «preparar el escenario» para el momento en que Él comenzará su plan en relación con Israel, que luego implicará el cumplimiento de las señales y los tiempos. Por lo tanto, cuando vemos eventos que ocurren en nuestros días, no son un cumplimiento de la profecía bíblica, en cambio, son probablemente la preparación para un futuro cumplimiento durante la tribulación. Un indicador importante de que probablemente estemos cerca del comienzo de la tribulación es el claro hecho de que el Israel nacional ha sido reconstituido después de casi 2.000 años.
>
> La presente era de la iglesia no es un tiempo en el que se esté cumpliendo la profecía bíblica. La profecía bíblica se refiere a un tiempo después del rapto (el período de la tribulación de siete años). Sin embargo, esto no significa que Dios no esté preparando al mundo para ese tiempo futuro durante la presente era de la iglesia— de hecho, lo está haciendo. Pero esto no es el «cumplimiento» de la profecía bíblica. Así que, aunque la profecía no se esté cumpliendo en nuestros días, no significa que no podamos seguir las «tendencias generales» en la preparación actual para la tribulación venidera, especialmente porque sigue inmediatamente al rapto. Llamamos a este enfoque «puesta en escena». Del mismo modo que muchas personas preparan su ropa la noche antes de ponérsela al día siguiente, en el mismo sentido Dios está preparando al mundo para el cumplimiento seguro de la profecía en un tiempo futuro.[74]

Según Ice, Dios está «preparando el escenario» para el «rapto». Él está alineando eventos que no son de ninguna manera proféticos para preparar a la Iglesia para el «rapto». Ice es claro al respecto: «las

---

[72] Tim LaHaye y Thomas Ice, *Charting the End Times: A Visual Guide to Understanding Bible Prophecy* (Eugene, OR: Harvest House, 2001), 119.
[73] LaHaye y Ice, *Charting the End Times*, 118.
[74] Thomas Ice, «Signs of the Times and Prophetic Fulfillment»: https://bit.ly/37Yd99R

señales proféticas relacionadas con Israel no se están cumpliendo en nuestros días». Como hemos visto a lo largo de este capítulo, según el dispensacionalismo no hay señales proféticas antes del «rapto» ya que la «Era de la Iglesia» es un paréntesis en el tiempo profético sobre el cual los profetas del Antiguo Testamento no profetizaron, no pudieron profetizar, no profetizarían porque hay una pausa en el calendario profético hasta que la Iglesia sea «raptada» cuando Dios vuelva a tratar exclusivamente con Israel.

Pero si Dios está «preparando el escenario» para el «rapto» en nuestros días, entonces Él no había estado preparando el escenario por casi 2000 años. Si ese es el caso, entonces el «rapto» no pudo haber sido inminente hasta que Dios comenzó a preparar el escenario. Pero esto destruye la idea de inminencia antes de nuestro día. Por definición, el «rapto en cualquier momento» *requiere* que nada necesite ser preparado. Puede suceder en «cualquier momento». Si no, entonces hubiera sido fácil argumentar en cualquier momento hasta nuestra generación que el «rapto» *no* estaba cerca *porque* ciertos eventos proféticos (que realmente no son eventos proféticos) no estaban en su lugar ya que el escenario no estaba siendo preparado. Si la nación de Israel es la «súper señal profética», como Tim LaHaye la describe, el «rapto» era imposible hasta que esta «súper señal profética» apareciera. No es de extrañar que John R. Rice dedique tanto tiempo a criticar esta visión esquizofrénica de la profecía bíblica y que la chica que escuchó la serie de profecías de David Jeremiah estuviera confundida.

La higuera

Un argumento muy popular a favor de que el Israel actual es el cumplimiento de la profecía bíblica utiliza la ilustración de la higuera que se encuentra en Mateo 24:32: «Aprendan ahora la parábola de la higuera: cuando su rama ya está tierna y echa sus hojas, saben que el verano está cerca».

El consenso general es que la higuera siempre ha representado a la nación de Israel. A veces se compara a Israel con una higuera (Jue. 9:10-11), una vid (Os. 9:10; Jue. 9:12-13), un olivo (Jue. 9:8-9) y los cedros del Líbano (Jue. 9:15). De hecho, no hay ningún árbol, arbusto o mata que se identifique exclusivamente con Israel. «Se seca la vid, se marchita la higuera, se secan el granado, la palmera, el manzano y todos los árboles del campo. Se seca la alegría de los hijos de los hombres» (Jl. 1:12). La vid y la higuera se utilizan a menudo juntas

(1Re. 4:25), sin que ninguna de las dos sea un identificador distintivo de Israel (Jl. 2:22; Miq. 4:4; Hab. 3:17, con el olivo).

El Nuevo Testamento identifica el olivo como el árbol representativo de Israel (Rom. 11:17, 24). Parece bastante extraño que Pablo eligiera el olivo cuando tantos afirman que «la higuera siempre ha sido representativa de la nación de Israel». Nótese que en el relato paralelo de la versión de Lucas del Discurso del Monte de los Olivos, Jesús dice, «Miren la higuera y TODOS LOS ÁRBOLES; en cuanto echen *hojas,* lo verán y sabrán por ustedes mismos que el verano ya está cerca» (Lc. 21:29-30).

Si la higuera representa a Israel, entonces existe el problema de lo que Jesús dice sobre la higuera anteriormente en el evangelio de Mateo: «Por la mañana, cuando volvía a la ciudad, le entró hambre. Al ver una higuera solitaria [Israel] junto al camino, se acercó a ella [Israel] y no encontró nada en ella [Israel], excepto hojas solamente; y le dijo [a Israel]: «NUNCA MÁS HABRÁ NINGÚN FRUTO DE TI [ISRAEL]» (Mt. 21:18-22). Observe que Mateo 24:32 no dice nada sobre frutos; solo menciona las hojas. Era un árbol de «solo hojas», el mismo tipo de árbol que Jesús dijo que nunca daría fruto. Así que, si la higuera representa a Israel, entonces hay una contradicción. No se puede tener las dos cosas (*no* Israel en Mateo 21 e Israel en Mateo 24).

Los dispensacionalistas llevan tiempo afirmando que la «higuera» = Israel (véase la *Scofield Reference Bible*). Esto está empezando a cambiar porque los dispensacionalistas ven una serie de problemas exegéticos, históricos y lógicos. El autor de profecía dispensacional John F. Walvoord escribió lo siguiente acerca de que la higuera es Israel:

> En realidad, mientras que la higuera podría ser una ilustración apta de Israel NO SE UTILIZA ASÍ EN LA BIBLIA. En Jeremías 24:1-8, higos buenos y malos [no árboles] ilustran a Israel en el cautiverio, y también hay mención de higos en 29:17. La referencia a la higuera en Jueces 9:10-11 obviamente no se refiere a Israel. Ni la referencia de Mateo 21:18-20 ni la de Marcos 11:12-14, con su interpretación en 11:20-26, dan indicación alguna de que se refieran a Israel, como tampoco la montaña a la que se alude en el pasaje. Por consiguiente, aunque muchos sostienen esta interpretación, no existe una clara justificación bíblica. Una mejor interpretación es que Cristo estaba utilizando una ilustración natural. Dado que la higuera produce hojas

nuevas a finales de la primavera, el brote de las hojas es una prueba de que el verano está cerca.[75]

Mark Hitchcock, al igual que Walvoord, no está de acuerdo con el argumento a menudo utilizado de que la higuera de Mateo 24:32 describe la reinstitución de la nación de Israel, un punto que también expuso en su libro *The Complete Book of Bible Prophecy* [*El libro completo de la profecía bíblica*].[76] Tim LaHaye y muchos escritores proféticos populares consideran que Mateo 24:32 es el pasaje profético clave del Nuevo Testamento: «cuando una higuera se usa simbólicamente en las Escrituras, normalmente se refiere a la nación Israel. Si esa es una suposición válida (y creemos que lo es), entonces cuando Israel se convirtió oficialmente en una nación en 1948, esa fue la 'señal' de Mateo 24:1-8, el comienzo de los 'dolores de parto'— significó que el 'fin de la era' está 'cerca'».[77] Los editores de la propia *Prophecy Study Bible* [*Biblia de Estudio de la Profecía*] de LaHaye (2000) no están de acuerdo: «la higuera no simboliza la nación de Israel» (1040).

Otros dispensacionalistas rechazan la creencia popular de que la higuera de Mateo 24:32 se refiere al Israel actual. Los siguientes comentarios[78] son de Larry D. Pettegrew, profesor investigador de teología en el Master's Seminary, de orientación dispensacional:

> Sin embargo, la higuera no ilustra el hecho de que Israel se convirtiera en una nación en 1948. La higuera es simplemente una ilustración de la naturaleza. Los discípulos preguntan: ¿Cuál será la señal de tu venida y del fin de los tiempos? Y la respuesta es: los acontecimientos de la gran tribulación. Esto se ilustra con el ciclo de un árbol. Cuando aparecen hojas en un árbol, es señal de que el verano está cerca. Del mismo modo, cuando los acontecimientos de la gran tribulación se desarrollan, los creyentes pueden saber que la segunda venida está cerca. Hay dos evidencias para esta interpretación. En primer lugar, cuando Jesús expone su argumento a partir de la ilustración de la higuera, dice: «Cuando vean *todas estas cosas*, saben que está cerca... ¡a las puertas!». (33). El Señor no está hablando de un solo evento como el que Israel se convirtiera en una

---

[75] John F. Walvoord, *Matthew: Thy Kingdom Come* (Chicago, IL: Moody, [1974] 1980), 191192.

[76] Mark Hitchcock, *The Complete Book of Bible Prophecy* (Wheaton, IL: Tyndale House Publishers, 1999), 158.

[77] Tim LaHaye y Jerry Jenkins, *Are We Living in the End Times? Current Events Foretold in Scripture... And What They Mean* (Wheaton, IL: Tyndale House Publishers, 1999), 57.

[78] Larry D. Pettegrew, «Interpretive Flaws in the Olivet Discourse», *TMSJ* 13/2 (Fall 2002), 173–190: http://www.tms.edu/tmsj/tmsj13f.pdf

nación en 1948. Él habla de todos los eventos de la tribulación como señales de la segunda venida.

En segundo lugar, en el pasaje paralelo de Lucas, este registra que Jesús añadió la frase «y todos los árboles» (Lc. 21:19). Si el florecimiento de la higuera es una referencia a la fundación de Israel, ¿qué ilustraría el florecimiento de los demás árboles? La parábola así entendida no tiene sentido.

Una vez más, la mejor comprensión de la ilustración es que el Señor está simplemente dando una ilustración de la naturaleza. John MacArthur escribe: «El punto de la parábola es totalmente sencillo; hasta un niño puede saber que el verano está cerca con solo mirar una higuera. Del mismo modo, la generación que vea todas estas señales cumplirse sabrá con certeza que el regreso de Cristo está cerca».[79]

Me parece extraño que todo el peso de un argumento que se propone convencer a la gente de que el Nuevo Testamento predice que Israel volverá a ser una nación se apoye en una analogía críptica cuando el resto del Discurso del Monte de los Olivos es tan particular con sus señales (guerras, hambrunas, falsos Cristos, etc.). El Nuevo Testamento no dice nada de que Israel vuelva a ser una nación. Ni siquiera lo encontrará en Romanos 11.

¿Israel incrédulo o creyente?

El Dr. Paige Patterson, presidente del Seminario Teológico Bautista Southwestern y premilenialista dispensacional, dijo lo siguiente en un debate radiofónico conmigo en 1991:

> El estado actual de Israel no es la forma final. El estado actual de Israel se perderá, finalmente, e Israel será expulsado de la tierra otra vez, solo para regresar cuando acepten al Mesías como Salvador.[80]

¿Por qué diría tal cosa? Porque él sabe que el regreso de Israel tiene que estar en creencia. Tanto el reino del Norte como el del Sur fueron al cautiverio por incredulidad. No tiene sentido argumentar que su regreso, ya sea del exilio o de la diáspora posterior al año 70 d.C., sería en incredulidad, dado lo que leemos en Deuteronomio 30:1-3:

---

[79] John MacArthur, *The Second Coming: Signs of Christ's Return and the End of the Age* (Wheaton, IL: Crossway Books, 1999), 134.

[80] Declarado en el programa de radio KCBI de Dallas, Texas, en un debate conmigo el 15 de mayo de 1991.

El mito de que el moderno Estado de Israel es una señal de que el rapto está cerca

> Así será cuando todas estas cosas hayan caído sobre ti, la bendición y la maldición que he puesto delante de ti, y tú *las recuerdes* en todas las naciones adonde el Señor tu Dios te ha desterrado, **y te vuelvas al Señor tu Dios y le obedezcas con todo tu corazón y con toda tu alma según todo lo que yo te ordeno hoy, a ti y a tus hijos, entonces el Señor tu Dios te restaurará del cautiverio**, se compadecerá de ti y te volverá a reunir de todos los pueblos adonde el Señor tu Dios te ha dispersado.

Dios ha establecido la norma. No es de extrañar que el dispensacionalista John R. Rice escribiera lo siguiente: «Por lo tanto, el problema en Jerusalén, y la dispersión de los judíos entre todas las naciones de Jerusalén a lo largo de toda esta era, es simplemente una continuación del castigo de Dios sobre toda la raza de los judíos».[81]

---

[81] John R. Rice, *The King of the Jews: A Commentary on the Gospel According to Matthew* (Murfreesboro, TN: Sword of the Lord Publishers, 1955), 369.

3

El mito de que solo los dispensacionalistas tienen un futuro redentor para Israel

Lo que sigue procede de «*What Presbyterians Believe: Eschatology in the Reformed Tradition*» [Lo que creen los presbiterianos: Escatología en la tradición reformada]

Entre algunos de los reformadores y sucesores de Calvino, como Bucer, Francis Lambert, Beza, Peter Martyr y los editores de la Biblia de Ginebra, surgió la creencia de que el pueblo judío se convertiría al cristianismo y que a través de su conversión la Iglesia en la tierra experimentaría grandes bendiciones. La creencia en la futura conversión de los judíos se difundió ampliamente en Inglaterra, Escocia y Nueva Inglaterra en el siglo XVII. Los puritanos seguían a Calvino en la creencia de que el Evangelio progresaría por todo el mundo. Esta concepción del futuro no está explícita en la Confesión de Fe de Westminster, pero puede verse en el Catecismo Mayor de Westminster (respuesta a la pregunta 191), el Directorio de Culto de Westminster («De la oración pública antes del sermón») y los escritos de los divinos de Westminster. Aunque unos pocos eran premilenialistas moderados, la gran mayoría esperaba la propagación del Evangelio y el Reino de Cristo entre todas las naciones, la conversión de los judíos, la plenitud de los gentiles y la caída del Anticristo. La escatología agustiniana común se afirma en la Confesión de Westminster, compatible con sus formas amilenial o posmilenial.

Mitos escatológicos

Varias personas me han pedido que responda a una charla que John MacArthur pronunció en la Conferencia de los Pastores de 2007: «Por qué todo calvinista que se respete a sí mismo es premilenialista». Me pareció fuera del carácter de MacArthur porque tenía un tono mezquino. MacArthur, que cree en la «elección soberana» en lo que se refiere a la salvación individual, se sorprende de que muchos de sus colegas de la gracia soberana que son amilenialistas y posmilenialistas no sostengan la elección soberana de Israel. Concluye que solo los premilenialistas dispensacionalistas toman en serio la elección nacional de Israel. Su lógica es la siguiente: Si usted cree en la elección soberana del individuo, entonces usted debe ser un dispensacionalista ya que solo los dispensacionalistas sostienen la elección soberana de Israel. MacArthur argumenta que la elección tiene dos vertientes.

Como calvinista, MacArthur seguramente sabe que toda la nación de Israel nunca fue y nunca será elegida. Solo el remanente será salvo. «Isaías clama acerca de Israel: 'AUNQUE EL NÚMERO DE LOS HIJOS DE ISRAEL SEA COMO LA ARENA DEL MAR, ES EL REMANENTE EL QUE SE SALVARÁ'». (Rom. 9:27). Pablo hace la misma observación más adelante en su epístola a los Romanos refiriéndose a Elías, que creía ser el único que no había doblado la rodilla ante Baal (11:3). Dios replica: «'He guardado para mí SIETE MIL HOMBRES QUE NO HAN DOBLADO LA RODILLA ANTE BAAL' De la misma manera, pues, ha llegado a haber también en el **tiempo presente** [el tiempo de Pablo] un remanente según la misericordiosa elección *de Dios*» (Rom. 11:4; 1Re. 19:18). Así que el punto de vista de MacArthur sobre la elección de Israel se rige por la elección de Dios de un remanente. Si esta idea del remanente es todavía futura, como creen MacArthur y otros dispensacionalistas, entonces «todo Israel» (Rom. 11:26) no es todo israelita a través del tiempo, sino solo los elegidos de Israel en cierto momento de la historia. Uno no tiene que ser premilenialista para creer que Dios va a salvar a un remanente de Israel, y no hay necesidad de un Estado nacional israelí reconstituido para salvar a un remanente de israelitas. Los judíos estaban siendo salvos a través de la diáspora en los días de Pablo y continúan siendo salvos hoy.

Como veremos, mucho antes de que el dispensacionalismo se convirtiera en un sistema, los comentaristas bíblicos calvinistas y sus confesiones doctrinales hacían referencia específica a la salvación futura de Israel. Al igual que varios de los libros de MacArthur sobre escatología (*Because the Time is Near* y *The Second Coming: Signs of Christ's Return and the End of the Age* [*Porque el tiempo está cerca* y

El mito de que solo los dispensacionalistas tienen un futuro redentor para Israel

La segunda venida: Señales del regreso y el fin de la era]), su discurso en la Conferencia de los Pastores está mal argumentado desde el punto de vista histórico. No solo tergiversa el amilenialismo y el posmilenialismo, sino que también se equivoca en gran parte de la historia. Afirmar que solo el dispensacionalismo toma en serio las promesas hechas a Israel es un ejercicio de revisionismo histórico y manipulación exegética, especialmente cuando se consideran los comentaristas calvinistas posmilenialistas y sus Confesiones.

Tenga en cuenta que el dispensacionalismo es un invento del siglo XIX y no se sistematizó hasta 1909 con la publicación de la *Scofield Reference Bible*. El lugar futuro de Israel en la profecía ha tenido una larga historia entre los calvinistas posmilenialistas, algo que MacArthur seguramente conoce y debería haber discutido aunque fuera para refutar la afirmación o matizarla.

Los Padres de la Iglesia

Dan Shute escribe que «la mayoría de los padres de la Iglesia creían que Pablo se refería a una conversión masiva de los judíos como preludio del regreso de Cristo».[1] Hace referencia a la obra judeocristiana *The Testaments of the Twelve Patriarchs* [*Los Testamentos de los Doce Patriarcas*], al tratado *De Pudicitia* («Sobre la modestia») de Tertuliano, a la *Explanatio in Epistolam ad Romanos* de Cirilo de Alejandría y a otros. Según Teodoro de Mopsuestia *In Epistolam Pauli ad Romanos*, Pablo dice que los judíos «no permanecerán siempre ajenos a la verdadera religión: habrá un tiempo en que ellos también conocerán la verdad, tan pronto como la gente en todas partes pueda recibir el conocimiento de la verdadera religión».[2] Hubo una serie de padres de la iglesia primitiva que no creían que Israel tuviera ningún estatus especial. El dispensacionalista Alan Patrick Boyd escribe que la «mayoría de los escritores/escritos de este período [70-165 d.C.] identifican completamente a Israel con la Iglesia».[3] Boyd hace referencia a Papías, 1Clemente, 2Clemente, Hermas, la *Didajé* y el *Diálogo con Trifón,* de Justino Mártir.

---

[1] Dan Shute, «*And All Israel Shall be Saved*: Peter Martyr and John Calvin on the Jews According to Romans, Chapters 9, 10 and 11», *Peter Martyr Vermigli and the European Reformations: Semper Reformanda*, ed. Frank A. James III (Leiden, the Netherlands: Koninklijke Brill, 2004), 162.

[2] Citado en Shute, «*And All Israel Shall be Saved*», 162.

[3] Alan Patrick Boyd, «A Dispensational Premillennial Analysis of the Eshatology of the Post-Apostolic Fathers (Until the Death of Justin Martyr)», Tesis de master sin publicar, Seminario Teológico de Dallas, 1977, p. 47.

Mitos escatológicos

Boyd escribe que el autor de la Epístola de Bernabé «desvinculó totalmente a Israel de los preceptos del Antiguo Testamento. De hecho, designa específicamente a la Iglesia como heredera de las promesas del pacto hechas a Israel». El *Pastor de Hermas* (que fue escrito antes del 150 d.C.) contiene, según Boyd, «el empleo de la fraseología del judaísmo tardío para hacer de la Iglesia el verdadero Israel». Justino Mártir «afirma que la Iglesia es la verdadera raza israelita, desdibujando así la distinción entre Israel y la Iglesia».

«En resumen», argumenta Dan Shute, «los padres de la Iglesia dieron por recibida la enseñanza cristiana de que los judíos acabarían convirtiéndose a Cristo: al mismo tiempo, algunos dudaron en identificar a 'todo Israel' solo con los judíos». Este punto de vista continuó durante el periodo medieval. «Tomás de Aquino, por ejemplo, en su comentario a Romanos, interpreta tanto Romanos 11:15 ('vida de entre los muertos') como 11:25-26 ('Y así todo Israel será salvo') como referencias a la conversión de los judíos en los últimos días».[4]

Los reformadores

Antes de escribir su panfleto antisemita de 1542 «Sobre los judíos y sus mentiras», Martín Lutero también afirmó un futuro para Israel basado en Romanos 11:25:

> Ciertamente son enemigos de Dios por causa de ustedes los que creen en el Evangelio; pero en cuanto a la elección, son aquellos a quienes Dios eligió desde la eternidad, y los amó más que a los demás: así pues, por causa de los padres son elegidos hasta ahora... El hecho de que son ciertamente el pueblo de Dios por causa de los padres es evidente. Dios tampoco se arrepiente de su promesa. Llamó a Israel para que fuera su pueblo: por tanto, ese pueblo no se condenará, sino que volverá a la fe y será salvo, aunque haya sido rechazado durante un tiempo.[5]

Juan Calvino, la persona que más a menudo se identifica con la doctrina de la elección, una postura que MacArthur sostiene, puede leerse de varias maneras según las obras publicadas que se consulten.

---

[4] Shute, «*And All Israel Shall be Saved*», 163.

[5] Martin Luther, *In Epostolam ad Romanos Annotationes in Opera... Latinorum Scriptorum* (Zurich: Schulthess, 1838). Citado en Shute, «*And All Israel Shall be Saved*», 164.

El mito de que solo los dispensacionalistas tienen un futuro redentor para Israel

Sostiene que el uso de «todo Israel» en Romanos 11:26 incluye a «todo el pueblo de Dios» y no a los judíos exclusivamente. Da a entender que la verdadera religión no será restaurada «como antes». Sin embargo, en los *Institutos de la Religión Cristiana* de Calvino vemos un énfasis diferente:

> En virtud de esto, [Pablo] enseña que los judíos son los primeros y naturales herederos del Evangelio, excepto en la medida en que por su ingratitud fueron abandonados como indignos, pero abandonados de tal manera que la bendición celestial no se ha apartado completamente de su nación. Por esta razón, a pesar de su obstinación y de haber roto el pacto, Pablo los sigue llamando santos [Rom. 11:16]... Sin embargo, a pesar de la gran obstinación con la que siguen haciendo la guerra contra el Evangelio, no debemos despreciarlos, mientras consideremos que, por causa de la promesa, la bendición de Dios sigue descansando entre ellos. En efecto, el apóstol atestigua que nunca les será arrebatada por completo.[6]

Teodoro Beza (1519-1605), sucesor de Juan Calvino en Ginebra, enseñó que el mundo «sería restaurado de la muerte a la vida de nuevo, en el momento en que los judíos también vinieran, y fueran llamados a la profesión del Evangelio». Martín Bucero (1491-1551), el reformador de Estrasburgo y quizá el reformador continental que ejerció la influencia más directa sobre el puritanismo inglés, escribió en un comentario de 1568 sobre Romanos que Pablo profetizó una futura conversión del pueblo judío.[7]

En Inglaterra, el lugar de los judíos en la profecía fue un tema prominente en el siglo XVII y tuvo mayor vigencia entre los puritanos ingleses y escoceses, generalmente posmilenialistas. El predicador y teólogo inglés Thomas Brightman (1562-1607) desarrolló, según Peter Toon, «la primera revisión inglesa importante e influyente del concepto reformado y agustiniano del milenio».[8] En esta revisión, Brightman hizo hincapié en la conversión de los judíos. En su *Apocalypsis Apocalypseos* ([*Una revelación del Apocalipsis*]), Brightman sostenía que la caída del Imperio turco iría seguida del «llamado de los judíos a ser una nación cristiana», un acontecimiento que conduciría a «una tranquilidad muy feliz desde entonces hasta el

---

[6] Juan Calvino, *Institutes of the Christian Religion*, ed. John T. McNeill, 2 vols. (Filadelfia: The Westminster Press, 1960), (IV.XVI.14) 2:1336–1337.

[7] Citas de J. A. DeJong, *As the Waters Cover the Sea: Millennial Expectations in the Rise of Anglo-America Missions, 1640–1810* (Kampen: J. H. Kok, 1970).

[8] Peter Toon, «The Latter-Day Glory», en *Puritans, the Millennium and the Future of Israel: Puritan Eschatology 1600–1660*, ed. Peter Toon (Cambridge: James Clarke, 1970), 26.

Mitos escatológicos

fin del mundo».[9] Su comentario sobre Daniel 11-12 incluía el subtítulo, *The Restoring of the Jews and their Calling to the Faith of Christ after the Utter Overthrow of their Three Last Enemies is set forth in Lively Colors* [*La restauración de los judíos y su llamado a la fe de Cristo después del derrocamiento total de sus tres últimos enemigos se expone con colores vivos*].[10] Brightman creía que los judíos serían restaurados en Jerusalén y que «la Iglesia cristiana judía se convertiría en el centro de un mundo cristiano».[11] Encontró apoyo bíblico para esta conclusión en Daniel 12:2-3 y Apocalipsis 20:11-15, que describen «el renacimiento de una nación israelita cristiana».[12] Iain Murray resume así la preocupación del siglo XVII por Israel:

> El futuro de los judíos tenía un significado decisivo para ellos porque creían que, aunque poco se revela claramente de los futuros propósitos de Dios en la historia, las Escrituras nos han dado lo suficiente para justificar la expectativa de que con el llamado de los judíos llegarán bendiciones de gran alcance para el mundo. La Inglaterra puritana y la Escocia del Pacto sabían mucho de bendición espiritual y fue el anhelo en oración de una bendición más amplia, no un mero interés en profecías incumplidas, lo que les llevó a dar ese lugar a Israel.[13]

Este énfasis encaja perfectamente con lo que enseñan muchos posmilenialistas modernos: La gloria de los últimos días de la Iglesia será inaugurada por la conversión de los judíos a Cristo; esto es lo que Pablo quiso decir cuando afirmó que la conversión de los judíos sería «vida de entre los muertos» (Rom. 11:15).

Puritan Hope [*Esperanza Puritana*] de Murray proporciona abundante documentación sobre la redención posmilenial de Israel. Este punto de vista se avanzó en las notas a la Biblia de Ginebra de 1560: «Además, para unir a judíos y gentiles como en un solo cuerpo, y especialmente para enseñar qué deber tienen los gentiles para con los judíos, subraya que la nación de los judíos no está totalmente desechada sin esperanza de recuperación [Rom. 11:28]... La razón o prueba: porque el pacto hecho con esa nación de vida eterna no puede

---

[9] Toon, «The Latter-Day Glory», 27.
[10] Toon, «The Latter-Day Glory», 30.
[11] Toon, «The Latter-Day Glory», 30. Palabras de Toon.
[12] Toon, «The Latter-Day Glory», 30. Palabras de Toon. Toon señala que «el esquema escatológico de Brightman puede describirse como una forma de posmilenialismo ya que, y esto es importante, él esperaba que Cristo regresara en gloria solo al final del segundo milenio y al final de la era» (31).
[13] Iain Murray, *The Puritan Hope: Revival and the Interpretation of Prophecy* (Londres: The Banner of truth Trust, 1971), 59–60.

El mito de que solo los dispensacionalistas tienen un futuro redentor para Israel

ser frustrado o en vano» [Rom. 11:29]. Peter Martyr (1499-1562), que enseñó en Cambridge y Oxford (1568), presentó una «cuidadosa exposición del undécimo capítulo [de Romanos que] preparó el camino para la adopción general entre los puritanos ingleses de la creencia en la futura conversión de los judíos».[14]

> El resumen de las enseñanzas de este capítulo puede revisarse brevemente de la siguiente manera: los judíos no han perecido de tal manera sin excepción que no quede ninguna esperanza para su salvación. Hasta el día de hoy se conservan remanentes que se salvan, ahora ciertamente en un número pequeño (aun así son la sal de la tierra), pero un día se convertirán en un grupo poderoso a la vista de todos.[15]

Para Martyr, «un día» significa «hacia el fin del mundo».[16]

El teólogo escocés Charles Ferme, escribiendo en algún momento a finales del siglo XVI, argumentó que Pablo indicó que «cuando la plenitud de los gentiles se halla llevado a cabo, la gran mayoría del pueblo israelita será llamado, a través del evangelio, al Dios de su salvación, y profesará y poseerá a Jesucristo, a quien, anteriormente, es decir, durante el tiempo del endurecimiento, negaron».[17]

En una carta de 1635, el teólogo escocés Samuel Rutherford expresaba su deseo de vivir para ver la conversión de los judíos:

> ¡O para ver la vista, junto a la venida de Cristo en las nubes, la más alegre! Nuestros hermanos mayores, los judíos y Cristo, caen uno sobre el cuello del otro y se besan. Han estado mucho tiempo separados; serán amables el uno con el otro cuando se encuentren. ¡Oh día! ¡Oh anhelado y hermoso amanecer! Oh dulce Jesús, déjame ver esa visión que será como la vida de entre los muertos, tú y el antiguo pueblo en abrazos mutuos.[18]

Rutherford, un posmilenialista, encontró un lugar para Israel en la profecía y, con la misma claridad, fue un elemento importante en su visión de la profecía, solo superado por la Segunda Venida de Cristo.

---

[14] Murray, *The Puritan Hope*, cap. 3.
[15] Peter Martyr Virmigli, *In Epistolam S. Pauli Apostoli ad Romanos,* 3ra.ed. (Basil, 1568). Citado en Shute, «*And All Israel Shall be Saved*», 166.
[16] Martyr, *In Epistolam S. Pauli Apostoli ad Romanos,* 496. Citado en Shute, «*And All Israel Shall be Saved*», 167.
[17] Citado en Murray, *The Puritan Hope*, 64–65.
[18] Citado en Murray, *The Puritan Hope*, 98.

William Perkins, uno de los principales maestros y escritores puritanos, enseñaba que habría una futura conversión nacional de los judíos. Del mismo modo, Richard Sibbes escribió que «los judíos aún no han entrado bajo la bandera de Cristo; pero Dios, que ha persuadido a Jafet a entrar en las tiendas de Sem, persuadirá a Sem a entrar en las tiendas de Jafet». El comentario de Elnathan Parr de 1620 sobre Romanos defendía la opinión de que habría dos «plenitudes» de los gentiles: una antes de la conversión de los judíos que ha tenido lugar desde su injerto en el olivo (Rom. 11:17-24) en el siglo I y otra después, cuando se manifieste la plenitud del reino: «El fin de este mundo no llegará hasta que los judíos sean llamados, y nadie puede decir hasta cuándo».[19]

Hablando ante la Cámara de los Comunes en 1649, durante la Revolución Puritana, John Owen, un teólogo posmilenial, habló sobre «la vuelta a casa del antiguo pueblo [de Dios] para ser un rebaño con la plenitud de los gentiles... en respuesta a millones de oraciones elevadas al trono de la gracia, por esta misma gloria, en todas las generaciones».[20] Giles Fletcher (c. 1549-1611) fue becario en el King's College de Cambridge, sirvió como embajador de la reina Isabel en Rusia y fue autor de *Of the Russian Commonwealth* (1591). Un año antes de su muerte, Fletcher escribió *The Tartars Or, Ten Tribes* [*Los tártaros o las diez tribus*], en la que sostenía que los tártaros del centro y noreste de Asia, cerca del mar Caspio, eran las diez tribus perdidas de Israel. La obra de Fletcher se publicó en *Israel Redux* (1677), un libro editado por Samuel Lee (1625-1691), que era miembro de la congregación de Owen.[21]

Catecismo Mayor de Westminster

Contrario a MacArthur, el registro histórico demuestra que los calvinistas posmileniales habían desarrollado un papel profético para los judíos cientos de años antes que Scofield sin la concomitante casi destrucción del pueblo judío durante un período de «Gran Tribulación» donde dos tercios de los judíos que viven en Israel serán asesinados. Los libros y artículos que exponen este argumento no son oscuros ni difíciles de encontrar. Ciertamente están disponibles (o deberían estarlo) en la biblioteca del Master's Seminary de

---

[19] De DeJong, *As the Waters Cover the Sea*, 27–28.
[20] Citado en Murray, *Puritan Hope*, 100.
[21] Samuel Lee, *Israel Redux: The Restauration of Israel, Exhibited in Two Short Treatises* (Londres: Impreso por S. Streater, for John Hancock, 1677). Peter Toon, *God's Statesman: The Life and Work of John Owen* (Grand Rapids, MI: Zondervan, 1971), 152.

El mito de que solo los dispensacionalistas tienen un futuro redentor para Israel

MacArthur. De hecho, Iain Murray, autor de *The Puritan Hope*, un libro que presenta el caso histórico en contra de las afirmaciones de MacArthur, habló en una anterior Conferencia de Pastores el 11 de marzo de 2001. Así que MacArthur y los profesores del seminario conocen el trabajo de Murray. Si a los estudiantes del Master's Seminary no se les está enseñando estas cosas en sus clases sobre profecía, entonces están siendo mal informados y, me atrevo a decir, engañados.

A mediados del siglo XVII, el Catecismo Mayor de Westminster, en la respuesta a la pregunta 191, esbozaba la esperanza de una futura conversión de los judíos. Parte de lo que pedimos en la segunda petición, «Venga a nosotros tu reino», es que «el Evangelio [sea] propagado por todo el mundo, los judíos llamados, la plenitud de los gentiles llevada a cabo». En su comentario sobre el Catecismo Mayor, Thomas Ridgeley (1667-1734) escribió: «Por lo tanto, no podemos sino suponer que esas profecías que [se refieren a la conversión de los judíos], en los últimos días, junto con la plenitud de los gentiles siendo traídos, se cumplirán más eminentemente de lo que se han cumplido hasta ahora».[22] Ridgeley dedica varias páginas a refutar a los «Chiliasts antiguos y modernos, o Millennarians»[23] y a defender lo que solo puede describirse como posmilenialismo frente al premilenialismo.

> Admitimos libremente, como lo que pensamos está de acuerdo con las Escrituras, que así como Cristo ha desplegado en todas las épocas su gloria como Rey de la Iglesia, tenemos motivos para concluir, a partir de las Escrituras, que la administración de su gobierno en este mundo, antes de su venida para el juicio, estará acompañada de una mayor magnificencia, más señales visibles de gloria, y varios acontecimientos de providencia, que tenderán al bienestar y felicidad de su iglesia, en mayor grado de lo que ha sido contemplado o experimentado por ella, desde que fue plantada por el ministerio de los apóstoles después de su ascensión al cielo. Este creemos que es el sentido, en general, de aquellas escrituras, tanto del Antiguo como del Nuevo Testamento, que hablan de la gloria de los últimos días.[24]

---

[22] Thomas Ridgeley, *Commentary on the Larger Catechism*, 2 vols. (Edmonton, AB Canada: Still Waters Revival Books, [1855] 1993), 2:621. La obra original de Ridgeley fue titulada *A Body of Divinity: Wherein the Doctrines of the Christian Religion are Explained and Defended, Being the Substance of Several Lectures on the Assembly's Larger Catechism* y fue publicada en 1731.

[23] Ridgeley, *Commentary on the Larger Catechism*, 1:558–562.

[24] Ridgeley, *Commentary on the Larger Catechism*, 1:562.

Mitos escatológicos

Tenemos, por lo tanto, suficientes motivos para concluir que, cuando estas profecías se cumplan, el interés de Cristo será el interés predominante en el mundo, lo que nunca ha sido en todos los aspectos; de modo que la piedad será tan valorada y estimada universalmente como lo ha sido hasta ahora, y será considerado como un gran honor ser cristiano, como lo ha sido, en la época más degenerada de la iglesia, un asunto de reproche.... En resumen, habrá, por así decirlo, una difusión universal de la religión y la santidad al Señor, en todo el mundo.[25]

Esto es posmilenialismo en su máxima expresión. Ridgeley conocía su historia lo suficientemente bien como para saber que la mayoría de los teólogos del siglo XVII sostenían que el reino avanzaba mediante la proclamación del Evangelio, lo que incluía la futura conversión de los judíos. El amilenialista Johannes G. Vos, en su comentario sobre el Catecismo Mayor, adopta un punto de vista similar.[26] También lo hace Joseph Morecraft, III en su comentario en varios volúmenes sobre el Catecismo Mayor.[27]

Del mismo modo, el *Directory for Public Worship* de Westminster [*Directorio para el Culto Público*] instruía a los ministros a orar «por la propagación del Evangelio y el Reino de Cristo a todas las naciones, por la conversión de los judíos, la plenitud de los gentiles, la caída del Anticristo y la aceleración de la segunda venida del Señor».[28] En 1652, un grupo de dieciocho ministros y teólogos puritanos, incluyendo tanto presbiterianos como independientes, afirmaron que «la Escritura habla de una *doble conversión* de los gentiles, la primera antes de la conversión de los *judíos*, siendo ellos *ramas silvestres por naturaleza* injertadas en el *Olivo Verdadero* en lugar de las *ramas naturales* que son desgajadas... La segunda, después de la conversión de los judíos».[29]

La Declaración de Saboya

La *Declaración de Saboya*, redactada en octubre de 1658 por los congregacionalistas ingleses reunidos en el palacio de Saboya,

---

[25] Ridgeley, *Commentary on the Larger Catechism*, 1:563–564.
[26] Johannes G. Vos, *The Westminster Larger Catechism: A Commentary*, ed. G. I. Williamson (Phillipsburg, NJ: Presbyterian and Reformed, 2002), 552–553.
[27] Joseph Morecraft, III, *Authentic Christianity*, 5 vols. (Powder Springs, GA: American Vision, 2009–2010), 5:xxx. Esta colección se ha reeditado en ocho volúmenes: https://www.comprehensivechristianity.com/authentic-christianity.
[28] Citado en DeJong, *As the Waters Cover the Sea*, 37–38.
[29] Citado en Murray, *The Puritan Hope*, 72.

El mito de que solo los dispensacionalistas tienen un futuro redentor para Israel

Londres, incluía la conversión de los judíos en su resumen de la esperanza futura de la Iglesia:

> Esperamos que en los últimos días, destruido el Anticristo, llamados los judíos y quebrantados los adversarios del reino de su amado Hijo, ampliadas y edificadas las iglesias de Cristo mediante una libre y abundante comunicación de luz y gracia, disfrutarán en este mundo de una condición más tranquila, pacífica y gloriosa de la que han disfrutado.[30]

Como creían que los judíos se convertirían, las iglesias puritanas y presbiterianas oraban fervientemente para que se cumplieran las profecías de Pablo. Murray señala que «Varios años antes de que se redactaran [el Catecismo Mayor y el Directorio de Westminster para el Culto Público], el llamamiento a la oración por la conversión de los judíos y por el éxito del Evangelio en todo el mundo ya era una característica de las congregaciones puritanas».[31] Asimismo, entre las iglesias presbiterianas escocesas durante este período, se reservaban días especiales de oración en parte para que «se acelerara la conversión prometida del antiguo pueblo [de Dios] de los judíos».[32] En 1679, el ministro escocés Walter Smith elaboró algunas directrices para las reuniones de oración:

> Como es deber indudable de todos orar por la venida del reino de Cristo, así todos los que aman sinceramente a nuestro Señor Jesucristo, y saben lo que es doblar la rodilla en serio, anhelarán y orarán por el cumplimiento de las promesas evangélicas a su Iglesia en los últimos días, que el Rey Cristo salga sobre el caballo blanco del evangelio, conquistando y para conquistar, y haga una conquista de la aflicción de su alma, para que se oiga que los reinos del mundo han llegado a ser suyos, y su nombre sea invocado desde el nacimiento del sol hasta su ocaso. (1) Para que el antiguo Israel desechado por su incredulidad nunca sea olvidado, especialmente en estas reuniones, para que se acelere el día prometido de su nuevo injerto por la fe; y para que se les quite el peso muerto de la sangre que sus padres cargaron sobre ellos y sobre sus hijos, y que los ha hundido en el infierno durante más de mil setecientos años.[33]

---

[30] Citado en DeJong, *As the Waters Cover the Sea*, 38.
[31] Murray, *The Puritan Hope*, 99.
[32] Citado en Murray, *The Puritan Hope*, 100.
[33] Citado en Murray, *The Puritan Hope*, 101–102.

Mitos escatológicos

El puritano independiente Thomas Goodwin, en su libro *The Return of Prayers* [*El retorno de las oraciones*], animaba a la gente a rezar por «el llamamiento de los judíos, la caída total de los enemigos de Dios, el florecimiento del Evangelio». Goodwin aseguraba a sus lectores que todas estas oraciones «tendrán respuesta».[34]

Jonathan Edwards

Jonathan Edwards (1703-1758), un notable posmilenialista y alguien a quien MacArthur cita desfavorablemente en su Conferencia Shepherds, esbozó el futuro de la Iglesia cristiana en su *Obra redentora* de 1774. Edwards creía que el derrocamiento del reino de Satanás implicaba varios elementos: la abolición de las herejías y la infidelidad, el derrocamiento del reino del Anticristo (el Papa), el derrocamiento de las naciones musulmanas y el derrocamiento de la «infidelidad judía»:

> Por obstinados que hayan sido [los judíos] durante más de mil setecientos años en su rechazo de Cristo, y por escasos que hayan sido los casos de conversiones individuales, desde la destrucción de Jerusalén... sin embargo, cuando llegue este día, el espeso velo que ciega sus ojos será quitado [2Cor. iii.16...] y la gracia divina derretirá y renovará sus duros corazones... Y entonces se salvará la casa de Israel: los judíos en todas sus dispersiones desecharán su antigua infidelidad, y sus corazones cambiarán maravillosamente, y se aborrecerán a sí mismos por su pasada incredulidad y obstinación.

Concluyó que «Nada se predice con mayor certeza que esta conversión nacional de los judíos en Romanos 11».[35]

Edwards no era dispensacionalista. Creía, por ejemplo, que el Discurso del Monte de los Olivos se refería a la destrucción de Jerusalén en el año 70 d.C. De hecho, era posmilenialista y creía que la «venida» mencionada en Mateo 24 se refiere al juicio venidero de Jesús contra Jerusalén en el año 70 d.C.[36] Edwards adopta la misma postura sobre el significado de «venida» en el Discurso del Monte de los Olivos que los preteristas modernos:

---

[34] Citado en Murray, *The Puritan Hope*, 102.
[35] Jonathan Edwards, «History of Redemption», *The Works of Jonathan Edwards*, 2 vols. (Edimburgo: The Banner of Truth Trust, [1834] 1974), 1:607.
[36] John H. Gerstner, «The Latter-Day Glory and Second Coming: From Jonathan Edwards—A Mini-Theology»: https://bit.ly/3e2vhxN

El mito de que solo los dispensacionalistas tienen un futuro redentor para Israel

Es evidente que cuando Cristo habla de su venida; de su revelación; de su venida en su Reino; o de la venida de su Reino; se refiere a su aparición en esas grandes obras de su Poder, Justicia y Gracia, que serían en la Destrucción de Jerusalén [en el 70 d.C.] y otras providencias extraordinarias que debían acompañarla.[37]

El grado de su castigo, es el grado *sumo*. Esto puede referirse tanto a un castigo nacional como personal. Si lo tomamos como un castigo *nacional*, un poco después del tiempo en que fue escrita la epístola, la ira vino sobre la nación de los judíos hasta el extremo, en su terrible destrucción por los romanos; cuando, como dijo Cristo, «hubo gran tribulación, cual nunca hubo desde el principio del mundo hasta entonces», Mt. 24:21. Esa nación había sufrido antes muchos de los frutos de la ira divina por sus pecados; pero esto fue más allá de todo, este fue su más alto grado de castigo como nación.[38]

Robert Haldane

Robert Haldane (1764-1842), predicador reformado suizo, predicó el libro de Romanos en Ginebra en 1816. Sobre Romanos 11:26, hizo este comentario:

El rechazo de los judíos ha sido general, pero en ningún momento universal. Este rechazo continuará hasta que llegue la plenitud de los gentiles. Entonces el pueblo de Israel, como un cuerpo, será llevado a la fe del Evangelio.[39]

Thomas V. Moore

Thomas V. Moore (1818-1871) fue pastor de la Primera Iglesia Presbiteriana de Richmond, Virginia. Es conocido sobre todo por sus comentarios sobre los Profetas Menores. Lo que sigue es de sus comentarios sobre Zacarías 10:6-12 en su libro de 1856 *Prophets of the Restoration* [*Profetas de la Restauración*]: «Henderson sigue a Grocio al suponer que esta restauración tuvo lugar antes de la venida de Cristo, pero los términos en que se describe difícilmente pueden

---

[37] Jonathan Edwards, «Observations on the Facts and Evidences of Christianity, and the Objections of Infidels», *The Works of Jonathan Edwards,* Parte 1, Cap. 2, § 17: https://bit.ly/3vSWHzE
[38] Jonathan Edwards, «When the Wicked Shall Have Filled Up the Measure of Their Sin, Wrath Will Come Upon Them to the Uttermost» (Mayo 1735): https://bit.ly/3kCbvxa
[39] Robert Haldane, *The Epistle to the Romans* (Londres: Banner of Truth Trust, 1958), 541.

restringirse a cualquier retorno que tuviera lugar durante ese período. Calvino lo refiere enteramente a una restauración espiritual. Pero la interpretación más natural parece ser la que predice un futuro retorno a su propia tierra, y un retorno espiritual a Dios, que se predice como un resultado separado y último en el v. 12».[40]

Charles Hodge

El gran teólogo de Princeton Charles Hodge (1797-1878) encontró en Romanos 11 una profecía de que «los gentiles, como cuerpo, la masa del mundo gentil, se convertirán antes de la restauración de los judíos, como nación». Después de que entre la plenitud de los gentiles, el pueblo judío será salvo: «Los judíos, como pueblo, son ahora rechazados; como pueblo, han de ser restaurados. Como su rechazo, aunque nacional, no incluyó el rechazo de cada individuo; así su restauración, aunque de igual manera nacional, no necesita suponerse que incluya la salvación de cada judío individual». Sin embargo, este no será el fin de la historia; más bien, «mucho quedará por hacer después de ese acontecimiento; y en la realización de lo que entonces quede por hacer, los judíos tendrán una participación destacada».[41]

John Brown

John Brown (1784-1858), teólogo escocés del siglo XIX, escribió algo parecido en sus comentarios sobre Romanos 11:

> El apóstol [Pablo] contrasta el estado anterior de los gentiles con su estado actual, y el estado actual de los judíos con su estado futuro. El estado pasado de los gentiles era un estado de desobediencia —su estado presente, es un estado de salvación de gracia. El estado presente de los judíos es un estado de desobediencia—su estado futuro será un estado de salvación de gracia.[42]

La razón del rechazo de Dios a los judíos y de su futura restauración es mostrar tanto la depravación total de los hombres —tanto judíos como gentiles— como la gracia pura y soberana de la salvación, lo

---

[40] Thomas V. Moore, *The Prophets of the Restoration* (Carlisle, PA: The Banner of Truth Trust, [1856] 1979), 245.
[41] Charles Hodge, *A Commentary on Romans* (Londres: Banner of Truth Trust, [1864] 1972), 374.
[42] John Brown, *Analytical Exposition of the Epistle of Paul the Apostle to the Romans* (Edimburgo: Oliphant, Anderson, & Ferrier, 1883), 417.

El mito de que solo los dispensacionalistas tienen un futuro redentor para Israel

mismo que MacArthur afirma que es una incoherencia entre los no dispensacionalistas con respecto a Israel.[43]

Robert L. Dabney

El teólogo presbiteriano del sur Robert L. Dabney (1820-1898) incluyó en la categoría de «profecía incumplida» el «retorno general y nacional de los judíos a la Iglesia cristiana. (Rom. ix: 25, 26)».[44]

John Murray

Este mismo punto de vista fue enseñado por algunos de los principales teólogos reformados contemporáneos. John Murray (1898-1975) del Seminario Teológico de Westminster, por ejemplo, escribió este comentario sobre Romanos 11:26:

> Si tenemos en cuenta el tema de este capítulo y el énfasis sostenido en la restauración de Israel, no hay otra alternativa que concluir que la proposición «todo Israel será salvo» debe interpretarse en términos de la plenitud, la recepción, el injerto de Israel como pueblo, la restauración de Israel al favor y la bendición del Evangelio y el cambio correlativo de Israel de la incredulidad a la fe y el arrepentimiento... La salvación de Israel debe concebirse a una escala proporcional a su transgresión, su pérdida, su expulsión, su ruptura y su endurecimiento, proporcional, por supuesto, en la dirección opuesta.[45]

El posmilenialista Gary North (1942-2022) comentó que fue una serie de conferencias de John Murray sobre Romanos 11 y su propia lectura de «Apocalipsis 12 a la luz de su concepto de Israel genético» lo que le convirtió del hiperultradispensacionalismo al posmilenialismo.[46]

---

[43] Brown, *Analytical Exposition of the Epistle of Paul the Apostle to the Romans*, 418–419.
[44] Robert L. Dabney, *Lectures on Systematic Theology* (Grand Rapids, MI: Zondervan, [1878] 1972), 838.
[45] John Murray, *The Epistle to the Romans*, 2 vols. (Grand Rapids, MI: Eerdmans, 1968), 2:98.
[46] Gary North, «Editor's Introduction», *The Journal of Christian Reconstruction*, Symposium on the Millennium (Winter, 1976–1977), 4.

Conclusión

Se podrían citar muchos más ejemplos de la preocupación posmilenial por la conversión de Israel, pero se han aportado suficientes pruebas para refutar la afirmación de John MacArthur de que solo el premilenialismo dispensacional tiene el sistema teológico que puede dar cuenta del cumplimiento de estas promesas. Incluso los posmilenialistas preteristas como John Owen y Jonathan Edwards, ambos de los cuales argumentaron que el Discurso del Monte de los Olivos se refiere a la destrucción del Templo de Israel en el año 70 d.C., también creían en una futura conversión del Israel nacional.

Un estudio de *As the Waters Cover the Sea* [*Como las aguas cubren el mar*], de J. A. DeJong, y *The Puritan Hope*, de Iain Murray, ofrece amplias pruebas sobre la prevalencia del posmilenialismo y el preterismo históricos de nuestros antepasados protestantes, que incluían el lugar de Israel en el plan redentor de Dios. Dados estos recursos, no hay excusa para las tergiversaciones mal informadas de John MacArthur sobre las expectativas posmileniales para los judíos. Lo que MacArthur y sus compañeros dispensacionalistas todavía tienen que explicar es cómo su esperanza futura para Israel es más favorable para los judíos, ya que el futuro dispensacionalista para los judíos es que dos tercios de ellos serán masacrados antes de que se cumplan las promesas (Zac. 13:8) en lo que Charles Ryrie ha descrito como «el peor baño de sangre de la historia judía».[47]

---

[47] Charles C. Ryrie, *The Best is Yet to Come* (Chicago, IL: Moody Press, 1981), 86.

4

El mito del pacto Abrahámico pospuesto

Pero esperábamos que fuera Él quien redimiera a Israel. En efecto, además de todo esto, es el tercer día desde que sucedieron estas cosas (Lc. 24:21). Y les predicamos la buena nueva de la promesa hecha a los padres, que Dios ha cumplido esta promesa a nosotros sus hijos en que Él resucitó a Jesús, como está escrito en el segundo Salmo, «TÚ ERES MI HIJO Y HOY TE HE ENGENDRADO» [Sal. 2:7] *Y en cuanto al hecho* de que Él lo resucitó de entre los muertos, no más para volver a la putrefacción, Él ha hablado de esta manera: «Te daré las bendiciones santas y seguras de David» (Hch. 13:32-34).

J. Dwight Pentecost escribe que los pactos abrahámicos, «según las Escrituras, son *eternos*».[1] La Biblia los describe como «eternos». Si «eterno» significa «duradero o perdurable a través de todos los tiempos», entonces los dispensacionalistas no creen que los pactos abrahámicos sean «eternos» ¡ya que han sido pospuestos por casi 2000 años! Dado que los dispensacionalistas afirman que solo ellos siguen un método de interpretación consistentemente literal, es sorprendente que se equivoquen sobre el significado de «eterno». Considere la definición estándar de Charles Ryrie de «interpretación literal» y aplique sus principios a cómo los dispensacionalistas proponen una teoría de aplazamiento para explicar cómo el pacto abrahámico no se realizó durante el ministerio de Jesús y el período posterior a la ascensión:

---

[1] J. Dwight Pentecost, *Things to Come: A Study in Biblical Eschatology* (Grand Rapids, MI: Zondervan, [1958] 1964), 69.

Mitos escatológicos

Los dispensacionalistas afirman que su principio de hermenéutica es el de la interpretación literal. Esto significa una interpretación que da a cada palabra el mismo significado que tendría en el uso normal, ya sea empleado al escribir, hablar o pensar.[2]

Otra definición citada a menudo es la Regla de Oro de la Interpretación de David L. Cooper, que dice: «Cuando el sentido llano de la Escritura tiene sentido común, no busque otro sentido; por lo tanto, tome cada palabra en su significado primario, ordinario, usual, literal, a menos que los hechos del contexto inmediato, estudiados a la luz de pasajes relacionados, y verdades axiomáticas y fundamentales, indiquen claramente lo contrario».[3] El problema es que los dispensacionalistas no siempre siguen estas pautas. Esto es especialmente cierto en la forma en que interpretan «eterno».[4] Aplicando la prueba de fuego literal de Ryrie/Cooper, «eterno» debería tener «el mismo significado que tendría en el uso normal, ya sea empleado al escribir, hablar o pensar». Para ir más lejos y ser más precisos, «eterno» debe tener el mismo significado que tiene en otras partes de la Biblia, a menos que haya una indicación específica de que el significado se está utilizando de una manera diferente a su uso más común.

Todos los escritores dispensacionalistas que he consultado, que tienen la irritante costumbre de citarse unos a otros para apoyar sus afirmaciones, coinciden en que el «pacto abrahámico se llama eterno en la Palabra de Dios» (Gén. 17:7, 13b, 19; 1Cr. 16:16-17; Sal. 105:9-10).[5] Paul Benware, ex profesor de Biblia y teología en el Instituto Bíblico Moody, escribe: «Esas bendiciones incluían la garantía de la existencia nacional así como la grandeza de la nación, la extensión de tierra de Canaán como posesión eterna, y la continuación del pacto abrahámico como pacto eterno».[6]

---

[2] Charles Caldwell Ryrie, *Dispensationalism Today*, ed. rev. (Chicago, IL: Moody Press, 1995), 80.

[3] David L. Cooper, *When Gog's Armies Meet the Almighty in the Land of Israel: An Exposition of Ezekiel Thirty-Eight and Thirty-Nine*, 3ra. ed. (Los Angeles, CA: Biblical Research Society, [1940] 1958), [i].

[4] Eugene H. Merrill escribe que el «pacto eterno de la sal» es «probablemente... una metáfora para hablar de su durabilidad [Núm. 18:19]». (Eugene H. Merrill, «Numbers», *The Bible Knowledge Commentary: Old Testament*, eds. John F. Walvoord y Roy B. Zuck [Wheaton, IL: Victor Books, 1985], 236). Véase más adelante la definición de «eterno».

[5] Charles Caldwell Ryrie, *The Basis of the Premillennial Faith* (Neptune, NJ: Loizeaux Brothers, 1953), 49.

[6] Paul N. Benware, *Understanding End Times Prophecy: A Comprehensive Approach* (Chicago: Moody Press, 1995), 33.

El mito del pacto Abrahámico pospuesto

Al mismo tiempo que se dice que el pacto abrahámico es «eterno», los dispensacionalistas insisten en que ha sido pospuesto. Mal Couch, un defensor de la teología dispensacional, escribe:

> La mayoría de los dispensacionalistas sostienen la teoría del aplazamiento del reino... Los dispensacionalistas creen que el reino fue apartado, los judíos sufrieron la dispersión final y la iglesia, que no se mencionaba en el Antiguo Testamento, fue dada para alcanzar a las naciones gentiles.[7]

¿Incluye «eterno» la idea de aplazamiento en su definición de diccionario o en su uso bíblico de modo que pase como el «significado primario, ordinario, habitual y literal» de la palabra? ¿Hay algo en «el contexto inmediato» de Génesis 17 o cuando «se estudia a la luz de pasajes relacionados y de verdades axiomáticas y fundamentales» que «indique claramente» que una definición de «eterno» puede incluir la idea de aplazamiento? Por supuesto que no. «Eterno» y «aplazado» son etiquetas contradictorias.

El primer pacto eterno

Antes del establecimiento del pacto abrahámico, Dios instituyó el pacto de Noé. Aunque «la intención del corazón del hombre es mala desde su juventud», Dios dice que «nunca más destruirá a todo ser viviente» (Gén. 8:21). El carácter eterno de esta promesa pactada es tan seguro que la tierra misma tendría que desaparecer para que se pospusiera, aplazara o revocara (8:22). Couch insiste en que el pacto de Noé seguirá en vigor «mientras la historia de la Tierra permanezca en su estado físico actual».[8] Puede afirmarlo porque, como afirma la Biblia, se trata de un «pacto eterno»:

> Y me acordaré de Mi pacto, que es entre Yo y ustedes y toda criatura viviente de toda carne; y nunca más el agua se convertirá en un diluvio para destruir toda carne. Cuando el arco esté en la nube, entonces lo miraré, para recordar el *pacto eterno* entre Dios y toda criatura viviente de toda carne que está sobre la tierra (Gén. 9:15-16).

---

[7] Mal Couch, «The Postponement Theory», *An Introduction to Classical Evangelical Hermeneutics: A Guide to the History and Practice of Biblical Interpretation* (Grand Rapids, MI: Kregel Publications, 2000), 221. El libro tiene un nombre equivocado. La hermenéutica dispensacional no puede calificarse de «clásica».

[8] Couch, «Hermeneutics and the Covenants of Scripture», 140.

Siguiendo la teología dispensacional del aplazamiento, Dios podría enviar otro diluvio mundial y afirmar que no estaba abrogando la naturaleza eterna del pacto de Noé. Dios podría alegar, siguiendo a Ryrie y a otros defensores de la dispensación, que solo estaba interponiendo un paréntesis, un período indeterminado de tiempo en el que se retrasa el cumplimiento de la promesa (deteniendo el reloj profético, por así decirlo). ¿Aceptaría alguien tal argumento como legítimo? Y, sin embargo, esto es exactamente lo que hacen los dispensacionalistas con el pacto abrahámico.

Los dispensacionalistas no ven ningún problema en fabricar lagunas, retrasos, aplazamientos y paréntesis[9] mientras siguen afirmando que el pacto abrahámico es eterno. Pero se verían en apuros para aplicar y defender una metodología similar cuando se trata del carácter eterno de Dios (Gn. 21:33; Sal. 93:2; Is. 40:28; 1 Crón. 16:34, 41; 2 Crón. 5:13; Sal. 136; Sal. 119:142; 135:13; 145:13; Is. 45:17; Jer. 31:3; Hab. 3:6) o la naturaleza eterna del pacto de Noé.

La desobediencia de Israel

El pacto de Noé sigue vigente, según la *Nelson Study Bible*, de orientación dispensacional, «por muy malvados que se volvieran los descendientes de Noé. De hecho, Él prometió que hasta el fin de la tierra habría estaciones de siembra y cosecha y día y noche. Dios prometió unilateralmente mantener los ritmos de la tierra para sostener la vida humana, aunque los humanos se hubieran rebelado contra Él, su Creador».[10] Pero para un dispensacionalista, esta misma promesa no se aplica al pacto con Abraham, del que también se dice que es eterno.

Pentecost escribe que cuando la nación de Israel se negó a aceptar a Jesús como el Mesías prometido, la oferta del reino «se retiró y su establecimiento se pospuso hasta algún momento futuro en que la nación se arrepintiera y depositara su fe en Jesucristo».[11] No existe tal

---

[9] John F. Walvoord escribe: «Como H. A. Ironside había dejado claro en su minucioso estudio de este problema, hay más de una docena de casos de períodos parentéticos en el programa divino». (John F. Walvoord, *The Rapture Question*, ed. rev. [Grand Rapids, MI: Zondervan, 1979], 26). Philip Mauro tiene razón cuando escribe: «Nunca se ha considerado que un número determinado de unidades de tiempo que conforman un tramo de tiempo descrito signifique otra cosa que unidades de tiempo continuas o consecutivas». (Philip Mauro, *The Seventy Weeks and the Great Tribulation*, ed. rev. [Swengel, PA: Reiner Publications, n.d.], 93). Énfasis en el original. Los dispensacionalistas como Walvoord ven lagunas porque su sistema requiere lagunas para que funcione.

[10] Earl D. Radmacher, «The Noahic Covenant», *The Nelson Study Bible* (Nashville, TN: Thomas Nelson Publishers, 1997), 20.

[11] Pentecost, *Thy Kingdom Come*, 293.

condición vinculada al pacto con Abraham, como insisten continuamente los dispensacionalistas. El mantenimiento del pacto no depende de la respuesta de aquellos con quienes se hizo, ya que Dios trata con un remanente de Israel (Rom. 11:1-5; cf. Mt. 21:43-44; 1Pe. 2:9-10).

Añadir a la Palabra de Dios

Sobre el pacto abrahámico, Ryrie escribe: «Las Escrituras enseñan claramente que se trata de un pacto eterno basado en las bondadosas promesas de Dios. Puede haber demoras, aplazamientos y castigos, pero un pacto eterno no puede, si Dios no puede negarse a sí mismo, ser abrogado».[12] Como hemos visto, el pacto abrahámico es idéntico en su redacción al pacto de Noé en el sentido de que se dice que ambos son eternos. Apliquemos al pacto de Noé el calificativo que Ryrie aplica al pacto abrahámico y veamos si tiene sentido: «Las Escrituras enseñan claramente que el pacto de Noé es un pacto eterno basado en las bondadosas promesas de Dios. *Puede haber retrasos y aplazamientos*, pero un pacto eterno no puede, si Dios no puede negarse a sí mismo, ser abrogado». Un pacto eterno no puede ser abrogado o retrasado o pospuesto y aún ser descrito como «eterno».

Queda pendiente un asunto fundamental: ¿Menciona algo el pacto eterno abrahámico sobre la posibilidad de aplazamientos o demoras? Los dispensacionalistas se apresuran a señalar que no hay condiciones para el pacto abrahámico,[13] pero parecen ignorar el hecho de que los aplazamientos y demoras que proponen presuponen un pacto condicional. ¿Dónde encontramos un versículo que diga algo así?: «Y estableceré Mi pacto entre Mí y ti y tu descendencia después de ti por sus generaciones como un pacto eterno, para ser Dios para ti y para tu descendencia después de ti *aunque haya demoras o aplazamientos*»? Si no se pueden añadir condiciones a *posteriori*, tampoco se deben inventar nuevas definiciones de eterno.

La elasticidad de «eterno» en el dispensacionalismo

El dispensacionalista Arnold G. Fruchtenbaum afirma que las palabras «para siempre» y «perpetuo» «tienden a conllevar conceptos de eternidad», pero «ese no es el significado de las palabras hebreas

---

[12] Ryrie, *The Basis of the Premillennial Faith*, 53.
[13] Ryrie escribe: «Las promesas originales dadas a Abraham fueron dadas sin condición alguna» (Ryrie, *The Basis of the Premillennial Faith*, 54).

mismas». En pocas palabras, no cree que «eterno» signifique «para siempre». Si este es el caso, entonces el dispensacionalismo no tiene una pierna para sostenerse. Continúa:

> El término hebreo clásico «para siempre» (*olam*), como afirma [el léxico hebreo] BDB, significa «larga duración», «antigüedad» o «futuridad». Las formas hebreas no significan más que «hasta el final de un período de tiempo». Lo que el período de tiempo es debe ser determinado por el contexto o determinado por pasajes relacionados. En el hebreo clásico, estas palabras nunca significaron o conllevaron el concepto de eternidad, sino que tenían una limitación temporal. El período de tiempo puede haber sido hasta el final de la vida de un hombre, o una edad, o dispensación, pero no *para siempre* en el sentido de eternidad.[14]

Fruchtenbaum no es el único que define *olam* de este modo. En el *Theological Wordbook of the Old Testament*, publicado por la editorial dispensacional Moody Press, Allan MacRae escribe «que ni la palabra hebrea [*olam*] ni la griega [*aion*] contienen en sí mismas la idea de infinitud... Ambas palabras llegaron a usarse para referirse a una larga edad o período...»[15] John H. Walton, antiguo profesor de Antiguo Testamento y Hebreo en el Instituto Bíblico Moody, escribe:

> Hay muchos contextos en los que *olam* [eterno] tiene claramente más que ver con una perpetuidad abierta que con una eternidad absoluta. En 1Samuel 1:22, Ana jura que su hijo permanecerá en la casa del Señor *olam*. Esto claramente no significa para toda la eternidad, ni siquiera para toda su vida. Simplemente indica que su voto es indefinido. No es solo por un año o cinco, sino a perpetuidad [véase Dt. 15:17; 1Sam. 2:30; Jer. 17:4]. No hay un plazo determinado. Incluso hoy en día no es raro oír «Que el rey viva para siempre», que equivale a «Larga vida al rey», lo que indica que no se está haciendo nada para limitar su reinado.
>
> ¿Qué debe entenderse entonces cuando el texto habla de un pacto que es *olam*? La implicación de la terminología es que estos acuerdos no son temporales, ni provisionales, ni están a prueba. Son *permanentes en el sentido de que no se prevé ningún otro acuerdo alternativo que sirva para ese propósito*. Esto no significa que el propósito al que sirven nunca quede obsoleto. La circuncisión, por ejemplo, quedó obsoleta aunque aquí se la designa como un pacto

---

[14] Arnold G. Fruchtenbaum, *Israelology: The Missing Link in Systematic Theology* (Tustin, CA: Ariel Ministries, 1994), 655–656.

[15] Allan MacRae, «*Olam*», *Theological Wordbook of the Old Testament*, eds. R. Laird Harris, Gleason L. Archer, Jr., Bruce K. Waltke, 2 vols. (Chicago, IL: Moody Press, 1980), 2:673.

olam. Del mismo modo, el pacto aarónico para el sacerdocio quedó obsoleto aunque se designó como un sacerdocio *olam* (Núm. 25:13).[16]

Apliquemos las dos definiciones de «eterno» («para siempre» y «larga duración») a la promesa de la tierra. Ryrie afirma que Israel tendrá «posesión *permanente* de la tierra prometida».[17] John Walvoord está de acuerdo: «Una interpretación literal del pacto abrahámico implica la existencia *permanente* de Israel como nación y el cumplimiento de la promesa de que la tierra sería su posesión eterna».[18] Permanente significa «que continúa o perdura sin cambios fundamentales o marcados». Si algo es permanente, no puede haber un aplazamiento, especialmente uno que ha estado en vigor durante casi dos milenios. Tal y como estamos ahora, el pacto con Abraham ha estado en su fase de aplazamiento más tiempo que en su fase de cumplimiento. Esto difícilmente pasa por permanente o eterno.

Luego está la definición de Fruchtenbaum de «eterno» (*olam*). Afirma que significa «nada más que 'hasta el final de un período de tiempo'». ¿Quién determina cuál es ese período de tiempo? El dispensacionalista tendrá una opinión y el no dispensacionalista tendrá otra. Puesto que la Biblia nos dice que Israel sí poseyó la tierra, contrariamente a lo que afirman muchos dispensacionalistas,[19] entonces se podría argumentar que el período de tiempo especificado ha pasado. Pero contrariamente a lo que la Biblia afirma, los dispensacionalistas argumentan que Israel nunca tuvo plena posesión de la tierra, por lo que la naturaleza «eterna» de la promesa (independientemente de la definición que se utilice) no es efectiva hasta que los judíos sean restablecidos como nación y vivan en las fronteras completas de su tierra. Pero Israel sí entró y poseyó la tierra hace miles de años:

---

[16] John H. Walton, *Genesis: The NIV Application Commentary* (Grand Rapids, MI: Zondervan, 2001), 450. Emphasis added.

[17] Ryrie, *The Basis of the Premillennial Faith*, 48. Emphasis added.

[18] John F. Walvoord, *The Millennial Kingdom* (Grand Rapids, MI: Dunham Publishing Co., 1959), 139–140. Énfasis añadido.

[19] Uno de los esfuerzos más ingeniosos por hacer que un texto diga algo que no dice procede de Elliott E. Johnson. Citando Josué 21:43-45, afirma que «Josué introduce el cumplimiento inaugural o parcial del pacto dado a Abraham». El texto no dice tal cosa. Johnson continúa afirmando que «es inaugural o parcial debido a su alcance limitado. Esa limitación se indica en una segunda declaración sumaria (Jos. 13:1-7)». (Elliott, «Covenants in Traditional Dispensationalism», *Three Central Issues in Contemporary Dispensationalism*, 137). En Josué 13 los israelitas no habían poseído la tierra, pero cuando llegamos a Josué 21, se nos dice que «la poseyeron y vivieron en ella» (21:43). Esto tiene un perfecto sentido cronológico. Para que su punto de vista funcione, Johnson debe situar los acontecimientos de Josué 13 después de Josué 21.

Mitos escatológicos

Y el Señor dio a Israel toda la tierra que había jurado dar a sus padres, y ellos la poseyeron y vivieron en ella. Y el Señor les dio reposo por todas partes, conforme a todo lo que había jurado a sus padres, y ninguno de todos sus enemigos se puso delante de ellos; el Señor entregó en su mano a todos sus enemigos. Ni una sola de las buenas promesas que el Señor había hecho a la casa de Israel falló; todas se cumplieron (Jos. 21:43-45).

Todos los elementos necesarios para el cumplimiento del pacto abrahámico en lo que se refiere a la tierra están presentes en estos versículos: Dios dio a los israelitas la tierra que había prometido dar; poseyeron y vivieron en la tierra; tuvieron descanso; sus enemigos no se interpusieron ante ellos; ni una sola de las promesas que Dios hizo a la casa de Israel falló. Si estos versículos no enseñan lo que parecen enseñar, entonces ¿de qué otra manera podría haberlo puesto, dicho o escrito Dios si hubiera *querido* informar a los israelitas de que de hecho habían poseído la tierra según lo prometido? Incluso después de ser confrontados con estas clarísimas palabras de Josué, los futuristas siguen insistiendo en que no enseñan lo que dicen. Considere el comentario del erudito del Antiguo Testamento Walter C. Kaiser, Jr:

> A menudo, los estudiosos de la Biblia señalan tres pasajes que parecen sugerir que la promesa de la tierra a Israel se ha cumplido: Josué 21:43-45; 23:14-15; Nehemías 9:8. Estos textos afirman que «ni una sola de todas las buenas promesas del Señor a la casa de Israel faltó; todas se cumplieron» (Jos. 21:45; cf. 23:14).
>
> Sin embargo, las fronteras mencionadas en Números 34:2-12 no son las que se alcanzan en los relatos de Josué y Jueces. Por ejemplo, Josué 13:1-7 y Jueces 3:1-4 coinciden en mantener que quedaba mucha tierra por tomar.[20]

---

[20] Walter C. Kaiser, Jr., *Back Toward the Future: Hints for Interpreting Biblical Prophecy* (Grand Rapids, MI: Baker Books, 1989), 111. Benware hace referencia a Josué 23:4-7 para apoyar su argumento de que «La declaración de Josué refleja un concepto de cumplimiento del Antiguo Testamento en el que la promesa de Dios se estaba cumpliendo y esa generación estaba recibiendo su parte. Pero no era el cumplimiento final o último de la promesa». (*Understanding End Times Prophecy*, 55). ¿Cuál es «el cumplimiento final o definitivo de la promesa»? ¿Es en la tierra física de Israel, o nos dirige el NT a considerar una posesión más permanente de la cual la tierra física de Israel era un mero tipo y sombra similar al tabernáculo, el templo, la circuncisión, el sacerdocio y los sacrificios de sangre animal? (Jn. 4:21; Rom. 4:13; Gál. 4:25-26; Heb. 11:15-16; 12:22-23). «Después de describir el papel del siervo en esta restauración (52:13-53:12), Isaías describe la gran expansión que experimentará Sión (54:1-3). Esta expansión se expresa en terminología territorial. Dice: «Tus descendientes [la descendencia] desposeerán a las naciones y se asentarán en sus ciudades desoladas» (54:3). Esto recuerda las

El mito del pacto Abrahámico pospuesto

Demasiado para una interpretación literal de la Biblia. He aquí cómo un lector de correo electrónico explica el uso de «todos» en Josué 21:43-45:

> «Y, por supuesto, lo que el Dr. DeMar de nuevo no se da cuenta es que utilizar un principio interpretativo «literal» no significa necesariamente que las palabras de un texto o pasaje determinado se tomen *literalmente*».

Esto lo dice un literalista. No estoy interpretando lo que *creo* que está diciendo. Cuando se presiona a los literalistas para que apoyen su afirmación de que solo ellos interpretan la Biblia literalmente, «literal» aparentemente adquiere un significado menos que literal. Continúa explicándose con un ejemplo contemporáneo:

> «No hace mucho fui a un partido de baloncesto profesional. El marcador era muy ajustado y, en un momento del partido, fue una lucha sin cuartel hasta el final. Tras un gran esfuerzo, el equipo local ganó el partido por un solo triple. En ese momento, todo el mundo se puso en pie y gritó a pleno pulmón. ¿Es correcta mi afirmación? Claro que sí, porque yo estaba allí y sucedió. Fui testigo. Pero, ¿y si hubiera algunas personas que *no* estuvieran de pie, gritando a pleno pulmón? ¿Sería entonces falsa mi afirmación? Por supuesto que no. ¿Alguien que lea mi relato o me escuche contarlo creería que todas las personas que asistieron al partido (incluidos los trabajadores del estadio) estaban de pie y gritando a pleno pulmón? No me lo puedo imaginar. Es más, nadie me acusaría de mentir aunque un grupo decente de personas no se uniera al jolgorio. Esto se llama generalización y es bastante aceptable. La gente simplemente entiende el significado general de lo que se afirma, incluido el hecho de que, aunque no todo el mundo hizo lo que yo dije, mi afirmación sigue considerándose veraz».

Por supuesto, hay veces en las Escrituras en las que «todos» *no* significa todos o todo sin excepción (Mt. 3:5; 24:14, 22; Hch. 2:17; Rom. 11:26), pero a veces sí. Echemos otro vistazo a Josué 21 y comparemos lo que dice con la descripción de la multitud en el partido de baloncesto.

---

connotaciones territoriales señaladas anteriormente en Génesis 22:17, donde dice que la descendencia de Abraham poseerá las puertas de sus enemigos» (Thomas Edward McComiskey, *The Covenants of Promise: A Theology of the Old Testament Covenants* [Grand Rapids, MI: Baker Book House, 1985], 54). Pablo hace uso de Isaías 54 al mostrar cómo el cumplimiento no está en los «hijos de la esclava, sino de la mujer libre» (Gál. 4:31). ¿Y quiénes son los hijos de la libre? Los que residen en «la Jerusalén de arriba», que «es libre» (4:26).

Si solo tuviéramos «Y Jehová dio a Israel **toda la tierra** que había jurado dar a sus padres, y la poseyeron y habitaron en ella» (Jos. 21:43), entonces «toda» podría tener un significado menos que todo incluido. Pero tenemos el versículo 45: «**Ni una sola** de las buenas promesas que el Señor había hecho a la casa de Israel falló; **todas se cumplieron**». «Ni una... falló» define «todas». Si yo le hubiera preguntado al autor del correo electrónico: «¿Todos se pusieron de pie y aclamaron?», y él hubiera dicho: «Ni uno solo dejó de ponerse de pie y aclamar», tendría que suponer que todos se pusieron de pie.

Puesto que Números 34:2-12 y Josué 13:1-7 preceden a Josué 21:43-45, parece obvio que para cuando llegamos al final del libro de Josué la tierra estaba en posesión de Israel aunque hubiera naciones morando en medio de Israel (Jos. 23:4-7). El hecho de que otras naciones residieran en la tierra no significa que Israel no tuviera plena posesión de la tierra. Se dice que las naciones son «una herencia para tus tribus» (23:4). Observe las condiciones para permanecer en la tierra: «Estén, pues, muy firmes en guardar y hacer todo lo que está escrito en el libro de la ley de Moisés, para que no se aparten de ella ni a diestra ni a siniestra» (Jos. 23:6). El incumplimiento de esta condición específica significará que estas naciones «les serán lazo y trampa, y látigo en vuestros costados y espinas en vuestros ojos, hasta que perezcan de esta buena tierra que el Señor, su Dios, les ha dado» (23:13).

¿Qué hay de Jueces 3:1-4? Mientras la tierra estaba poseída y en manos de los israelitas antes de la muerte de Josué, algunas naciones fueron dejadas «para probar a Israel... para saber si obedecerían los mandamientos del Señor» (Jue. 3:1, 4). Fue la desobediencia de Israel lo que volvió a poner la tierra en manos de sus enemigos. Dios libera a Israel por medio de Otoniel, y entonces leemos: «Entonces la tierra descansó cuarenta años» (3:11): No parte de la tierra, sino *la tierra*— la tierra ocupada por Israel— descansó.

En 1Reyes 4:21, 24-25 leemos: «Y Salomón dominaba sobre todos los reinos desde el río hasta la tierra de los filisteos y hasta la frontera de Egipto; traían tributo y servían a Salomón todos los días de su vida... Porque dominaba todo al occidente del río, desde Tifsaj hasta Gaza, sobre todos los reyes al occidente del río; y tenía paz por todas partes en derredor suyo.... Así Judá e Israel vivían seguros, cada uno bajo su vid y su higuera, desde Dan hasta Beerseba, todos los días de Salomón». El «río» es una referencia al río Éufrates, que está muy al norte de Israel. Los filisteos estaban al este y, por supuesto, Egipto estaba en el sur. ¿Qué hay en este pasaje que no confirma la afirmación de que a Israel se le había dado toda la tierra prometida?

He aquí cómo un escritor dispensacional trata de explicar por qué este pasaje no cumple el Pacto Abrahámico de Génesis 15:18-20: «pues no todo el territorio fue incorporado a los límites geográficos de Israel; muchos de los reinos sometidos conservaron su identidad y territorio pero pagaron impuestos (**tributo**) a Salomón».[21] ¿Qué dice Génesis 15:18 cuando se compara con 1Reyes 4:21 y 2Crónicas 9:26: «A tu descendencia le he dado esta tierra, **desde el río de Egipto hasta el gran río, el río Éufrates**»? Génesis 15:19-21 implica que otras naciones podrían seguir viviendo dentro de las fronteras de Israel. Esto coincide con las fronteras atribuidas al dominio de Salomón. Fíjese en las afirmaciones de que «Judá e Israel vivían seguros» y «tenían paz por todas partes».

¿Qué dice el Nuevo Testamento?

El Nuevo Testamento no dice nada sobre la necesidad de cumplir las promesas sobre la tierra. De hecho, se nos dice: «Cuando [Dios] hubo destruido siete naciones en la tierra de Canaán, distribuyó la tierra de ellas como herencia— todo lo cual llevó unos cuatrocientos cincuenta años» (Hch. 13:19). No se habla de volver a heredar la tierra. La tierra física de Israel no tiene ningún papel que desempeñar en el cumplimiento del pacto abrahámico desde la venida de Cristo. Lo mismo ocurre con la circuncisión, los sacrificios de animales, el templo, el trono de David y la necesidad de sacerdotes humanos. Todo esto formaría parte del pacto eterno. Considere Jeremías 33:20-22:

> «Así dice el Señor: 'Si puedes romper mi pacto para el día y mi pacto para la noche, de modo que el día y la noche no sean a su hora señalada, entonces también puede romperse mi pacto con David, mi siervo, para que no tenga un hijo que reine en su trono, y con los sacerdotes levitas, mis ministros. Como no se puede contar el ejército del cielo ni medir la arena del mar, así multiplicaré la descendencia de David, mi siervo, y de los levitas que me sirven'».

Según este pasaje, argumentan los dispensacionalistas, «el AT prometía que Israel volvería a ser restaurado por Dios a la prominencia internacional a pesar de sus antiguos exilios, siendo

---

[21] Thomas L. Constable, «1 Kings», *The Bible Knowledge Commentary: Old Testament* (Wheaton, IL: Scripture Press/Victor Books, 1985), 497.

Mitos escatológicos

Ezequiel 37:15-28 el texto más destacado. Tanto Jeremías 31:35-37 como 33:19-26 garantizan que esta promesa es tan segura como las leyes de la naturaleza».[22] Pero Jeremías 33 afirma que Dios «multiplicará los descendientes de David mi siervo [2Sam. 7:8-16] y los levitas [Núm. 25:12-13] que me sirven» (Jer. 33:22). ¿Por qué necesita Dios multiplicar a los levitas que participaban en el templo y en el sistema de sacrificios cuando Jesús ha cumplido todos los requisitos del pacto? Jesús es el gran David (Hch. 2:22-36), el sacrificio final (Gén. 22:8; Jn. 1:29, 36), el nuevo templo (Jn. 2:13-22),[23] la circuncisión,[24] y «un fiel» y «gran sumo sacerdote» (Heb. 2:17; 3:1; 4:14; 10:21). Estar «en Cristo» es tener toda la plenitud de las promesas del pacto. El autor de Hebreos llama constantemente al nuevo pacto un «pacto mejor» (Heb. 7:22; 8:6; 12:24). No es de extrañar, por tanto, que los judíos cristianos no vieran nada raro en el pacto cuando decidieron vender sus tierras:

> Porque no había entre ellos ningún necesitado, pues *todos los que poseían tierras o casas las vendían*, traían el producto de la venta y lo ponían a los pies de los apóstoles, y se repartía a cada uno según su necesidad (Hch. 4:34-37).

Note que la Biblia no dice que vendieron sus posesiones o «sus bienes», como lo afirma el *Bible Knowledge Commentary* de orientación dispensacional. Vendieron sus tierras y sus casas. Jesús les había dicho antes que el templo sería destruido y Jerusalén juzgada dentro de una generación (Mt. 24:1-34). Jesús es el punto central de la historia, no la tierra, ni la piedra (el templo) (Jn. 2:19; 3:20-24; Ef. 2:19-22; 1Pe. 2:4-8), ni la sangre (Jn. 1:13). No se dice nada en el Nuevo Testamento sobre un regreso a la tierra o la reconstrucción del templo. El Nuevo Testamento describe la destrucción del templo (Mt. 23:38; 24:2) y la indiferencia hacia la tierra (Mt. 28:18-20). En ningún momento los evangelistas de la época de Hechos hacen mención alguna sobre el regreso de los judíos a la tierra de Israel.

¿De qué manera podría cumplirse la promesa de Jeremías de descendientes de David y sacerdotes levitas? Podríamos seguir a los

---

[22] Richard Mayhue, «New Covenant Theology and Futuristic Premillennialism», *The Masters Seminary Journal* 18/1 (Fall 2007), 221–232: http://www.tms.edu/tmsj/tmsj18j.pdf

[23] Fíjese en lo que dice Juan 2:22 «Y cuando resucitó de entre los muertos, sus discípulos se acordaron de que había dicho esto; y creyeron a la Escritura y a la palabra que Jesús había hablado». ¿Creyeron qué? Que Jesús era el cumplimiento del templo. De hecho, Él es el cumplimiento de toda la Escritura (Lc. 24:27, 44-45).

[24] Seed (semen) had to pass through blood. Once Jesus came, there is no longer any need for blood-washed seed.

dispensacionalistas y argumentar que todo el sistema del antiguo pacto de sacrificios de sangre será reinstaurado o podríamos encontrar el cumplimiento en la persona y obra de Jesús. La opción dispensacional anularía la obra redentora de la cruz cuando Jesús declaró «Consumado es» (Jn. 19:30) y «el velo del templo se rasgó en dos de arriba abajo» (Mt. 27:51; Mc. 15:38; Lc. 23:45). Un nuevo sacerdocio significaría la reinstitución de los sacrificios de animales y un templo reconstruido con un nuevo velo. No hay otra opción. Pero bajo el nuevo pacto, cualquier persona en Cristo es descendiente de David de la misma manera que es descendiente de Abraham: «Y si son de Cristo, entonces son descendientes de Abraham, herederos según la promesa» (Gál. 3:29; cf. Hch. 3:25; Rom. 4:13, 16; Gál. 3:7-9, 14, 16). Una persona no tiene que ser un descendiente físico de Abraham para ser un descendiente verdadero y de buena fe de Abraham. La mención de que los descendientes de David se multiplicaron podría tener algo que ver con su condición de rey. Los cristianos son descritos como un «reino» (Ap. 1:6). Pablo nos dice que hemos sido resucitados por Dios para sentarnos con Jesús en los *lugares* celestiales» (Ef. 2:6). Esta es una posición real.

En cuanto al sacerdocio, Pedro escribe que somos «como piedras vivas... edificadas como casa espiritual para un sacerdocio santo, a fin de ofrecer sacrificios espirituales aceptables a Dios por medio de Jesucristo» (1Pe. 2:5). En el versículo 9 se dice que los cristianos son «linaje escogido, real sacerdocio, nación santa». A quienes sostienen que estoy «espiritualizando la Biblia», les sugiero que discutan con Pedro. Henry Cowles ofrece un útil resumen de Jeremías 33:22 y su único cumplimiento posible en el Nuevo Pacto:

> Aquí, como en cap. 31:35-37, las promesas más ricas son confirmadas por las seguridades más firmes. El pacto del Señor del día y de la noche (véase Génesis 1 y Salmo 136:8, 9); la constitución divina de la naturaleza por la cual la sucesión del día y de la noche continuará mientras el mundo subsista, se apropia maravillosamente como el símbolo y la prenda de esta promesa que nunca falla con respecto a la realeza eterna y al sacerdocio del Mesías. Esto debe referirse principalmente y en última instancia al Mesías, y no a los reyes meramente humanos del linaje de David o a los sacerdotes del linaje de Aarón. Porque es evidente que las promesas no tuvieron un cumplimiento adecuado en esas líneas aparte del Mesías. Su plenitud espiritual nos prohíbe pensar en otra cosa que no sea la obra de Cristo. Obsérvese también que las innumerables multitudes de la simiente de David y de los levitas en el sacerdocio solo pueden cumplirse cuando referimos la palabra David al Mesías y tomamos su simiente en el

Mitos escatológicos

sentido amplio que incluye a todo el pueblo del Dios viviente, tanto los gentiles como los judíos, esa gran multitud que nadie puede contar, según vio el revelador (Ap. 7:9).[25] Todos ellos son reyes y sacerdotes para Dios (Ap. 1:6 y 1Pe. 2:5). Incluso Isaías vio que todo el pueblo de Dios, y no menos los gentiles, serían sacerdotes (cap. 61:6 y 66:21).[26]

Es necesario hacer un último comentario. Los dispensacionalistas señalarán a Jeremías 31:35-37 como prueba primordial de que existe una reserva para el cumplimiento futuro de un establecimiento nacional de Israel.

«Así dice el Señor, que da el sol para la luz del día
Y el orden fijo de la luna y las estrellas para alumbrar de noche,
Quien agita el mar para que rujan sus olas;
Jehová de los ejércitos es su nombre:
'Si este orden fijo parte
De delante de Mí,' declara el Señor,
'Entonces la descendencia de Israel también dejará
De ser una nación delante de Mí para siempre.
Así dice el Señor,
Si se puede medir el cielo
Y los cimientos de la tierra buscaran abajo,
Entonces también desecharé a toda la descendencia de Israel
Por todo lo que han hecho', declara el Señor».

El versículo 36 es la clave: «'Si este orden fijo se aparta de delante de mí', declara el Señor, 'entonces también la descendencia de Israel **dejará de ser una nación delante de mí** para siempre'». Pero Israel sí dejó de ser una nación cuando los romanos saquearon la ciudad de Jerusalén, destruyeron el templo y dispersaron a los judíos que se quedaron para luchar contra los ejércitos invasores y sobrevivieron a la matanza. Los dispensacionalistas se han empeñado en declarar que el hecho de que Israel volviera a ser una nación en 1948 fue un cumplimiento de la profecía bíblica. Así que desde el año 70 d.C. hasta 1948 Israel no fue una nación. ¿Cómo cuadra esto con Jeremías 31:36?

---

[25] El Apocalipsis de Juan.
[26] Henry Cowles, *Jeremiah, and His Lamentations; with Notes, Critical, Explanatary and Practical, Designed for Both Pastors and People* (Nueva York: D. Appelton and Co., 1880), 260.

El mito del pacto Abrahámico pospuesto

El dispensacionalista Lewis Sperry Chafer sostenía, ya que escribió antes de 1948, que los judíos estaban en su «tercera dispersión» desde el año 70 d.C. ¡Esto es una contradicción directa con lo que Dios dice en Jeremías 31:36! Dios no dice: «Cuando Israel vuelva a ser una nación por última vez, seguirá siéndolo para siempre». Jeremías está profetizando una restauración después del cautiverio babilónico, un punto señalado por la lectura de Daniel de la profecía de Jeremías (Dan. 9:1-2; 2Cr. 36:21; Esd. 1:1; Jer. 25:11, 12; 29:10-14). Otros sostienen que habrá «otro exilio forzoso de la tierra en medio de la Gran Tribulación, del que se habla en Mateo 24:15-28 y Apocalipsis 12:6-14». Después de la segunda venida, Israel experimentará su restauración final. Para algunos, esto se llamaría la cuarta, mientras que para otros sería la finalización de la tercera».[27] De cualquier manera, al igual que la interpretación de Chafer de la tercera restauración, es una contradicción de lo que Jeremías 31:36 deja muy claro. La fortuna de Israel fue restaurada después de su cautiverio de setenta años, por lo tanto, la promesa de que la descendencia de Israel nunca dejará de ser una nación debería haber continuado desde ese momento en el tiempo y más allá. El exilio forzoso que tuvo lugar en el año 70 d.C. y el próximo que algunos dispensacionalistas afirman que va a ocurrir son contrarios a lo que Dios prometió a Jeremías.

Así que o la Biblia está en un error o los dispensacionalistas están en un error. ¿Podría estar el cumplimiento en lo que Jesús afirma en Mateo 21:43?: «Por tanto les digo que el reino de Dios será quitado de ustedes y será dado a una nación [*ethnei*] que produzca el fruto de ella» (véase también Hch. 2:5; 10:22, 35; Rom. 10:19; 1Pe. 2:4-12; Ap. 5:9; 7:9; 13:7; 14:6). En Hebreos 11 encontramos más pruebas de su cumplimiento:

> Por la fe [Abraham] vivió como forastero en la tierra prometida, como en *tierra* extranjera, habitando en tiendas con Isaac y Jacob, coherederos de la misma promesa; porque esperaba la ciudad que tiene fundamentos, cuyo arquitecto y constructor es Dios... Todos estos murieron en la fe, sin recibir las promesas, sino habiéndolas visto y habiéndolas acogido desde lejos, y habiendo confesado que eran extranjeros y desterrados sobre la tierra... Y en verdad, si hubieran estado pensando en aquella *patria* de la que salieron, habrían tenido oportunidad de volver. Pero así las cosas, desean una *patria*

---

[27] Arnold Fruchtenbaum, *Israelology*, 418.

mejor, es decir, celestial. Por eso Dios no se avergüenza de llamarse Dios de ellos, pues les ha preparado una ciudad (vv. 9-10, 13, 15-16).

La incondicionalidad del Pacto

Otro principio importante del dispensacionalismo es que el pacto hecho con Israel es incondicional. Si esto es cierto, entonces ¿por qué Dios tuvo que suspender el calendario profético para Israel? Puesto que los judíos de hoy en día han regresado a su patria en la incredulidad, y se dice que esto es un cumplimiento de la profecía bíblica ya que, según afirman algunos,[28] pasajes como Ezequiel 36 nos dicen que Israel regresará en la incredulidad, entonces ¿por qué Dios no podría haber acogido a un Israel incrédulo en el primer siglo?[29]

---

[28] Jim Fletcher, *It's the End of the World as We Know It [and I feel fine]* (Lake Mary, FL: Christian Life, 2009), 111.

[29] Existe el problema mayor de que si Israel hubiera abrazado a Jesús como el Mesías, la semana 70 de Daniel habría seguido sin ninguna brecha en el tiempo. Es durante este período de siete años que el anticristo aparece y todo el infierno se desata con dos tercios de los judíos que viven en Israel asesinados (Zac. 13:8). Todo el escenario dispensacional no tiene ningún sentido.

5

El mito de la «teología del reemplazo»

La teología del reemplazo se ha convertido en el último coco profético del dispensacionalismo. Si se quiere poner fin a un debate sobre escatología, basta con acusar al oponente de sostener la teología del reemplazo. He aquí un típico análisis de Internet sobre el tema: «Una de las doctrinas más *peligrosas* y *subversivas* sostenidas por los partidarios del Preterismo es la opinión de que en el año 70 d.C., en la destrucción de Jerusalén por los ejércitos romanos, la nación del pacto de Dios, Israel, fue *reemplazada* por la iglesia cristiana».[1] Para no ser menos, «Hay un *cáncer demoníaco* corriendo por la sangre vital de la Iglesia de Jesucristo y su nombre es TEOLOGÍA DEL REEMPLAZO». Ciertamente menos estridente que «demoníaco», otro experto en profecía describe la posición como «una *herejía*».[2] Un sitio web de vigilancia advierte: «Hay un poderoso movimiento en marcha llamado Teología del Reemplazo que afirma que la iglesia es Israel y que las promesas dadas a Israel eran principalmente para la iglesia. Este movimiento está provocando la ira de Dios...»[3] Este tipo de acusaciones no solo se encuentran en Internet. El célebre erudito del Antiguo Testamento Walter Kaiser escribió: «La teología del reemplazo es simplemente *una mala noticia* tanto para la Iglesia como para Israel».[4]

¿Qué es la «teología del reemplazo», a veces llamada «supersesionismo», y por qué los dispensacionalistas acusan a los no

---

[1] Brian Simmons, «Preterism and Replacement Theology»: http://tinyurl.com/26pdfvk
[2] John E. Young, «Clear View: Replacement Theology»: http://tinyurl.com/25plwah
[3] Anónimo, «Replacement Theology»: http://tinyurl.com/2vk9s8e.
[4] Citado por Thomas Ice en «What is Replacement Theology?»: http://tinyurl.com/38ettfe

Mitos escatológicos

dispensacionalistas de sostener esa posición? He aquí una definición dispensacional típica:

> **Teología del reemplazo**: una perspectiva teológica que enseña que los judíos han sido rechazados por Dios y ya no son el Pueblo Elegido de Dios. Los que defienden este punto de vista reniegan de cualquier futuro étnico para el pueblo judío en relación con los pactos bíblicos, y creen que su destino espiritual es perecer o formar parte de la nueva religión que sustituyó al judaísmo (ya sea el cristianismo o el islam).[5]

Como sabe cualquiera que esté familiarizado con la Biblia, el cristianismo no «sustituye al judaísmo». Las genealogías de Mateo y Lucas muestran claramente que Jesús es «hijo de David, hijo de Abraham» (Mt. 1:1). Los primeros creyentes del Nuevo Pacto pertenecían a la nación de Israel (Lc. 1-2), con indicios de una posterior ampliación del papel redentor de los samaritanos (Jn. 4:7-45), los griegos (Jn. 12:20-22), las naciones (Lc. 2:32) y el mundo (Jn. 3:16; 4:42). En Pentecostés, vemos que predomina «primero a los judíos» (Rom. 1:16) - «Vivían en Jerusalén judíos, hombres piadosos, de todas las naciones bajo el cielo» (Hch. 2:5), pero más tarde se extiende «también a los griegos» (Rom. 1:16), como muestra el encuentro de Pedro con Cornelio (Hch. 10). Obsérvese la evaluación que hace Pedro de estos acontecimientos y la respuesta de sus compatriotas judíos:

> «Y cuando empecé a hablar, el Espíritu Santo cayó sobre ellos como lo *hizo* sobre nosotros al principio. Y me acordé de la palabra del Señor, que decía: 'Juan bautizó con agua, pero ustedes serán bautizados con el Espíritu Santo'. Por tanto, si Dios les concedió a ellos el mismo don que nos *concedió* también a nosotros después de creer en el Señor Jesucristo, ¿quién era yo para interponerme en el camino de Dios?». Al oír esto, se tranquilizaron y glorificaron a Dios, diciendo: «Pues bien, Dios ha concedido *también* a los gentiles el *arrepentimiento que lleva a la vida*» (Hch. 11:15-18).

«*También* a los gentiles». Los creyentes gentiles fueron injertados en la asamblea judía de creyentes y recibieron «el mismo don», el Espíritu Santo (véase Hch. 1:8; 2:38).

---

[5] Randall Price, *Unholy War: America, Israel and Radical Islam* (Eugene, OR: Harvest House, 2001), 412.

El mito de la «teología del reemplazo»

Pentecostés no fue el comienzo del «paréntesis» del dispensacionalismo, ya que Pedro declara que los acontecimientos de ese día fueron el cumplimiento de una profecía dada a Joel, un profeta del Antiguo Testamento: «esto es lo que se dijo por medio del profeta Joel» (Hch. 2:17; Jl. 2:28-32). El mensaje de Pedro iba dirigido a «toda la casa de Israel» (2:36). Cuando estos israelitas preguntaron: «Hermanos, ¿qué haremos?» (Hch. 2:37), Pedro dio la siguiente respuesta: «Porque la promesa es para **ustedes** y para **sus hijos**, y para **todos los que están lejos**, para cuantos el Señor Dios llame a sí» (2:39).

El destino espiritual de Israel es el mismo que el de los no israelitas: ¡Arrepiéntanse y crean en Jesús! Nadie dijo nada sobre un retraso en las promesas que se habían hecho a Israel siglos atrás. De hecho, Pedro les informó claramente de que las promesas eran para ellos y para sus hijos (Hch. 2:38). No se menciona la tierra, ni un templo reconstruido, ni la reinstitución de los sacrificios de animales, ni nada relacionado con las sombras del Antiguo Pacto. De hecho, «todos los que poseían tierras o casas las vendieron» (4:34). Poseían algo mejor, el perdón de sus pecados (2:38). Jesús es «el mediador de un Pacto mejor, promulgado sobre mejores promesas» (Heb. 8:6). ¿Qué preferirían tener: tierra, piedra, el corte de su carne y sacrificios sangrientos anuales, o el perdón de los pecados, el poder del Espíritu Santo (Hch. 1:8) y a Jesús que intercede como mediador por ellos diariamente? La respuesta es obvia, como deja claro el libro de Hebreos en múltiples capítulos.

La acusación de «teología del reemplazo» oculta lo obvio. La acusación es una pista falsa táctica para desviar la atención de la gente de lo que muestra el Nuevo Testamento sobre la relación entre las promesas del Antiguo Pacto y su cumplimiento en el Nueva Pacto con Israel y cómo los gentiles son injertados en una asamblea israelita (*ekklēsia*) de creyentes. ¿De qué manera se acerca esto a un reemplazo? No lo es. El epíteto de teología del reemplazo es la carta de triunfo del dispensacionalismo en cualquier debate sobre escatología porque implica antisemitismo. Una vez que se hace la acusación, cesa todo discurso racional.

El dispensacionalismo ha establecido una falsa distinción Israel-Iglesia que lleva a afirmar que cualquiera que no sea un premilenialista dispensacional es antisemita o, para usar un término menos peyorativo, «antijudaísmo». Hal Lindsey sacó la carta antisemita con la publicación de su mal investigado y mal argumentado libro *The Road to Holocaust* [*El camino al*

Mitos escatológicos

Holocausto],[6] esencialmente afirmando que si no eres dispensacionalista entonces eres un antisemita consciente o latente. Si estás perdiendo un debate, la manera más simple y rápida de recuperarte es llamar a alguien odioso, racista, antisemita o defensor de la «Teología del Reemplazo», que, por supuesto, es lo mismo que ser odioso, racista y antisemita. Una lectura rápida del Nuevo Testamento mostrará que nadie hace la acusación de «Teología del Reemplazo», y nadie defiende la reinstitución de las sombras del Antiguo Pacto.

El resto de la historia no contada

Barry Horner utiliza la expresión «antijudaísmo» en lugar de la más incendiaria «antisemitismo» en su libro *Future Israel* [*Futuro Israel*]. Sin embargo, quiere transmitir la misma idea. Conlleva una connotación negativa similar de ser «antijudío» si no se sigue su interpretación del futuro papel del Israel nacional en la historia redentora. Aunque no culpo al Dr. Horner por señalar el duro lenguaje utilizado por un «número de los que tienen convicciones reformadas»[7] en relación con el Israel actual incrédulo, sí le culpo por dejar tantas cosas sin decir. Sin duda es consciente de la larga historia de cómo los eruditos reformados/calvinistas han tratado la profecía con respecto a los judíos, ya que hace referencia a *The Puritan Hope* de Iain Murray y a *Puritans, the Millennium and the Future of Israel* [*Puritanos, el Milenio y el futuro de Israel*] de Peter Toon, aunque enterrado en una nota a pie de página en la página 152 de *Future Israel*. También cuestiono la afirmación de que el premilenialismo, ya sea de la variedad clásica o dispensacional, esté a la altura de desafiar lo que él describe como «antijudaísmo cristiano». Hay un lado muy oscuro del dispensacionalismo en lo que se refiere al futuro de Israel.

Horner afirma que «bastantes [no premilenialistas], por sus modales despectivos, han inferido que estarían encantados si los árabes empujaran a Israel al Mar Mediterráneo, recuperaran Palestina, ¡y así reivindicaran su Escatología!»[8] No identifica a estas personas ni ofrece documentación de apoyo, pero supondré que puede presentar la documentación si se le pide que lo haga. Puedo presentar lo siguiente del Dr. Paige Patterson, presidente del Seminario Teológico Bautista Southwestern y *premilenialista*:

---

[6] Hal Lindsey, *The Road to Holocaust* (Nueva York: Bantam Books, 1989).
[7] Barry Horner, *Future Israel: Why Christian Anti-Judaism Must be Challenged* (Nashville: Broadman & Holman, 2007), xviii.
[8] Horner, *Future Israel*, xviii.

El mito de la «teología del reemplazo»

> El estado actual de Israel no es la forma final. El estado actual de Israel se perderá, eventualmente, e Israel será expulsado de la tierra otra vez, solo para regresar cuando acepten al Mesías como Salvador.[9]

No son las palabras de un supuesto «teólogo del reemplazo». Sin ser tan tajante como la opinión de Patterson, David Jeremiah se apresura a señalar «que la presencia de Israel en su tierra hoy en día [no] es el cumplimiento de la promesa de Dios de volver a reunir a Su pueblo». Muchos suponen que lo es, pero tengo que decirles que la respuesta es ¡no! Lo que ocurre hoy en Israel es ante todo el resultado de un movimiento sionista secular, mientras que Ezequiel [en el capítulo 36] escribió sobre un retorno espiritual del pueblo de Dios a Him...»[10]

¿Qué deberían hacer los cristianos si Israel está a punto de ser «expulsado de nuevo de la tierra» como Patterson afirma *que ocurrirá* basándose en su sistema profético? Si los cristianos apoyan la expulsión o no hacen nada para impedirla, ¿será esto «antijudaísmo»? Si los cristianos defienden a Israel contra una expulsión forzosa, ¿estaremos frustrando el plan redentor de Dios para Israel?

Como premilenialista, la posición de Patterson tiene sentido lógico porque antes del rapto, Israel no tiene ningún estatus especial. Israel no juega ningún papel profético hasta el período de la Gran Tribulación cuando la «iglesia» es sacada de la tierra y todo el infierno se desata sobre Israel y el mundo. Si las promesas a Israel como pueblo y nación son pospuestas hasta el rapto, como enseña el dispensacionalismo, entonces la promesa de la tierra y la promesa de «a los que te bendigan, yo los bendeciré» también han sido puestas a un lado hasta que el reloj profético comience a correr de nuevo. Un premilenialista lo explica de esta manera:

> Hoy en día es una edad intermedia que comúnmente se llama la Edad de la Gracia, la Edad del Espíritu Santo, o la Edad de la Iglesia (la Iglesia es el cuerpo de creyentes en Cristo, el grupo total y completo, sea quien sea, gentil o judío). Durante este período entre la Primera y la Segunda Venida de Jesucristo, se establecerá una falsificación satánica —el sionismo político— que se hará pasar por el Estado de «Israel».[11]

---

[9] Declarado en un programa de radio de Dallas, Texas (KCBI), en un debate conmigo el 15 de mayo de 1991.

[10] David Jeremiah, *What in the World is Going On?: 10 Prophetic Clues You Cannot Afford to Ignore* (Nashville: Thomas Nelson, 2008), 17.

[11] Stan Rittenhouse, *«For Fear of the Jews»* (Vienna, VA: The Exhorters, 1982), 7. Esta fue la opinión de Arno C. Gaebelein en *Hath God Cast Away His People?* (Nueva York: Gospel Publishing Office, 1905), 200–201.

Mitos escatológicos

El premilenialista John R. Rice escribió algo similar: «Por lo tanto, el problema en Jerusalén, y la dispersión de los judíos entre todas las naciones de Jerusalén a lo largo de toda esta era, es simplemente una continuación del castigo de Dios sobre toda la raza de los judíos».[12] ¿Incluía esto los escritos antisemitas de Martín Lutero, los pogromos contra los judíos y las actuales amenazas islámicas de «borrar a Israel del mapa»? ¿Está toda la raza de israelitas todavía bajo el castigo de Dios durante este tiempo en que la Iglesia sustituye a Israel hasta el momento del «rapto»? En 1950, Rice dejó claro que el hecho de que Israel vuelva a ser una nación antes del rapto es proféticamente intrascendente y que los que adoptan la postura de que el nuevo estatus nacional de Israel es un cumplimiento de la profecía bíblica están enseñando «herejía».[13] John F. Walvoord y Lewis Sperry Chafer sostienen tres dispersiones y restauraciones mientras que «otros dispensacionalistas han refinado este sistema y ven cuatro dispersiones y restauraciones».[14] Puesto que el Nuevo Testamento no menciona una futura restauración, es difícil ver una tercera o cuarta. La segunda restauración posexilio es la única que importa ya que prepara el camino para el último Restaurador prometido, Jesucristo. Jesús es la «garantía de un pacto mejor» (Heb. 7:22) basado en «promesas mejores» (8:6). ¿En qué sentido un templo reconstruido, limitado por la tierra de Israel, la exigencia de sacrificios de animales para la expiación y la reinstitución de la circuncisión son mejores que la libertad que los cristianos, judíos o no judíos, tienen en Jesús? Una ilustración podría ayudar a poner en perspectiva el mejor pacto de Jesús:

> Es como si un padre rico, en la época de la «carreta de caballos», prometiera a su hijo que, si no fumaba hasta los veintiún años, tendría su propia carreta de caballos el día de su cumpleaños; pero le regalara un buen automóvil cuando llegara el momento, porque entretanto los automóviles se habían generalizado. ¿Ha sido fiel el padre a su promesa? Con toda seguridad, y mucho más para regocijo de su hijo que si la promesa se hubiera cumplido literalmente.[15]

---

[12] John R. Rice, *The King of the Jews: A Commentary on the Gospel According to Matthew* (Murfreesboro, TN: Sword of the Lord Publishers, 1955), 369.

[13] John R. Rice, *We Can Have Revival Now* (Greenville, SC: Bob Jones University Press, 1950), cap. 3.

[14] Arnold G. Fruchtenbaum, *Israelology: The Missing Link in Systematic Theology*, ed. rev. (Tustin, CA: Ariel Ministries, [1989] 2001), 418.

[15] Albertus Pieters, *The Seed of Abraham: A Biblical Study of Israel, the Church, and the Jews* (Grand Rapids, MI: Eerdmans, 1950), 128.

Los dispensacionalistas tienen a los judíos esperando una era de pacto del carreta de caballo con todos los estorbos de los requisitos levíticos, cuando la Biblia nos dice que todas las cosas han sido hechas nuevas en Jesucristo (2Cor. 5:17).

El problema del Holocausto en el dispensacionalismo

Dwight Wilson, autor de *Armageddon Now!*, [*¡Armagedón ya!*], «un premilenarista de tercera generación que ha pasado toda su vida en iglesias premilenaristas»,[16] argumenta que algunos premilenaristas conocidos defendieron una política de «no intervención» respecto a las persecuciones nazis de los judíos durante la Segunda Guerra Mundial. Puesto que, según los puntos de vista dispensacionalistas respecto a la profecía bíblica, «se permite que las naciones gentiles aflijan a Israel en castigo por sus pecados nacionales», poco se puede hacer para oponerse a ello. Wilson escribe: «Es lamentable que este punto de vista permitiera a los premilenaristas esperar el fenómeno del 'antisemitismo' y tolerarlo con naturalidad».[17]

Wilson describe las «opiniones premilenaristas» contrarias al «antisemitismo» a mediados de los años treinta y posteriormente como «ambivalentes».[18] Hubo pocas protestas morales «entre los premilenaristas... contra la persecución, ya que la esperaban».[19] Continúa:

> Otro comentario relativo al antisemitismo general europeo describía estos acontecimientos como parte del plan en curso de Dios para la nación; eran «presagios de la Tribulación de Israel». Los premilenialistas anticipaban la Gran Tribulación, «el tiempo de la angustia de Jacob». Por lo tanto, predijeron, «La próxima escena en la historia de Israel puede resumirse en tres palabras: purificación a través de la tribulación». Estaba claro que, aunque esta purificación formaba parte de la maldición, Dios no pretendía que los cristianos participaran en ella. También estaba clara la implicación de que sí pretendía que los alemanes participaran en ella (a pesar de que les acarrearía el castigo)... y que cualquier protesta moral contra Alemania se habría opuesto a la voluntad de Dios. En un sistema tan fatalista, oponerse a Hitler era oponerse a Dios.[20]

---

[16] Dwight Wilson, *Armageddon Now!: The Premillenarian Response to Russia and Israel Since 1917* (Grand Rapids, MI: Baker Book House, 1977), 13.
[17] Wilson, *Armageddon Now!*, 16.
[18] Wilson, *Armageddon Now!*, 94.
[19] Wilson, *Armageddon Now!*, 94.
[20] Wilson, *Armageddon Now!*, 94. Énfasis añadido.

Mitos escatológicos

Wilson sostiene que fue la visión de una predicha persecución judía antes de la Segunda Venida lo que condujo a una política de «no intervención» cuando se trataba de hablar contra el virulento «antisemitismo». «Para el premilenarista, la masacre de los judíos aceleraba su bendita esperanza. Ciertamente, no se regocijó por el holocausto nazi, simplemente lo observó con fatalismo como un 'signo de los tiempos'».[21]

El premilenaristas James M. Gray, del Instituto Bíblico Moody, creía en la autenticidad de los *Protocols of the Elders of Zion* [*Protocolos de los Sabios de Sión*]. Defendió a Henry Ford cuando este publicó fragmentos de los *Protocolos* en su periódico autofinanciado *Dearborn Independent*. En un editorial de 1927 en el *Moody Bible Institute Monthly*, Gray afirmó que Ford «tenía buenas razones para publicar algunas de las cosas sobre los judíos... El Sr. Ford podría haber encontrado pruebas corroborativas [de la conspiración judía] si las hubiera buscado».[22] A medida que pasaba el tiempo, Gray se veía sometido a una presión cada vez mayor para repudiar los *Protocolos* como una falsificación. No solo Gray, sino también el *Moody Bible Institute Monthly* estaban siendo criticados por la evangélica *Hebrew Christian Alliance* por no condenar los *Protocolos* fabricados. Gray se indignó y volvió a expresar su convicción de que los *Protocolos* eran auténticos. Lo hizo en el *Moody Bible Institute Monthly*. Gray, por supuesto, señaló que «el Instituto Bíblico Moody siempre había trabajado en favor de los más altos intereses de los judíos formando a personas para evangelizarlos».[23]

Aun así, Gray continuó afirmando que «los judíos tenían, al menos en parte, la culpa de su maltrato». Apoyó esta afirmación remitiendo a sus lectores a un artículo escrito por Max Reich, miembro del profesorado del Instituto Bíblico Moody. Reich escribió: «Sin religión, el judío se hunde y se vuelve peor que los demás, ya que la corrupción de lo mejor es siempre la peor corrupción».[24]

Las acusaciones de «antisemitismo» no disminuyeron con los intentos de aclaración de Gray. Sus opiniones sobre los judíos se mantuvieron. «A principios de 1935, Gray se defendía de las acusaciones del *American Hebrew and Jewish Tribune*, del *Bulletin of the Baltimore Branch of the American Jewish Congress*, e incluso de

---

[21] Wilson, *Armageddon Now!*, 95.
[22] Timothy P. Weber, *Living in the Shadow of the Second Coming: American Premillennialism, 1875-1982* (Grand Rapids, MI: Zondervan/Academie, 1983), 189.
[23] Weber, *Living in the Shadow of the Second Coming*, 189.
[24] Citado en Weber, *Living in the Shadow of the Second Coming*, 190.

El mito de la «teología del reemplazo»

la revista Time, de que personas relacionadas con Moody habían estado distribuyendo activamente los *Protocolos*».[25]

Por supuesto, Gray no era el único premilenialista dispensacional que avalaba la autenticidad de los *Protocolos* y tenía cosas bastante negativas («¿antijudaísmo?») que decir sobre los judíos. Arno C. Gaebelein, editor de la *Scofield Reference Bible*, creía que los *Protocolos* eran auténticos, que revelaban con exactitud una «conspiración judía». Su *Conflict of the Ages* [*Conflicto de las edades*][26] se consideraría hoy una obra de «antijudaísmo» porque fomentaba la creencia de que el comunismo tenía raíces judías y que la revolución bolchevique de 1917 había sido ideada por un grupo de agitadores judíos bien entrenados. Al mismo tiempo que Gaebelein utilizaba retórica antisemita, tenía un próspero ministerio evangelístico entre los judíos de Nueva York. ¿Por qué esa doblez? El dispensacionalismo espera tanto la persecución como la salvación de un remanente de judíos.[27] Por eso George Marsden pudo escribir que «los fundamentalistas entre [la Primera y la Segunda Guerra Mundial] podían ser a la vez pro-sionistas y algo antisemitas, favoreciendo el retorno de los judíos a Israel, lo que llevaría finalmente a su conversión; pero mientras tanto desconfiando especialmente de los judíos apóstatas».[28]

Como Peter Leithart y yo señalamos en *The Legacy of Hatred Continues* [*El legado de odio continúa*],[29] que es una respuesta a *The Road to Holocaust*, ¡son los dispensacionalistas los que sostienen una forma de teología del reemplazo ya que creen que Israel no tiene ningún significado profético a *este lado del rapto!* Antes del rapto, en términos de la lógica dispensacional, la Iglesia ha reemplazado a Israel. Esto es incuestionablemente cierto ya que el plan profético de Dios para Israel ha sido pospuesto hasta que el reloj del tiempo profético comience a correr de nuevo al comienzo de la semana 70 de Daniel, un evento que comienza solo después de que la Iglesia sea llevada al cielo en el llamado rapto.[30] Hasta entonces, Dios está

---

[25] Weber, *Living in the Shadow of the Second Coming*, 189.

[26] Arno Clemens Gaebelein, *The Conflict of the Ages: The Mystery of Lawlessness: Its Origin, Historic Development and Coming Defeat* (Nueva York: Publication Office «Our Hope», 1933).

[27] Timothy P. Weber, «A Reply to David Rausch's 'Fundamentalism and the Jew,'» *Journal of the Evangelical Theological Society* (Marzo 1981), 70.

[28] George M. Marsden, *Fundamentalism and American Culture: The Shaping of Twentieth Century Evangelicalism: 1870–1925* (Nueva York: Oxford University Press, 1980), 187–188, nota 15.

[29] Gary DeMar y Peter J. Leithart, *The Legacy of Hatred Continues: A Response to Hal Lindsey's* The Road to Holocaust (Powder Springs, GA: American Vision, 1989).

[30] H. A. Ironside, *The Great Parenthesis: Timely Prophetic Messages of the Interval Between the 69th and 70th Weeks of Daniel's Prophecy* (Grand Rapids, MI: Zondervan, 1943).

Mitos escatológicos

tratando redentoramente con la Iglesia. Considere lo siguiente del dispensacionalista E. Schuyler English:

> Un período intercalado[31] de la historia, después de la muerte y resurrección de Cristo y la destrucción de Jerusalén en el año 70 d.C., ha intervenido. Esta es la era presente, la era de la Iglesia... Durante este tiempo Dios no ha estado tratando con Israel nacionalmente, porque ellos han sido cegados con respecto a la misericordia de Dios en Cristo... Sin embargo, Dios tratará de nuevo con Israel como nación. Esto será en la septuagésima semana de Daniel, un período de siete años aún por venir.[32]

Según English, y cualquier otro dispensacionalista, la Iglesia ha reemplazado a Israel hasta el rapto. Las supuestas promesas incumplidas hechas a Israel no se cumplen hasta después de que la Iglesia sea sacada de la tierra. Thomas Ice, coautor con los escritores de profecías Tim LaHaye y Mark Hitchcock, admite que la Iglesia reemplaza a Israel a este lado del rapto: «Nosotros los dispensacionalistas creemos que la Iglesia ha reemplazado a Israel durante la actual era de la Iglesia, pero Dios tiene un tiempo futuro en el que restaurará el Israel nacional 'como la institución para la administración de las bendiciones divinas al mundo'».[33]

Los no dispensacionalistas como yo diríamos que todas las promesas hechas a Israel se han cumplido, y la redención de Israel según esas promesas hizo posible que los gentiles fueran injertados en una asamblea judía de creyentes ya existente que la Biblia llama la Iglesia. Poco después de la ascensión de Jesús, se predica el Evangelio a «los judíos que vivían en Jerusalén, hombres piadosos, *de todas las naciones bajo el cielo*» (Hch. 2:5). Si esto no es Dios tratando específica y únicamente con Israel, entonces no sé lo que es. Decir que la Iglesia es un «misterio» desconocido para los profetas del Antiguo Testamento contradice lo que Pedro afirma en Hechos 2:16: «esto es lo que fue dicho por medio del profeta Joel». «Esto», un casi demostrativo, es una referencia a los acontecimientos de Pentecostés. Si Joel predijo lo que estaba sucediendo, y los dispensacionalistas afirman que Pentecostés es el comienzo de la Era de la Iglesia, entonces la Iglesia no es un misterio; es el cumplimiento de las profecías bíblicas hechas ante todo a Israel.

---

[31] Insertado en el calendario.
[32] E. Schuyler English, *A Companion to the New Scofield Reference Bible* (Nueva York: Oxford University Press, 1972), 135.
[33] Thomas Ice, «The Israel of God», The Thomas Ice Collection: www.raptureready.com/featured/TheIsraelOfGod.html#_edn3

El mito de la «teología del reemplazo»

Ice entiende las implicaciones de esta lógica, así que debe añadir una palabra a Hechos 2:16 para que encaje en su escatología de paréntesis. Reescribe el versículo para que diga: «Pero esto es [como] lo dicho por el profeta Joel». Trata de explicar la adición de «como» de esta manera: La única afirmación de Pedro («esto es aquello») está en el lenguaje de la comparación y la similitud, no del cumplimiento».[34] Se está haciendo la pregunta, asumiendo lo que primero debe probar. El autor dispensacional Stanley D. Toussaint escribe, contradiciendo a Ice en su punto, «Esta cláusula no significa, 'Esto es *como* aquello'; significa que Pentecostés cumplió lo que Joel había descrito».[35] Después de decir esto, continúa argumentando: «Sin embargo, las profecías de Joel citadas en Hechos 2:19-20 no se cumplieron». Entonces, ¿cuál es? Dice que el cumplimiento llegará «si Israel se arrepintiera». Pero Israel sí se arrepintió: «Habiendo oído esto, se compungieron de corazón, y dijeron a Pedro y a los demás apóstoles: 'Hermanos, ¿qué haremos?'. Pedro les dijo: Arrepiéntanse...». (2:37-38). ¿El resultado? «Entonces los que habían recibido su palabra se bautizaron; y se añadieron aquel día como tres mil personas» (2:41).

Los dispensacionalistas argumentarán que «todo Israel» debe salvarse (Rom. 11:26). En el contexto, «todo Israel» es el remanente electo creyente (11:5). Los dispensacionalistas no interpretan «todo Israel» como todo israelita que haya vivido. Ni siquiera entienden que «todo Israel» signifique cada judío vivo durante el período de la gran tribulación posterior al rapto, ya que creen que dos tercios de ellos serán masacrados (Zac. 13:8). Ellos entienden por «todo Israel» *el remanente*, lo que quede de Israel después de que el anticristo se salga con la suya con la nación recién constituida. Si «todo Israel» puede significar un remanente en un período de tiempo de siete años, posterior al rapto, entonces ciertamente puede significar un remanente en un período de tiempo anterior a la destrucción de Jerusalén.

Pedro se dirige a la multitud de Pentecostés como «varones de Israel» (Hch. 2:22). Amplía su mensaje para incluir a «toda la casa de Israel» (2:36). Los «hermanos»— hermanos judíos— quieren saber qué deben hacer ellos, como judíos, para salvarse. Pedro les dice: «Porque la promesa es para *ustedes* y para *sus* hijos...» (2:39). No hay nada en este capítulo que indique que las promesas hechas por primera vez a Israel no se estén cumpliendo en ese mismo momento.

---

[34] Tim LaHaye, ed. *Prophecy Study Bible* (Chattanooga, TN: AMG Publishers, 2000), 1187, nota sobre Hechos 2:16.
[35] Stanley D. Toussaint, «Acts», *The Bible Knowledge Commentary: New Testament*, John F. Walvoord y Roy B. Zuck (Wheaton, IL: Victor Books, 1983), 358.

Mitos escatológicos

Pedro continúa predicando a sus compatriotas informándoles de que «Jesús el Cristo» fue «destinado para *ustedes*» (3:20). La «restauración de todas las cosas» (3:21) es la obra redentora preordenada de Jesús para cumplir lo que todos los profetas han escrito. Pedro les dice que los profetas «anunciaron *estos días*» (3:24). «*Ustedes* son los hijos de los profetas y del Pacto que Dios hizo con sus padres, diciendo a Abraham: 'Y en tu descendencia serán benditas todas las familias de la tierra'» (3:25). No se menciona un aplazamiento de las promesas, «un período intercalar de la historia», hechas a Abrahán. Estos creyentes judíos, destinatarios de las promesas pronunciadas por los profetas (3:24), formaban «la iglesia» «(*ekklēsia*, «asamblea») (5:11). El mensaje del Evangelio, «todo el mensaje de esta Vida», debía proclamarse «al pueblo en el templo» (5:20), es decir, a los judíos.

Más tarde nos enteramos de que los gentiles deben formar parte de esta asamblea judía de creyentes existente para participar en las promesas dadas a Israel (Hch. 10:34-48). Observe la conclusión de Pedro: «Y todos los creyentes circuncisos que habían venido con Pedro estaban asombrados, porque el don del Espíritu Santo había sido derramado también sobre los gentiles» (10:45). «También» implica que el Espíritu Santo fue derramado primero sobre los judíos. Pablo hace la misma observación en Romanos 11 cuando escribe que los gentiles fueron injertados en un cuerpo judío de creyentes ya existente que Hechos describe como «la iglesia» (*ekklēsia*, «asamblea») (Rom. 11:12-21).

Los dispensacionalistas afirman que su particular tipo de escatología es el único sistema profético que otorga a Israel el lugar que le corresponde en la historia redentora. Es un argumento extraño, ya que dos tercios de los judíos serán masacrados durante la tribulación posterior al rapto, y el mundo quedará prácticamente destruido. Charles Ryrie escribe en su libro *The Best is Yet to Come* [*Lo mejor está por venir*] que durante este período posterior al rapto Israel sufrirá «el peor baño de sangre de la historia judía».[36] ¡El título del libro no parece muy apropiado considerando que durante este período de tiempo morirá la mayoría de los judíos! John Walvoord sigue una línea argumental similar: «Israel está *destinado* a vivir un tiempo particular de sufrimiento que eclipsará cualquier cosa que haya conocido en el pasado... El pueblo de Israel... se está colocando dentro del vórtice de este futuro torbellino que destruirá a la mayoría

---

[36] Charles C. Ryrie, *The Best is Yet to Come* (Chicago, IL: Moody Press, 1981), 86.

de los que viven en la tierra de Palestina».[37] Arnold Fruchtenbaum afirma que durante la Gran Tribulación «Israel sufrirá una tremenda persecución (Mt. 24:15-28; Ap. 12:1-17). Como resultado de esta persecución del pueblo judío, dos tercios serán asesinados».[38]

Durante el tiempo en que Israel parece estar en paz con el mundo, en realidad está bajo la dominación del anticristo que se volverá contra ella a la mitad del período de siete años. Israel espera más de 2000 años para que finalmente se cumplan las promesas, y antes de que ocurra, dos tercios de ellos son aniquilados. Aquellos que son acusados de sostener un «punto de vista de la Teología del Reemplazo» no creen en ningún inevitable baño de sangre judío futuro. De hecho, creemos que los judíos inevitablemente abrazarán a Jesús como el Mesías a este lado de la Segunda Venida. El cumplimiento de Zacarías 13:8 es un acontecimiento pasado. Puede haber tenido su cumplimiento en los acontecimientos que condujeron e incluyeron la destrucción de Jerusalén en el año 70 d.C... Contrariamente a la interpretación dispensacionalista del Discurso del Monte de los Olivos, los discípulos de Jesús advirtieron a la nación judía durante casi cuarenta años acerca del juicio inminente (Mt. 3:7; 21:42-46; 22:1-14; 24:15-22). Los que creyeron las palabras de advertencia de Jesús fueron librados «de la ira venidera» (1Tes. 1:10). Aquellos que continuaron rechazando a Jesús como el Mesías prometido, aunque habían sido advertidos durante una generación (Mt. 24:34), «la ira ha venido sobre ellos hasta el extremo» (1Tes. 2:16; cf. 1Tes. 5:1-11; 2Pe. 3:10-13).

El rapto pre-tribulacional es una doctrina necesaria en la teología dispensacional para mantener la distinción Israel-Iglesia, una distinción que ha estado en efecto por casi dos milenios, mil años más que el supuesto milenio terrenal de los premilenialistas. Esta falsa distinción hace que la Teología del Reemplazo sea un problema. La doctrina del rapto pretribulación crea todo tipo de problemas teológicos. Una vez que el «rapto» pretribulación desaparece, también desaparece todo lo dispensacional. Como yo y otros hemos señalado, los argumentos bíblicos para un «rapto» pretribulación no solo son espurios, son inexistentes. La respuesta de Tim LaHaye a la acusación de que no hay un solo versículo que enseñe la doctrina es que no hay un solo versículo que se pueda encontrar que enseñe cualquiera de las

---

[37] John F. Walvoord, *Israel in Prophecy* (Grand Rapids, MI: Zondervan, 1962), 107, 113. Énfasis añadido.
[38] Arnold G. Fruchtenbaum, «The Little Apocalypse of Zechariah», *The End Times Controversy: The Second Coming Under Attack,* eds. Tim LaHaye y Thomas Ice (Eugene, OR: Harvest House, 2003), 262.

Mitos escatológicos

otras cuatro posiciones del rapto. (¡Sí, cuatro!) Este no es un buen argumento. ¿Podría ser que como no hay ningún versículo que apoye ninguna de las cinco posiciones del rapto, no hay rapto y por lo tanto no hay distinción Israel-Iglesia?

Cuando señalo que no hay un solo versículo que apoye el rapto pretribulación, los dispensacionalistas sostendrán que la doctrina se desarrolla a partir de una serie de versículos que cuando se juntan infieren el rapto pretribulación. Por ejemplo, el dispensacionalista dirá que el período de la tribulación de siete años se enseña claramente en las Escrituras. Cuando pregunto dónde, me llevan a Daniel 9:24-27. Para obtener un período de tribulación de siete años, el dispensacionalista debe demostrar primero que hay una brecha de casi 2000 años entre las semanas 69 y la 70. También debe demostrar a partir de estos versículos que el anticristo hará un pacto con los judíos durante una tribulación posterior al rapto. Entonces debe haber prueba de otro templo reconstruido que omita el templo reconstruido que estuvo en pie en los días de Jesús.[39] Lea Daniel 9:24-27 sin los preconceptos dispensacionalistas necesarios y vea si encuentra estos distintivos dispensacionalistas requeridos en estos versículos.[40] Los dispensacionalistas argumentarán que el «él» de 9:27 es el anticristo. ¿Dice el texto que «él» es el anticristo? No lo dice. Uno esperaría que el anticristo de Apocalipsis hiciera un pacto con los judíos durante el llamado período de siete años de tribulación, ya que Apocalipsis es una expansión de la semana 70 de Daniel. No se menciona al anticristo haciendo un pacto con nadie, ni en Daniel 9:27 ni en Apocalipsis. De hecho, no hay un solo ejemplo de este pacto profano en toda la Biblia. Es *Jesús* quien hace un pacto con los muchos: «esta es *Mi* sangre del Pacto, que ha de ser derramada en favor de *muchos* para el perdón de los pecados» (Mt. 26:28). La Biblia no puede ser más clara. Se puede leer desde el primer versículo hasta el último del Apocalipsis y no encontrar ninguna mención al «anticristo» o a los «siete años», y mucho menos a un período de tribulación de siete años.

---

[39] El primer templo reconstruido se levantó cuando los judíos regresaron a Jerusalén tras el cautiverio babilónico. Este templo cayó en mal estado durante el período intertestamentario y fue restaurado y ampliado por Herodes el Grande, un proyecto que comenzó alrededor del año 20 a.C. y se completó pocos años antes de que fuera destruido en el año 70 d.C. por los romanos, tal y como había predicho Jesús (Mt. 24:1-34). El Nuevo Testamento no dice nada sobre otro templo reconstruido. Al igual que el rapto pre-tribulación, los dispensacionalistas admiten: «No hay versículos bíblicos que digan: 'Va a haber un tercer templo'». (Thomas Ice y Randall Price, *Ready to Rebuild: The Imminent Plan to Rebuild the Last Days Temple* [Eugene, OR: Harvest House, 1992], 197–198).

[40] Véase Peter J. Gentry, «Daniel's Seventy Weeks and the New Exodus», *Southern Baptist Theological Journal* 14.1 (2010), 26–44)

El mito de la «teología del reemplazo»

Conclusión

En Jeremías 31:35-36, Dios prometió lo siguiente a Israel: «Así dice el Señor, que da el sol para la luz del día y el orden fijo de la luna y las estrellas para la luz de la noche, que agita el mar para que rujan sus olas; el Señor de los ejércitos es su nombre: 'Si este orden fijo se aparta de delante de mí'», declara el Señor, 'entonces la descendencia de Israel también dejará de ser una nación delante de mí para siempre'». Jeremías 31:7 continúa: «Así dice el Señor: 'Si se pueden medir los cielos arriba y escudriñar los cimientos de la tierra abajo, entonces también desecharé a toda la descendencia de Israel por todo lo que han hecho', declara el Señor».

La profecía de Jeremías fue dada hace más de 2000 años. Antes de 1948 y después del año 70 d.C., Israel no era una nación. Así que tenemos unas cuantas opciones interpretativas del pasaje de Jeremías: (1) Dios mintió (imposible); (2) la promesa era condicional (posible); la promesa fue pospuesta (siempre la respuesta dispensacionalista); (4) o el cumplimiento se cumplió en la nueva nación que surgió del Nuevo Pacto (lo más probable). Considere lo que Jesús les dice a los líderes religiosos de Su tiempo:

> «Por eso les digo que el reino de Dios os será quitado y será dado a una **nación que** produzca su fruto. Y el que caiga sobre esta piedra se hará pedazos; pero sobre quien caiga, lo esparcirá como polvo. Cuando los sumos sacerdotes y los fariseos oyeron sus parábolas, comprendieron que hablaba de ellos» (Mt. 21:43-45).

Pedro, citando porciones del Antiguo Testamento relacionadas con Israel, plantea la cuestión de la nación en lo que respecta a «los hijos de Israel» (Éx. 19:6): «Pero ustedes son 'linaje escogido', 'sacerdocio' real, '**nación santa**', 'pueblo adquirido por Dios', para que anuncien las virtudes de Aquel que los llamó de las tinieblas a su luz admirable; porque en otro tiempo no eran 'pueblo', pero ahora son 'pueblo de Dios'; 'no habían recibido misericordia', pero ahora han recibido misericordia» (1Pe. 2:9-10). ¿No se cumple así lo prometido a Jeremías? No hay necesidad de un paréntesis, un aplazamiento de las promesas del pacto, para un cumplimiento futuro. Pedro deja claro que se ha fundado una nueva nación de creyentes en Jesucristo.

6

El mito de que los sacrificios de animales y la circuncisión son ritos eternos

> Cristo nos hizo libres para la libertad; por tanto, manténganse firmes y no vuelvan a estar sujetos a un yugo de esclavitud. He aquí yo, Pablo, les digo que si reciben la circuncisión, de nada les aprovechará Cristo. Y vuelvo a testificar a todo hombre que recibe la circuncisión, que está obligado a guardar toda la Ley... Porque en Cristo Jesús ni la circuncisión ni la incircuncisión significan nada, sino la fe que obra por el amor (Gál. 5:1-6).

Una parte del pacto abrahámico que la mayoría de los dispensacionalistas parecen pasar por alto es la naturaleza eterna del pacto de la circuncisión. Al igual que la garantía de la existencia nacional y las promesas de la tierra, de las que se dice que son pactos eternos, también se dice que el pacto de la circuncisión es «eterno» (Gén. 17:13). J. Dwight Pentecost intenta separar la circuncisión de las otras promesas del pacto afirmando que «el cumplimiento final del Pacto Abrahámico y la posesión de la tierra por la simiente no depende, sin embargo, de la fidelidad en el asunto de la circuncisión. De hecho, las promesas de la tierra se dieron antes de que se introdujera el rito».[1] Esto es irrelevante, ya que se dice que la circuncisión, como el pacto en general, es eterna: «Pero el varón

---

[1] J. Dwight Pentecost, *Thy Kingdom Come: Tracing God's Kingdom Program and Covenant Promises Throughout History* (Wheaton, IL: Victor Books, 1990), 61.

incircunciso que no esté circuncidado en la carne de su prepucio, esa persona será cortada de su pueblo; ha roto mi pacto» (Gén. 17:14).

No hay nada en el pacto abrahámico que sugiera un cumplimiento espiritual de la circuncisión, y, sin embargo, es exactamente así como la Biblia transfiere esta observancia física a una realidad redentora espiritual (Lev. 26:41; Dt. 10:16; 30:6; Jer. 6:10). Esteban, el primer mártir, confirma la forma en que debe entenderse la circuncisión en un contexto redentor de la Nueva Pacto: «Ustedes, los de dura cerviz e incircuncisos de corazón y de oídos, resisten siempre al Espíritu Santo; hacen como nuestros padres» (Hch. 7:51).

Las mismas palabras que se usan para describir la eternidad del pacto en general se usan para la circuncisión física en particular: «Y estableceré mi pacto entre mí y ti, y tu descendencia después de ti por sus generaciones, por *pacto eterno*, para ser Dios para ti y para tu descendencia después de ti» (Gén. 17:7; cf. v. 19). Lewis Sperry Chafer afirma que «el Pacto Abrahámico, a diferencia del Pacto Mosaico que le siguió, fue declarado pacto eterno y continuará siendo observado en el tiempo y en la eternidad (vv. 7, 13, 19; 1Cr. 16:16-17; Sal. 105:10)».[2] Nótese las palabras de Chafer: «en el tiempo y en la eternidad».

La nota sobre Génesis 17:9-14 en la *Believer's Study Bible* de orientación dispensacional, editada por el difunto W. A. Criswell, evita el problema de la permanencia de la circuncisión física, pero sí alude a la circuncisión del corazón haciendo referencia a pasajes del Antiguo y Nuevo Testamento (Dt. 10:16; Jer. 4:4; Rom. 2:26; Col. 2:11-12).[3] Ryrie comenta en la Biblia de estudio que lleva su nombre que «Para un hebreo rechazar la circuncisión era extirparse a sí mismo de la comunidad del pacto, Gén. 17:14».[4] ¿Es esto *para siempre*? ¿Insisten los escritores del Nuevo Testamento en la circuncisión física para los hijos de creyentes judíos? Ryrie no lo dice.

Debido a que se dice que el pacto de la circuncisión es eterno, esto significa que los judíos nacidos durante el milenio deben ser circuncidados porque cualquier «varón incircunciso que no sea circuncidado en la carne de su prepucio, esa persona será cortada de su pueblo; ha roto mi pacto» (Gén. 17:14). La interpretación literal de la profecía bíblica y la naturaleza eterna del pacto abrahámico proclamada por los dispensacionalistas exigen la validez perpetua y la práctica de la circuncisión *física*. Dado que el pacto de la tierra es

---

[2] Lewis Sperry Chafer, *Systematic Theology*, John F. Walvoord, ed., 2 vols. abridged ed. (Wheaton, IL: Victor Books, 1988), 2:213.

[3] W. A. Criswell, ed., *The Believer's Study Bible* (Nashville, TN: Thomas Nelson, 1991), 31.

[4] Charles Caldwell Ryrie, *The Ryrie Study Bible* (Chicago: Moody Press, 1978), 31.

El mito de que los sacrificios de animales y la circuncisión son ritos eternos

eterno y todavía requiere un cumplimiento futuro, la naturaleza eterna del pacto de la circuncisión también debe requerir un cumplimiento futuro si seguimos los supuestos interpretativos dispensacionalistas.

El comentario sobre Génesis 17:8 en la *Nelson Study Bible*, orientada al dispensacionalismo, aborda los aspectos del pueblo y la tierra del pacto eterno, pero no dice nada sobre la circuncisión:

> La promesa incluía claramente al pueblo israelita y la tierra (Canaán). Ambas están vinculadas en el lenguaje del pacto del capítulo 15. Aunque Dios expulsó a Israel más de una vez de la tierra, les prometió la posesión definitiva de Canaán. Es una posesión eterna. La misma palabra que se usa para el pacto de Dios (v. 7) se usa para la tierra.[5]

La nota del Antiguo Testamento sobre Génesis 17:14, supervisada por el editor del Antiguo Testamento Ronald B. Allen, profesor del Seminario Teológico de Dallas, sugiere que la circuncisión pasa de ser un procedimiento físico obligatorio a una transformación espiritual interna cuando llegamos al Nuevo Pacto: «La circuncisión—un signo externo— significaba un compromiso total con Dios— una realidad interna. De ahí que el apóstol Pablo exija que el corazón esté circuncidado para Dios (Rom. 2:25-29)». Los dispensacionalistas han evitado este tipo de transferencia física a espiritual cuando se trata de Israel y las promesas de la tierra. ¿Es posible que la circuncisión sea la clave para entender cómo el pacto abrahámico puede ser incondicional, eterno y literal pero no eternamente físico?

«Realmente no he pensado en el tema»

Al preparar este capítulo, quería estar seguro de la interpretación dispensacional del pacto eterno de la circuncisión, así que consulté todos los libros dispensacionalistas estándar que tengo en mi biblioteca. Fue difícil encontrar alguno que abordara el tema. Para no tergiversar el dispensacionalismo, me puse en contacto con eruditos dispensacionalistas y les hice la siguiente pregunta: «Puesto que la promesa de la tierra física es un pacto eterno, ¿por qué no ocurre lo mismo con el pacto de la circuncisión física, ya que se dice que ambos son 'eternos'» (Gén. 17:8, 13)? Benware argumenta que, puesto

---

[5] Earl D. Radmacher, ed. gen., *The Nelson Study Bible* (Nashville: Thomas Nelson Publishers, 1997), 36.

que algunas de las promesas del pacto abrahámico ya se han cumplido de forma literal, «todas las promesas tendrán un cumplimiento literal».[6] Si esto es cierto, entonces la circuncisión física es un rito eterno. En respuesta a mi pregunta, recibí la siguiente respuesta de un antiguo profesor del Seminario Teológico de Dallas, el único que ha respondido hasta ahora:

> Realmente no he pensado en el tema de la circuncisión antes de la luz que ha construido su pregunta, pero mi respuesta inicial es que **es** parte del pacto eterno. La cosa es que después del período milenial y el hecho de que no habrá nuevos niños nacidos, no habría más necesidad de tener la práctica para los nuevos niños nacidos. Aquellos judíos ya circuncidados no necesitarán ser circuncidados pero no perderán su circuncisión en sus cuerpos resucitados.

Me sorprendió que nunca hubiera pensado en la cuestión de la circuncisión, ya que forma parte del pacto eterno que los dispensacionalistas utilizan para defender que existe una distinción en el pacto entre Israel y la Iglesia. En un segundo correo electrónico, le pregunté si la circuncisión se reinstauraría durante el milenio, ya que es durante este tiempo cuando las promesas de la tierra se cumplen finalmente, dadas las presuposiciones dispensacionalistas:

> De nuevo, para mí se trata de una reflexión preliminar sobre este tema, pero supongo que diría que sí a su pregunta. No estoy seguro de qué cuestiones de coherencia y qué implicaciones se derivan de este punto de vista.

Las implicaciones son dramáticas y, si se siguieran sistemáticamente, anularían la enseñanza del Nuevo Testamento que afirma: «Porque no es judío el que lo es exteriormente, ni la circuncisión es la que se hace exteriormente en la carne; sino que es judío el que lo es en lo interior; y la circuncisión es la que se hace en el corazón, por el Espíritu y no por la letra. Pero es judío el que lo es en lo interior; y la circuncisión es la del corazón, por el Espíritu, no por la letra; y su alabanza no proviene de los hombres, sino de Dios» (Rom. 2:28-29). Para el dispensacionalista, un judío del pacto es alguien que debe ser marcado exteriormente en la carne dadas las exigencias del pacto abrahámico.

---

[6] Benware, *Understanding End Time Prophecy*, 34.

El mito de que los sacrificios de animales y la circuncisión son ritos eternos

Circuncisión y sacrificios de sangre

El dispensacionalismo no solo exige la circuncisión para los judíos durante el milenio, sino también para los gentiles que quieran entrar en el cuarto templo (Ez. 40-46). En la *Prophecy Study Bible* de Tim LaHaye leemos lo que los dispensacionalistas afirman que ocurrirá durante el milenio: «Ningún extranjero que no esté circuncidado de corazón y carne podrá entrar [al templo], ni ningún descendiente de los levitas conducirá los servicios, excepto los descendientes piadosos de Sadoc».[7] La circuncisión del corazón era un requisito del Antiguo Pacto (Dt. 10:16; 30:6; Jer. 4:4). Mientras que la circuncisión del corazón todavía se requiere bajo el Nuevo Pacto (Rom. 2:28-29), la circuncisión física no lo es. Los que están en Cristo son la «verdadera circuncisión» (Fil. 3:2-3).

Además de la reinstitución de la circuncisión, el dispensacionalismo requiere que también se reinstituyan los sacrificios de animales *para la expiación*. John C. Whitcomb, en su artículo sobre «The Millennial Temple» [«El Templo Milenial»] en la *Prophecy Study Bible* de LaHaye, escribe que «cinco ofrendas diferentes en Ezequiel (43:13-46:15), cuatro de ellas con derramamiento de sangre, servirán a los propósitos de Dios. Estas ofrendas no son voluntarias sino obligatorias; Dios 'aceptará' a la gente sobre la base de estos sacrificios de animales (43:27), que hacen la reconciliación [expiación] para la casa de Israel (45:17, cf. 45:15)».[8] Whitcomb intenta apaciguar los problemas asociados con este punto de vista no bíblico afirmando que «las ofrendas no quitarán el pecado (ver Heb. 10:4), pero serán eficaces para santificar ceremonialmente a los israelitas debido a Su presencia infinitamente santa en medio de ellos».[9]

Se trata de una interpretación imposible al menos por tres razones. Primero, se dice que estos sacrificios son «para expiación» (reconciliación) (Ez. 45:15, 17) no, como afirma Whitcomb, «como vehículos efectivos de instrucción divina para Israel y las naciones durante el Reino Milenial».[10] Segundo, Jesús es el sacrificio único cuya sangre nos limpia del pecado (Heb. 7:26-27; 8:13; 9:11-15; 10:5-22; 1 P. 3:18). Tercero, la santificación viene por «el lavamiento del

---

[7] Tim LaHaye, ed. gen., *LaHaye Prophecy Study Bible* (Chattanooga, TN: AMG Publishers, 2000), 886, comentarios sobre Ezequiel 44:5-15.
[8] John C. Whitcomb, «The Millennial Temple», *Prophecy Study Bible*, 883.
[9] Whitcomb, «The Millennial Temple», 883.
[10] Whitcomb, «The Millennial Temple», 883.

agua con la palabra» (Ef. 5:26) no por el lavamiento de la sangre de los sacrificios de animales.

Scofield antiguo y nuevo

En la *Scofield Reference Bible* original (1909), una nota sobre la naturaleza de estos sacrificios de sangre descritos en Ezequiel trata de oscurecer el problema relacionado con los sacrificios de sangre durante los mil años de Apocalipsis 20 afirmando que «estas ofrendas serán conmemorativas, mirando hacia atrás, hacia la cruz, como las ofrendas bajo el antiguo pacto eran anticipatorias, mirando hacia adelante, hacia la cruz». Me pregunto por qué a los judaizantes no se les ocurrió este argumento.

Una nota en la *New Scofield Reference Bible* (1967) reconoce que «se plantea un problema» por la naturaleza expiatoria de estos sacrificios «ya que el N.T. enseña claramente que los sacrificios de animales no limpian por sí mismos el pecado (Heb. 10:4) y que el único sacrificio del Señor Jesucristo que se hizo en el Calvario proporciona completamente tal expiación (cp. Heb. 9:12, 26, 28; 10:10, 14)». ¿Cómo resuelven los editores el problema dada su hermenéutica literal? Primero, sugiriendo que los sacrificios de sangre «serán de carácter conmemorativo»,[11] y segundo, «las referencias a los sacrificios no deben tomarse literalmente». Ryrie adopta una postura similar: «Si los grandes festivales de la Pascua y los Tabernáculos van a ser observados durante el Milenio, no hay razón para que no se ofrezcan también sacrificios. Entonces, por supuesto,

---

[11] Charles Feinberg sigue el enfoque conmemorativo cuando se trata de explicar por qué habrá sacrificios de animales durante el milenio. «La Iglesia ha tenido durante unos 1900 años un memorial de ese sacrificio de Cristo en la Cena del Señor; Israel como tal no ha tenido ninguno. [Los sacrificios de animales] serán ese memorial para ellos principalmente». Jesús declaró que «esta copa [llena de vino] es el nuevo pacto en Mi sangre» (Lc. 22:20; cf. 1Cor. 11:25). El recuerdo de la sangre derramada de Jesús se hace a través del vino, no de la sangre de animales. Ya que Jesús estará físicamente presente, ¿no serán suficientes las marcas de los clavos en Sus manos y pies y la marca de la lanza en Su costado para recordarnos Su calvario redentor? Por cierto, la Cena del Señor fue inaugurada con judíos. Feinberg razona de esta manera para justificar los sacrificios de sangre durante el milenio: «Si no se necesitan sacrificios donde Cristo está presente, ¿por qué fueron permitidos por Dios durante todo el ministerio terrenal de Cristo?» La razón simple y obvia es que Jesús todavía no había derramado su sangre. Feinberg espera defender su punto de vista haciendo esta pregunta: «Y, en tercer lugar, mayor maravilla aún, ¿por qué, después de que Él había perfeccionado con seguridad nuestra salvación para siempre en la cruz, permitió Dios que esos sacrificios continuaran hasta el año 70 d.C., cuando el templo fue destruido?». El hecho de que Dios pidiera la destrucción del templo en el año 70 d.C. es un claro testimonio de que los argumentos de Feinberg son inadecuados. (Charles L. Feinberg, *Premillennialism or Amillennialism?: The Premillennial and Amillennial Systems of Biblical Interpretation Analyzed and Compared*, 2da. ed. [Wheaton, IL: Van Kampen Press, 1954], 336-337).

serán memoriales del sacrificio consumado de Cristo».[12] Donde Jesús dice «Consumado es» (Jn. 19:30), los dispensacionalistas afirman que el derramamiento de sangre y los sacrificios de sangre continuarán durante los futuros mil años con el Jesús asesinado, resucitado y glorificado sentado en el trono de David desde Jerusalén. Con Sus huellas de clavos y Su costado cortado a la vista, ¡la gente seguirá sacrificando animales!

Ezequiel no dice que estos sacrificios «serán memoriales». La Biblia afirma claramente que son «para expiación» (Ez. 45:17, 20). Esto significa que el templo visionario de Ezequiel o bien formaba parte de la renovación del sistema de sacrificios del Antiguo Pacto que surgió durante el período de restauración posterior al exilio, o bien era el cumplimiento que llegó por medio de la obra redentora única de Jesús (Lc. 24:25-27, 44-45). Jesús es el cumplimiento del templo en sentido amplio.

Si los sacrificios son «de carácter conmemorativo», como afirman Scofield y Ryrie, o «no deben tomarse literalmente», como sostiene Whitcomb, entonces tales conclusiones violan la insistencia del dispensacionalismo en que, puesto que «las promesas cumplidas se han cumplido de manera literal», entonces «eso lleva a la conclusión de que todas las promesas tendrán un cumplimiento literal».[13]

Judaísmo dispensacional

LaHaye y Thomas Ice, dadas sus creencias dispensacionalistas, confirman que el templo milenial «servirá como centro para los rituales sacerdotales y las ofrendas» afirmando que «servirán de guía en la adoración del Mesías».[14] Admiten que su punto de vista literal podría parecer que «contradice pasajes como Hebreos 7:26-27 y 9:26, que enseñan que Jesucristo fue el sacrificio perfecto y final por el pecado».[15] Para mantener intacto el paradigma dispensacional, intentan maniobrar en torno a su enfoque antibíblico manteniendo «que los sacrificios son para purificación ceremonial». LaHaye y Ice citan a Jerry Hullinger, profesor del Seminario Teológico de

---

[12] Ryrie, *Ryrie Study Bible*, 1299. Observe que Ezequiel no dice nada sobre un «milenio». El único lugar en la Biblia donde se usa «mil años» para describir el reinado de Cristo es en Apocalipsis 20. Notará, sin embargo, que Apocalipsis 20 no dice que Jesús reinará desde la tierra, que se construirá un templo, o que se sacrificarán animales.

[13] Benware, *Understanding End Times Prophecy*, 34.

[14] Tim LaHaye y Thomas Ice, *Charting the End Times: A Visual Guide to Understanding Bible Prophecy* (Eugene, OR: Harvest House, 2001), 94.

[15] LaHaye y Ice, *Charting the End Times*, 95.

Mitos escatológicos

Pensacola, como apoyo: «Debido a la promesa de Dios de morar en la tierra durante el milenio (como se declara en el Nuevo Pacto),[16] es necesario que Él proteja Su presencia por medio de sacrificios».[17] ¿Dónde dice esto el Nuevo Testamento o insinúa que tal cosa sea remotamente posible dado lo que sabemos acerca de la obra redentora terminada de Cristo? Cuando Jesús se apareció a sus discípulos después de su resurrección, no era necesario que protegiera su presencia con sangre animal. ¿Debería Tomás haber mojado su dedo en sangre animal antes de meterlo en el costado de Jesús? (Jn. 20:27). ¿Deberían los discípulos de Jesús haber sacrificado un cordero antes de desayunar con Él? (21:12).

Contrariamente a lo que exige el dispensacionalismo, el Nuevo Testamento rechaza la necesidad de más sacrificios: «Y aunque en otro tiempo estaban enajenados y enemistados de espíritu, ocupados en malas obras, ahora se ha reconciliado en su cuerpo carnal por medio de la muerte, para presentarlos delante de él santos e irreprensibles e irreprensibles» (Col. 1:21-22; cf. Heb. 9:11-14). LaHaye y Ice se dedican a judaizar dispensacionalmente en un vano esfuerzo por salvar un sistema que no tiene apoyo bíblico, si hemos de creer en el Nuevo Testamento.

Charles D. Alexander resume los problemas teológicos inherentes asociados al dispensacionalismo en relación con la naturaleza eterna del pacto abrahámico y el cumplimiento redentor del Nuevo Pacto:

> Es inútil que nuestros amigos [dispensacionalistas] nos digan que este no es su error, pues sus interpretaciones requieren que en su llamada era milenaria los gentiles sean circuncidados según las leyes del «templo» de Ezequiel. De ahí que nuestro Salvador Cristo, supuestamente reinando en persona en Jerusalén, deba presidir la subversión de Su propio evangelio, la deshechura de Su obra de redención en la Cruz y el desmantelamiento de ese reino de gracia y verdad que fue el único propósito de Su venida al mundo. En otras palabras, la «Segunda Venida» según el esquema dispensacional deshará todo el propósito de la Primera Venida, y la Ley suplantará al evangelio.
>
> ¿Y quién es ahora el hereje: «Nosotros que abogamos por una interpretación espiritual y evangélica de la profecía, o nuestros amigos que restablecen la circuncisión, el templo, el sacrificio, el sacerdocio levítico, y abolen la iglesia y el evangelio, y ponen a

---

[16] No existe tal promesa. Apocalipsis 20 no dice nada sobre Jesús reinando en la tierra durante los mil años.

[17] Jerry M. Hullinger, «The Problem of Animal Sacrifices in Ezekiel 40-48», *Bibliotheca Sacra* 152 (Julio-Septiembre 1995), 289. Citado en LaHaye y Ice, *Charting the End Times*, 95.

El mito de que los sacrificios de animales y la circuncisión son ritos eternos

Moisés en lugar de Cristo»? Cuando decimos que la epístola a los Gálatas fue escrita para destruir este error judaísta, no exageramos la verdad.[18]

El dispensacionalismo es un castillo de naipes teológico. La razón principal por la que sigue siendo la escatología preferida entre los fundamentalistas es su factor sensacionalista. Con su visión paréntesis de la historia y un retorno a los ritos del Antigua Pacto de la circuncisión y los sacrificios de animales, no entiendo cómo alguien puede afirmar que el dispensacionalismo es el cristianismo ortodoxo.

---

[18] Charles D. Alexander, «Moses or Christ?: Paul's Response to Dispensational Error». www.graceonlinelibrary.org/full.asp?ID=440

7

El mito de que hay que reconstruir el Templo

La batalla por el Monte del Templo de Jerusalén está que arde. Muchos judíos quieren que se reconstruya el templo destruido por los romanos en el año 70 d.C. para devolverle su antigua gloria. Pero hay un gran obstáculo en el camino. La Cúpula de la Roca musulmana domina ahora el lugar, y los musulmanes afirman que los judíos no tienen derecho a él. Hay millones de cristianos que creen que un templo reconstruido es un requisito previo obligatorio para el ascenso del anticristo, la gran tribulación y la batalla final de Armagedón.

Para que tenga lugar el escenario futurista descrito por los escritores de profecía modernos, debe producirse el rapto de la Iglesia. El rapto pretribulacional es el siguiente acontecimiento profético en el sistema dispensacional en el que Israel ocupa el centro de la historia profética. Supuestamente pone en marcha una serie de acontecimientos proféticos que conducen al reinado milenario de Cristo, incluyendo la reconstrucción de *otro* templo en Jerusalén después de la destrucción del «templo de la tribulación». Pero es en el futuro «templo de la tribulación» posterior al rapto donde el anticristo tomará asiento (2Tes. 2:4), colocará una estatua de sí mismo para que la gente la adore (Mt. 24:15; Ap. 13:14-15) y se proclamará dios (2Tes. 2:4).

Pero lo que los futuristas necesitan para respaldar este escenario del fin de los tiempos es un versículo que afirme que habrá *otro* templo reconstruido, un templo diferente del que fue construido después del exilio y renovado (reconstruido) por Herodes el Grande a partir del año 20 a.C. y finalmente completado en el año 64 d.C. Observe con cuánta claridad el Antiguo Testamento menciona que hubo un decreto para reconstruir el templo postexílico (2Cr. 36:22-23;

Esd. 1:1-4; 5:6-17). Se colocó la primera piedra (Esd. 3:10-12) y se terminó el templo (6:13-18). Incluso se envió una carta a las autoridades de la época para determinar si alguna vez había habido un «decreto para reconstruir este templo» (5:1-17; 6:1-12).

Los defensores del templo reconstruido Tommy Ice y Randall Price se ven obligados a admitir que «no hay versículos bíblicos que digan: 'Va a haber un tercer templo'».[1] Después de hacer esta reveladora concesión, continúan afirmando «que habrá un templo judío en Jerusalén por lo menos a mediados del período de siete años de la tribulación».[2] El libro actualizado de 700 páginas de Randall Price *The Temple and Bible Prophecy* [*El Templo y la Profecía Bíblica*] todavía no puede producir un versículo del Nuevo Testamento que realmente afirme que se requiere proféticamente que se reconstruya otro templo.[3] Considerando que hay dos *libros* (Esdras y Nehemías) del Antiguo Testamento dedicados a los detalles de la reconstrucción del templo cuando los judíos regresaron del cautiverio babilónico, uno pensaría que habría al menos un *versículo* en el Nuevo Testamento que dijera algo sobre la reconstrucción de un templo distante posterior al rapto.

Price y Ice no son los únicos que afirman sin fundamento la existencia de otro templo reconstruido. Merrill F. Unger, escribiendo en 1955, hizo una afirmación similar: «El templo será reconstruido, porque la 'abominación desoladora' (Mt. 24:15) 'estará en el Lugar Santo', en el 'Templo de Dios' (Templo Judío) reconstruido (2Tes. 2:4), con un 'altar' y 'adoradores' (Ap. 11:1), y un 'atrio exterior' en la 'Ciudad Santa' (Jerusalén, *cf.* Ap. 11:2)».[4] El problema con el escenario del fin de los tiempos de Unger es que el templo construido por Herodes todavía estaba en pie cuando se dieron estas profecías. Unger asume que la mera mención de un templo en un pasaje profético debe ser una referencia a un templo reconstruido que será construido durante el período de la tribulación que sigue a un rapto pretribulacional en lo que se ha convertido en un retraso de casi 2000 años.[5] Si el templo es una pieza tan crucial del rompecabezas del fin

---

[1] Thomas Ice y Randall Price, *Ready to Rebuild: The Imminent Plan to Rebuild the Last Days Temple* (Eugene, OR: Harvest House, 1992), 197–198.

[2] Ice y Price, *Ready to Rebuild*, 198.

[3] Randall Price, *The Temple and Bible Prophecy: A Definitive Look at Its Past, Present, and Future* (Eugene, OR: Harvest House, 2006). Price tiene tres capítulos que tratan de las predicciones del Nuevo Testamento sobre el templo, pero no hace referencia a ningún versículo que diga algo sobre la reconstrucción del templo. (255–324).

[4] Merrill F. Unger, *Great Neglected Bible Prophecies* (Chicago: Scripture Press Books, 1955), 23.

[5] Unger rebate la afirmación de Carl Friedrich Keil de que «el Nuevo Testamento no dice nada en absoluto sobre la reconstrucción del templo de Jerusalén y la restauración del culto levítico».

de los tiempos, ¿por qué el Nuevo Testamento no dice nada al respecto? El silencio es ensordecedor.

¿Predice la Biblia que se construirá un tercer templo, uno después del templo de Salomón y del templo posterior al exilio que aún estaba en pie en tiempos de Jesús y que fue destruido en el año 70 d.C. por los romanos? Don Stewart y Chuck Missler insisten en que «La cuestión crucial se reduce a cómo interpretamos la profecía». En esto, todos estarían de acuerdo. «Hay dos formas básicas de interpretar la profecía bíblica», escriben Stewart y Missler. «O se entiende literalmente o no se entiende. Si una persona rechaza la interpretación literal entonces [sic] se le deja a su [sic] propia imaginación en cuanto a lo que significa la Escritura... Creemos que tiene sentido entender las Escrituras como que requieren literalmente la eventual construcción y profanación de un Tercer Templo».[6] Los autores tienen cuidado de decir que *se requiere* otro templo reconstruido. Un tercer templo es requerido solo si la Biblia lo requiere y específicamente declara el requerimiento. Mientras que los dispensacionalistas requieren otro templo para que su sistema profético funcione, como veremos, el Nuevo Testamento no dice nada acerca de un templo reconstruido; ni una sola palabra.

La obra redentora de Jesús hace innecesaria la reconstrucción del templo. Su ministerio comienza con la declaración de que Él es nuestro tabernáculo (Jn. 1:14), «el cordero de Dios que quita el pecado del mundo» (1:29), «el templo» (Jn. 2:19-21) y la «piedra angular» (Mt. 21:42; Hch. 4:11; Ef. 2:20). Por extensión, los creyentes son «como piedras vivas... siendo edificados como casa espiritual para un sacerdocio santo, a fin de ofrecer sacrificios espirituales aceptables a Dios por medio de Jesucristo» (1Pe. 2:5). Los que están «en Cristo» son el verdadero templo de Dios (1Cor. 3:16; 2Cor. 6:16; Ef. 2:21; Ap. 21:22). Jesús y el pueblo de Dios son el centro del único templo que tiene algún significado redentor bajo el nuevo pacto. Estar «en Cristo» es estar en el templo y en todo lo que representaba, «el centro renovado y el foco del pueblo de Dios»[7]

(Carl Friedrich Keil, *Biblical Commentary on the Prophecies of Ezekiel*, 2 vols. [Grand Rapids, MI: Eerdmans, 1950], 2:122). Citado en Unger, *Great Neglected Bible Prophecies*, 23. Unger acusa a Keil de seguir una metodología espiritualizadora (23). Obsérvese que el Nuevo Testamento utiliza denominaciones espirituales para el templo y sus sacrificios bajo el nuevo pacto: «casa espiritual» y «sacrificios espirituales» (1Pe. 2:15).

[6] Don Stewart y Chuck Missler, *The Coming Temple: Center Stage for the Final Countdown* (Orange, CA: Dart Press, 1991), 193.

[7] Timothy J. Geddert, *Watchwords: Mark 13 in Markan Eschatology* (Sheffield, England: JSOT, 1989). Citado en Peter W. L. Walker, *Jesus and the Holy City: New Testament Perspectives on Jerusalem* (Grand Rapids, MI: Eerdmans, 1996), 9.

(Rom. 12:5; 1Cor. 1:2, 30; Gál. 3:14, 28; 5:6). Las referencias del Nuevo Testamento al templo de piedra se refieren únicamente a su destrucción (Mt. 24:1-2), nunca a su reconstrucción física. Es muy significativo que «Jesús nunca da ninguna pista de que habrá un reemplazo físico para este Templo. No hay ninguna sugerencia, ni en el Discurso Apocalíptico [Apocalipsis] ni en ninguna otra parte, de que esta destrucción no sea más que una etapa preliminar de alguna gloriosa 'restauración' del Templo».[8]

El templo original era una sombra de lo que vendría. Fue diseñado para ser un edificio temporal que miraba hacia la obra completa de Jesucristo (Is. 66:1-3; cf. 1:11-13; Mal. 1:10-11). Para los dispensacionalistas insistir en que se necesita otro templo para completar algún tipo de obligación del pacto con los judíos va en contra de todo el Nuevo Testamento y hace que el «primer pacto... sea impecable», sin «buscar ocasión para un segundo» (Heb. 8:7). Dejemos que la Biblia resuelva la cuestión:

> En resumen, el punto principal de lo que se ha dicho es este: tenemos tal sumo sacerdote, que ha tomado Su asiento a la diestra del trono de la Majestad en los cielos, un ministro en el santuario, y *en el verdadero tabernáculo*, que el Señor levantó, no el hombre. Porque todo sumo sacerdote está destinado a ofrecer ofrendas y sacrificios; por lo cual es necesario que este sumo sacerdote tenga también algo que ofrecer. Ahora bien, si estuviera en la tierra, no sería sacerdote en absoluto, puesto que hay quienes ofrecen las ofrendas según la Ley; quienes sirven a una copia y sombra de las cosas celestiales, tal como le advirtió Dios a Moisés cuando iba a erigir el tabernáculo; pues: «Mira», le dice, «que hagas todas las cosas según el modelo que se te mostró en el monte». Pero ahora ha obtenido un ministerio más excelente, por cuanto es también mediador de un pacto mejor, que ha sido promulgado sobre mejores promesas (Heb. 8:1-6).

El escritor de Hebreos declara que Jesús entró «por el tabernáculo mayor y más perfecto, no hecho de manos, es decir, no de esta creación» (9:11). Puesto que Jesús completó Su obra redentora, cualquier templo nuevo «hecho con manos» es poco diferente de un templo pagano que no tiene vida inherente ni valor redentor (cf. Hch. 17:24; 19:26; 2Cor. 5:1). «La descripción del Templo de Jerusalén como 'hecho con manos'... es un fuerte medio de restarle importancia.

---

[8] Walker, *Jesus and the Holy City*, 8.

Esta había sido una forma de menospreciar a los ídolos paganos (por ejemplo, Sal. 115:4; *cf.* Is. 46:6); describir el Templo de tal manera era potencialmente incendiario».[9] Esto se debe a que «el autor de Hebreos creía que el Templo de Jerusalén no era más que una 'sombra' de la realidad que ahora se encuentra en Cristo (8:5)».[10] El «nuevo pacto» había dejado obsoleto al «antiguo pacto» (8:13), y eso incluía el templo y todo lo relacionado con él.

Stewart y Missler nos han simplificado mucho la tarea de determinar si la Biblia aborda la cuestión de un templo reconstruido. Si la Biblia se interpreta literalmente, la necesidad de un tercer templo debería aparecer explícitamente. ¿Qué evidencia bíblica ofrecen para apoyar su afirmación de que «la Biblia, en ambos testamentos, habla de un Templo que aún no ha aparecido»?[11] Del Antiguo Testamento utilizan Daniel 9:27, 11:31 y 12:11 como apoyo, siendo solo Daniel 9:27 significativo para su caso.

Puesto que Daniel fue escrito *después* de que el templo de Salomón fuera destruido por Nabucodonosor en 586 a.C. (2Re. 25:8-9; Dan. 1:1-2) y *antes* de que el *segundo* templo fuera construido por los exiliados que regresaron (Esd. 6:13-15), es lógico que el «santuario» cuyo «fin vendrá con un diluvio» (Dan. 9:26) se refiera al segundo templo que no había sido construido en el momento en que se dio la profecía. Fue este templo reconstruido después del exilio el que fue profanado por Antíoco Epífanes alrededor del año 170 a.C., pero no destruido. Después de un período de mal uso y desuso, Herodes el Grande restauró y amplió este segundo templo que se completó solo unos pocos años antes de que fuera destruido en el año 70 d.C. por los romanos, tal como Jesús había predicho (Mt. 24:1-34). Era el mismo templo en el que Zacarías sirvió (Lc. 1:9), al que Jesús fue llevado de niño (2:27), que había estado en construcción durante cuarenta y seis años cuando Jesús profetizó que sería su sustituto permanente (Jn. 2:20), que Jesús limpió de los cambistas (Mt. 21:12), que predijo que quedaría desolada (Mt. 23:38; 24:2), cuyo velo fue «rasgado en dos de arriba abajo» (Mt. 27:51), y que finalmente fue destruida por Tito en el año 70 d. C.

¿Hay alguna indicación en los tres pasajes de Daniel de que debamos pasar por alto lo que sabemos que era un templo reconstruido, el mismo templo que estaba en pie en tiempos de Jesús, y buscar otro tercer templo no mencionado? ¿Habrían dado los judíos que vivían en el siglo I el salto histórico sobre el templo que estaba en

---

[9] Walker, *Jesus and the Holy City*, 10.
[10] Walker, *Jesus and the Holy City*, 208.
[11] Stewart y Missler, *The Coming Temple*, 194.

pie ante ellos y suponer que Jesús estaba describiendo otro templo más cuando nunca utilizó las palabras nuevo o reconstruido? Como admiten Ice y Price, la Biblia no dice nada sobre *otro templo*. Los pasajes de Daniel citados por Stewart y Missler e Ice y Price pueden encontrar fácilmente su cumplimiento en el templo reconstruido de los días de Esdras y Nehemías que estuvo en pie durante el reinado de Antíoco (Dan. 11:31; 12:11) y la destrucción del segundo templo en el año 70 d.C. (9:27). De hecho, Ice y Price encuentran el cumplimiento de Daniel 11:31 en los actos sacrílegos de Antíoco:

> La abominación desoladora fue algo que tuvo lugar la primera vez a través de Antíoco Epífanes en el siglo II a.C. cuando detuvo los sacrificios y profanó el segundo Templo sacrificando un cerdo impuro en el altar y colocando en su lugar una estatua de Júpiter. *Esto cumplió literalmente Daniel 11:31.* Por lo tanto, estos acontecimientos futuros serán similares en clase a los prototipos— serán acontecimientos reales, históricos en un templo de los últimos días.[12]

Daniel solo menciona un santuario (8:11, 13, 26; 9:17, 26; 11:31; 12:11). ¿Qué indicación se le da al lector de que se trata de dos templos? El templo que Jesús dijo que sería derribado y desmantelado piedra a piedra era el templo de los «últimos días», el único mencionado por Daniel. Sabemos que los últimos días eran una realidad del primer siglo, no el preludio del período de tiempo justo antes de un rapto pretribulacional: «Dios, después de haber hablado hace mucho tiempo a los padres por medio de los profetas, en muchas partes y de muchas maneras, *en estos últimos días* nos ha hablado por medio de su Hijo, a quien constituyó heredero de todo, y por quien asimismo hizo el mundo» (Heb. 1:1-2; cf. Hch. 2:17; Stg. 5:3). «Estos últimos días» eran los últimos días de la era del antiguo pacto (véase 1Jn. 2:18; 1Cor. 10:11). Pedro confirma esto: «Porque Él fue conocido de antemano antes de la fundación del mundo, pero ha aparecido en *estos últimos tiempos por amor* a *ustedes*» (1Pe. 1:20; véase 4:7).

Ahora nos queda Daniel 9:27 como el único versículo del Antiguo Testamento que Ice y Price sostienen que apoya la necesidad de un tercer templo. Pero hay un problema con su razonamiento. Argumentan que «la ciudad y el santuario» en Daniel 9:26 se refiere al templo de Herodes que fue destruido cuando Jerusalén cayó y el templo fue destruido en el año 70 d.C. (Lc. 21:6): «Jesús, viéndose a

---

[12] Ice y Price, *Ready to Rebuild*, 200–201. Énfasis añadido.

sí mismo como *el Mesías*, vio por tanto a los romanos como *el pueblo... que destruirá la ciudad y el santuario*. Sabiendo que pronto sería *cortado* (crucificado), también sabía que pronto ocurriría la destrucción del Templo».[13] En el lapso de dos versículos, estos autores encuentran dos templos, uno en Daniel 9:26 y otro en Daniel 9:27, separados por casi 2000 años (hasta ahora). Como observará un lector atento, el «santuario» (templo) que aparece en Daniel 9:26 no aparece en 9:27. Esto significa que Daniel 9:27 es el templo de Daniel 9:26. Esto significa que Daniel 9:27 está describiendo eventos relacionados con el ya mencionado santuario de 9:26, que Ice y Price dicen que se refiere al templo que estaba en pie en los días de Jesús. Para que Ice y Price encuentren otro templo reconstruido, Daniel 9:27 tendría que decir algo como esto «Después de un período de tiempo no especificado, hará un pacto firme con los muchos durante una semana, pero a la mitad de la semana pondrá fin a los sacrificios y ofrendas de grano en el tercer santuario; y en el ala de las abominaciones vendrá uno que hace desolación, hasta que una destrucción completa del tercer santuario, una que está decretada, se derrame sobre el que hace desolación». Por supuesto, ni una palabra de esto se encuentra en Daniel 9:27.[14]

Puesto que, como hemos visto, el Antiguo Testamento no dice nada sobre un tercer templo, quizá el Nuevo Testamento diga algo al respecto. Stewart y Missler y Ice y Price[15] afirman tener evidencia bíblica incontrovertible de un templo reconstruido en tres pasajes: Mateo 24:15; 2Tesalonicenses 2:3-4; y Apocalipsis 11:1-2. Con respecto al templo mencionado en Mateo 24:15, Stewart y Missler escriben: «Esto es cierto, ya que la profecía fue dada alrededor del año 30 d.C. cuando el templo reconstruido por Herodes todavía estaba en pie. Fue de este templo que Jesús dijo: «Por tanto, cuando vean la abominación desoladora de que habló el profeta Daniel» (Mt. 24:15).[16] ¿Cuándo lo vea *quién*? Cuando «lo vean», es decir, cuando lo vean los miembros de la audiencia de Jesús. Ice y Price nunca explican la referencia a la audiencia «ustedes».

Si Jesús tuviera en mente una audiencia futura *lejana*, habría dicho «cuando vean la abominación desoladora». He aquí su interpretación de Mateo 24:15: «'El lugar santo' es una referencia a la habitación más sagrada dentro del Templo de Israel». ¿Qué Templo? El tercer

---

[13] Ice y Price, *Ready to Rebuild*, 68.
[14] Para una exposición de Daniel 9:24–27, véase Gary DeMar, *Last Days Madness: Obsession of the Modern Church*, 4ta. ed. (Powder Springs, GA: American Vision, 1999), cap. 25.
[15] Price, *The Temple in Bible Prophecy*, 23.
[16] Stewart y Missler, *The Coming Temple*, 194.

templo, ya que es un acontecimiento futuro».[17] Decir que es un «acontecimiento futuro» no significa que Jesús se refiriera a otro templo reconstruido, ya que el templo seguía en pie cuando Jesús hizo su predicción sobre el destino del templo. Sabemos que el templo fue destruido en el año 70 d.C., cuarenta años en el futuro de la audiencia actual de Jesús. No hay mención de otro templo reconstruido, ni siquiera una referencia implícita a un templo reconstruido. Jesús no dice: «*Cuando* vean la abominación desoladora de la que habló el profeta Daniel, de pie en el lugar santo *reconstruido*». El lugar santo, el santuario, estaba ante sus ojos (Mt. 24:1-2). Jesús dijo a sus discípulos: «'¿No ven *todas estas cosas*? En verdad *les digo* que no quedará *aquí* piedra sobre piedra que no sea derribada'» (24:2). La idea de un templo reconstruido debe leerse en el texto.

Ice y Price argumentan que «el apóstol Pablo nos da quizás el pasaje más claro relacionado con el tercer templo en *2Tesalonicenses 2:3, 4*».[18] Puesto que Pablo escribió su carta antes de que el templo fuera destruido en el año 70 d.C., ¿qué hay en estos versículos que indique al lector que el templo en el que el «hombre de iniquidad» toma su asiento es «el tercer templo» y no el templo que ya existía? Pablo no describe «el templo» (lit. *santuario*) como un edificio reconstruido. ¿Qué habría llevado a su audiencia a concluir que se refería, utilizando las palabras de Ice y Price, al «futuro tercer templo», cuando el templo seguía en pie en Jerusalén cuando Pablo escribió su carta? El «hombre de iniquidad» estaba siendo refrenado «ahora», escribe Pablo, en *sus* días (2:6, 7), y los cristianos de Tesalónica conocían la identidad del refrenador (2:6).[19] Esto ni siquiera *implica* otro templo reconstruido, y mucho menos *requiere* uno.

Los defensores del tercer templo intentan respaldar su postura haciendo referencia a Apocalipsis 11:1-2. Empiezan asumiendo que Apocalipsis se escribió casi tres décadas después de que el templo fuera destruido.[20] A partir de esta suposición no probada, concluyen que Juan debe estar midiendo un templo *reconstruido*. El pasaje no dice nada sobre un templo reconstruido. Las palabras «dentro de

---

[17] Stewart y Missler, *The Coming Temple*, 199.

[18] Ice y Price, *Ready to Rebuild*, 199.

[19] Para una exposición verso a verso de 2Tesalonicenses 2, véase DeMar, *Last Days Madness*, caps.22 y 23.

[20] Para una defensa de una composición de Apocalipsis anterior al 70 d.C., véase Kenneth L. Gentry, Jr., La caída de Jerusalén: Fechando el libro de Apocalipsis, (Salem, OR, GA: Publicaciones Kerigma, 2022); *The Beast of Revelation* (Powder Springs, GA: American Vision); Gary DeMar y Francis X. Gumerlock, *The Early Church and the End of the World* (Powder Springs, GA: American Vision, 2).

poco» y «cerca» (Ap. 1:1, 3; 22:10) se utilizan para describir el momento en que iban a tener lugar los acontecimientos descritos en el Apocalipsis. El hecho de que a Juan se le diga que «se levante y mida el templo de Dios, y el altar, y a los que adoran en él» (11:1), es una prueba *prima facie* de que el templo aún estaba en pie cuando Juan recibió la revelación. «Adorar» está en tiempo presente; es lo que la gente estaba haciendo cuando Juan midió el templo. ¿Cómo pudo Juan haber medido un templo que no existía en su época? Ice y Price insisten en que el templo que se le dice a Juan que mida es el templo literal, no un «templo espiritual». «Por ejemplo, en Mateo 24 Jesús está hablando de un Templo literal, ya que en el contexto del pasaje está de pie y mirando directamente al segundo Templo».[21] Siguiendo el argumento de Ice y Price, ¿cómo podría el templo que se le dijo a Juan que midiera ser un templo literal si aún no se había construido? Por el contrario, a Juan se le dijo que midiera el Templo literal que todavía tenía adoradores en él, el mismo templo en el que Jesús estuvo y que Tito destruyó en el año 70 d.C. No hay ninguna indicación de que Apocalipsis 11 esté describiendo un futuro templo reconstruido.

Así es como Ice intenta explicar lo que Apocalipsis 11:1-2 dice claramente sobre el templo:

> Hay que recordar que en el Apocalipsis Juan recibe una visión de cosas futuras. Él es transportado de alguna manera a ese tiempo futuro para ver los eventos como se desarrollarán. La palabra «vio» se utiliza 49 veces en 46 versículos de Apocalipsis porque Juan está presenciando acontecimientos futuros a través de una visión. No importa en absoluto si se piensa que el Templo está en pie en Jerusalén en el momento en que Juan ve la visión, ya que eso no tendría ninguna relación con una visión. Un ángel le dice a Juan que «mida el templo» (Ap. 11:1). ¿Medir qué Templo? Debe medir el templo de la visión. Aunque hubiera un templo todavía en pie en Jerusalén, Juan estaba en la isla de Patmos y no se le habría permitido ir a medir ese templo. Ezequiel, durante una visión similar de un Templo (Ez. 40-43) se le dijo que midiera ese Templo. Cuando Ezequiel vio y se le dijo que midiera un Templo no había ninguno en pie en Jerusalén (los Preteristas están de acuerdo). Por lo tanto, no hay obligación alguna de concluir que el hecho de que se haga referencia a un templo en Apocalipsis 11 implica que tenía que haber un templo físico en Jerusalén al mismo tiempo.[22]

---

[21] Ice y Price, *Ready to Rebuild,* 200.
[22] Thomas Ice, «The Date of the Book of Revelation»: www.raptureready.com/featured/DateBookRevelation.html Algunos comentaristas creen que el uso del lenguaje del templo en Apocalipsis 11:1-2 «es un símbolo de la verdadera iglesia que

Mitos escatológicos

Tratemos el error obvio en el análisis de Ice. A Ezequiel no se le dijo que midiera el templo. Ezequiel vio a «un hombre cuyo aspecto era semejante al aspecto del bronce... que medía el grosor del muro» (Ez. 40:3, 5). Ezequiel ve a este hombre haciendo la medición. Ezequiel es un espectador. Al tratarse de un templo visionario, Ezequiel no tuvo acceso a él porque solo existía en una visión, y no hay indicios de que se diseñara para ser construido.[23]

Mark Hitchcock comete el mismo error cuando escribe: «A Ezequiel, como a Juan, se le dice que mida el Templo que ve en su visión. Las palabras 'medir' y 'medido' aparecen 44 veces en Ezequiel 40-48. Ezequiel está midiendo un templo que debe ser futuro para su época, porque no hay ningún templo en pie sobre la tierra en Jerusalén para que él lo mida».[24] Al igual que Ice, no se da cuenta de quién está haciendo la medición. Entonces, puesto que Juan está midiendo en Apocalipsis 11, a diferencia de Ezequiel que estaba con un hombre que medía el templo «en las visiones de Dios» (Ez. 40:2), solo podemos concluir que el templo todavía estaba en pie en Jerusalén cuando Jesús le dio a Juan el Apocalipsis. El templo que se le dice a Juan que mida es un templo en funcionamiento con adoradores y un altar (Ap. 11:1). Juan vio el templo en una visión, pero fue una visión del templo que aún estaba en pie en Jerusalén en su época. Las circunstancias históricas encajan con una Jerusalén anterior al año 70 d.C. que todavía habría sido descrita como «la gran ciudad» (11:8), el lugar donde «su Señor fue crucificado» (11:8), y que estaba ocupada por una potencia extranjera (Roma) en aquel momento (11:2). Henry Cowles (1803-1881), en su comentario sobre Apocalipsis, ofrece el siguiente argumento:

> He aquí uno de los hitos de nuestra interpretación profética. *Sabemos* que el templo, el altar y la santa ciudad estaban en pie en el momento

---

adora al Dios trino» (Simon J. Kistemaker, *Revelation: New Testament Commentary* [Grand Rapids, MI: Baker Books, 2001], 324). The geographical context is the city where Jesus was crucified (11:8). Esta es una pista significativa de que el templo físico está en vista. Mark Wilson escribe: «Históricamente, el único grupo elegible para adorar en el templo de Jerusalén eran los creyentes judíos, y estos son numerados antes como parte de los 144.000 (Ap. 7:4-8)». (Mark W. Wilson, «Revelation», *Zondervan Illustrated Bible Backgrounds Commentary: Hebrews to Revelation*, ed. Clinton E. Arnold, 4 vols. [Grand Rapids, MI: Zondervan, 2002], 4:311).

[23] Se le dice a Ezequiel que el altar será construido: «Estos son los estatutos para el altar el día en que se construya: ofrecer holocaustos sobre él y rociar sangre sobre él» (Ez. 43:18). Sabemos que después del exilio se construyeron un templo y un altar nuevos, se sacrificaron animales y los sacerdotes levitas cumplieron con sus deberes sacerdotales (Neh. 11:11).

[24] Mark Hitchcock, «The Stake in the Heart—The A.D. 95 Date of Revelation», *The End Times Controversy: The Second Coming Under Attack*, eds. Tim LaHaye y Thomas Ice (Eugene, OR: Harvest House, 2003), 140.

de esta visión; *sabemos* que estaban en vísperas de su desolación; *sabemos*, por lo tanto, que esta desolación— tan «poco tiempo» después de que estas visiones fueran vistas y registradas— no puede ser otra que la efectuada por los ejércitos romanos en el año 70 d.C.[25].

E. Earle Ellis escribe que «la existencia *actual* del templo de Jerusalén (11:1) y su *futura* desolación (11:2) son indicadores bastante sólidos de una fecha anterior al año 70 d.C. para Apocalipsis».[26] Para que funcione una composición posterior al año 70 d.C. y una interpretación futurista del Apocalipsis, hay que suponer un templo reconstruido, pero nadie que pretenda interpretar la Biblia de forma literal puede demostrarlo.

Si Juan puede ser llevado al futuro para medir un templo en una visión que no existía, como argumenta Ice, entonces Juan pudo haber sido llevado a Jerusalén en una visión para medir el templo que todavía estaba en pie. La carga de la prueba recae sobre Ice, Price y Hitchcock para demostrar a partir de las Escrituras que un templo reconstruido en un futuro lejano está en la visión. Como se señaló anteriormente, Ice y Price admiten que no hay mención de un templo reconstruido en el Nuevo Testamento. En este punto, están en lo cierto. Después de que el templo físico de Jerusalén (que sería destruido unos años más tarde, en el año 70 d.C.) había sido medido, su ubicación cambia de la tierra al cielo (Ap. 11:19; 14:15, 17; 15:5, 6; etc.).

¿Se construirá el templo de Ezequiel?

Esto nos lleva al templo visionario descrito en Ezequiel. Tenga en cuenta que el llamado templo de la tribulación, como lo describen los dispensacionalistas, no es el templo de Ezequiel. En realidad, los dispensacionalistas exigen que se construyan dos templos, uno durante el período de la tribulación y otro durante su versión de los mil años de Apocalipsis 20. Así que incluso si el templo de Ezequiel es un templo de piedra literal que será construido, no es el templo del período de la tribulación.

Mientras que a Juan se le dice que mida el templo en Apocalipsis 11:1, como ya se ha señalado, Ezequiel tiene una visión de «un hombre... con una vara de medir en la mano» (40:3). Ezequiel no

---

[25] Henry Cowles, *The Revelation of John* (New York: D. Appleton & Co., 1887): http://www.truthinheart.com/EarlyOberlinCD/CD/Cowles/Rev/Rev_XI.html

[26] E. Earle Ellis, *The Making of the New Testament Documents* (Boston: Brill Academic Publishers, Inc., 2002), 214.

puede medir el templo porque es una visión. Juan puede medir el templo porque sigue en pie en Jerusalén. Cabe señalar que en ninguna parte de la descripción del templo descrito en Ezequiel se dice que será construido. El templo de Ezequiel es un edificio que no puede ser profanado (43:7-9). Este templo parece haber sido totalmente eficaz para cualquiera que estudiara su descripción y medida en relación con sus pecados (43:10-11).

Al igual que los planes que se le dieron a Moisés para construir el tabernáculo (Éx. 25:9, 40; Núm. 8:4), a Ezequiel se le dan planes para reconstruir el altar. Esto tiene mucho sentido, ya que la reconstrucción del altar tiene lugar en una época en la que existe un sacerdocio levítico (Ez. 43:19) «de los hijos de Sadoc» (40:46; 43:19; 44:15; 48:11) y la necesidad de sacrificios de animales. El altar debe ser construido, pero no hay instrucciones para construir el templo visionario: «Y me dijo: 'Hijo de hombre, así dice el Señor DIOS: «Estos son los estatutos para el altar el *día en que se construya*: ofrecer holocaustos sobre él y rociar sangre sobre él»'». (Ez. 43:18). Las palabras «construir» y «edificado» no se encuentran en ninguna parte de Ezequiel 40-43:1-12 en relación con el templo visionario. Deberíamos esperar encontrar la palabra hebrea para «modelo» (*tavnyth*) si la construcción de este templo visionario estuviera en mente, como lo está, por ejemplo, en Éxodo 25:9 y 1Crónicas 28:11-19. La construcción solo se refiere al altar. El edificio solo se refiere al altar, una sombra del antiguo pacto de las realidades del nuevo pacto cumplidas en la persona y obra de Jesucristo (Jn. 1:29, 36).

Los dispensacionalistas creen que el templo de Ezequiel se construirá en el futuro «durante el reino milenario terrenal».[27] Si esto es cierto, ¿por qué no se menciona un templo en Apocalipsis 20? De hecho, Apocalipsis 20 no dice nada acerca de Jesús reinando en la tierra, el trono de David siendo establecido y Jesús sentado en él, sacrificios de animales, la reinstitución de la circuncisión, o cualquier cosa relacionada con el templo de Ezequiel. El ex dispensacionalista Philip Mauro hace una excelente serie de puntos acerca de cómo Apocalipsis 20 es usado para arreglar tantos problemas de la profecía dispensacional:

> El milenio [período de Apocalipsis 20] se convierte en el conveniente y promiscuo vertedero de todas las porciones de las Escrituras que ofrecen alguna dificultad... El sistema de «aplazamiento» debe sin

---

[27] Tim LaHaye and Ed Hindson, eds. gen., *The Popular Bible Prophecy Commentary: Understanding the Meaning of Every Prophetic Passage* (Eugene, OR: Harvest House, 2007), 196.

duda la popularidad de que goza a las circunstancias de que su método es a la vez seguro y fácil. Es *seguro* porque, cuando un cumplimiento de la profecía se relega al Milenio, no se puede refutar de manera concluyente hasta que llegue el momento. Todos los esquemas de fijación de fechas deben su popularidad al mismo hecho. Es *fácil* porque libera al estudiante de la Biblia de la molestia de buscar el significado y la aplicación de pasajes difíciles.[28]

Cuando la palabra «templo» vuelve a aparecer en el Apocalipsis, se nos dice que «el Señor Dios, el Todopoderoso, y el cordero, son el templo [de la Nueva Jerusalén]» (Ap. 21:22). ¿Qué aprendemos sobre la naturaleza de la ciudad santa? Obsérvese que «la ciudad santa, la nueva Jerusalén» está «preparada como una novia ataviada para su esposo» (21:2). No *para* una novia, sino *como* una novia. La ciudad es la novia. La Nueva Jerusalén está formada por personas. Los redimidos en Cristo son «un templo santo en el Señor» (Ef. 2:21). Fíjese en el estado actual de este templo formado por personas redimidas: «en los cuales **también ustedes son juntamente edificados** para morada de Dios en el Espíritu» (Ef. 2:22). El escritor a los Hebreos dice a su audiencia del primer siglo: «Pero **ustedes se han acercado** al monte Sión, a la ciudad del Dios vivo, **la Jerusalén celestial**, a las miríadas de ángeles, a la asamblea general y a la iglesia de los primogénitos que **están inscritos en los cielos**, a Dios, el Juez de todos, a los espíritus de los justos hechos perfectos, a Jesús, el mediador de un nuevo pacto, y a la sangre rociada, que habla mejor que la sangre de Abel» (Heb. 12:22-24). Se dice que ya hemos sido «resucitados con Él» y sentados «con Él en los lugares celestiales» (Ef. 2:6).

Jesús nos preparó para el simbolismo de Apocalipsis relativo al templo. La mujer samaritana pensaba en términos del Antiguo Pacto: «Nuestros padres adoraban en este monte; y ustedes [es *decir*, los judíos] dicen que en Jerusalén es el lugar donde se debe adorar» (Jn. 4:20). «Créeme», le dijo Jesús, «llega la hora en que ni en este monte **ni en Jerusalén adorarán** al Padre. Ustedes adoran lo que no conocen; nosotros adoramos lo que conocemos, porque la salvación viene de los judíos. Pero llega la hora, **y ahora es**, en que los verdaderos adoradores adorarán al Padre en espíritu y en verdad; porque tales personas busca el Padre que sean sus adoradores. Dios es espíritu, y los que le adoran deben adorarle en espíritu y en verdad» (Jn 4:21-23).

---

[28] Philip Mauro, *The Hope of Israel: What Is It?* (Boston: Hamilton Brothers, 1929), 114–115.

Mitos escatológicos

La Jerusalén terrenal ya no es el centro del culto. Pablo afirma algo parecido: «Pero la Jerusalén **de arriba** es libre; ella es nuestra madre» (Gál. 4:26). Jesús habita ahora con nosotros (Mt. 18:20). Por eso se le puede decir a Juan que escriba: «He aquí el tabernáculo de Dios entre los hombres, y habitará entre ellos, y ellos serán su pueblo, y Dios mismo estará entre ellos» (Ap. 21:3; véase Jn. 14:23; 2Cor. 6:16). Jesús es el tabernáculo eterno que mora entre Su pueblo en toda la tierra. Consideremos lo que escribe Ezequiel en un pasaje que se considera aplicable al todavía futuro regreso de Israel a la tierra: «Y haré con ellos un pacto de paz; será un pacto eterno con ellos. Y los colocaré y los multiplicaré, y pondré Mi santuario en medio de ellos para siempre» (37:26). Los futuristas afirman que Ezequiel está describiendo lo que ocurrirá en el periodo de 1000 años mencionado en Apocalipsis 20. El apóstol Pablo lo ve de otro modo al aplicar Ezequiel 37:26 a los acontecimientos de su propia época: «¿Qué acuerdo tiene el templo de Dios con los ídolos? Porque nosotros somos templo del Dios vivo; como Dios dijo: 'Habitaré en ellos y andaré entre ellos; y seré su Dios, y ellos serán mi pueblo'» (2Cor. 6:16). Lo que sucede en el Nuevo Testamento es el cumplimiento de la promesa de «un pacto eterno» y el cumplimiento de todas las promesas del templo: «somos templo del Dios vivo». ¿Cómo sabemos esto? Dios habita en su templo, lo mismo que Pablo dice que sucedía en su tiempo y sigue sucediendo donde reside el pueblo de Dios.

El apóstol Juan ve «la ciudad santa, Jerusalén, que desciende del cielo, de Dios» (Ap. 21:10). «La imagen no pretende, por supuesto, evocar imágenes de estaciones espaciales, o de ciudades literalmente flotando en el aire; más bien, indica el origen divino de 'la Ciudad que tiene *fundamentos*, cuyo Arquitecto y Constructor es Dios' (Heb. 11:10)».[29] La idea de un templo físico que se construirá por tercera o cuarta vez en Jerusalén es contraria a todo lo que enseña el Nuevo Testamento.

Circuncisión y sacrificios

Para complicar más las cosas para los reconstruidores del templo, considere que Ezequiel menciona que la circuncisión y los sacrificios de animales deben ser reinstaurados durante el tiempo que ellos dicen que el templo de Ezequiel será construido. En la *Prophecy Study Bible* de Tim LaHaye, leemos lo que los dispensacionalistas afirman

---

[29] David Chilton, *The Days of Vengeance: An Exposition of the Book of Revelation* (Horn Lake, MS: Dominion Press, 2006), 552.

que tendrá lugar durante el período de tiempo descrito en Apocalipsis 20: «Ningún extranjero incircunciso de corazón y de carne podrá entrar [en el santuario], ni ningún descendiente de los levitas conducirá servicios, excepto los descendientes piadosos de Sadoc».[30] Además de la circuncisión de judíos y no judíos, el dispensacionalismo requiere que los sacrificios de animales *para expiación* también deben ser reinstituidos. John C. Whitcomb, en su artículo sobre «The Millennial Temple» [«El Templo Milenial»] en la *Prophecy Study Bible*, escribe que «cinco ofrendas diferentes en Ezequiel (43:13-46:15), cuatro de ellas con derramamiento de sangre, servirán a los propósitos de Dios. Estas ofrendas no son voluntarias sino obligatorias; Dios 'aceptará' a la gente sobre la base de estos sacrificios de animales (43:27), que hacen la reconciliación [expiación] para la casa de Israel (45:17, cf. 45:15)».[31] Whitcomb intenta apaciguar los problemas asociados con este punto de vista no bíblico afirmando que «las ofrendas no quitarán el pecado (véase Heb. 10:4), pero serán eficaces para santificar ceremonialmente a los israelitas debido a Su presencia infinitamente santa en medio de ellos».[32]

Se trata de una interpretación imposible por al menos tres razones. Primero, se dice que estos sacrificios son «para expiación» (reconciliación) (Ez. 45:15, 17) no, como afirma Whitcomb, «como vehículos efectivos de instrucción divina para Israel y las naciones durante el Reino Milenial».[33] En los pasajes de Ezequiel se utiliza el verbo hebreo *kipper* («expiación»), que es la misma palabra y forma verbal que se emplea en el Pentateuco para describir los sacrificios relacionados con la expiación (Lev. 6:30; 8:15; 16:6, 11, 24, 30, 32-34; Núm. 5:8; 15:28; 29:5). Jesús le dice a Su pueblo redimido que recuerde Su obra sacrificial en la celebración de la Cena del Señor y no en sacrificios de animales en algún lejano «milenio» terrenal. En segundo lugar, Jesús es el sacrificio único cuya sangre nos limpia del pecado (Heb. 7:26-27; 8:13; 9:11-15; 10:5-22; 1Pe. 3:18). Tercero, la santificación viene por «el lavamiento del agua con la palabra» (Ef. 5:26) no por el lavamiento de la sangre que viene de los sacrificios de animales. Los sacrificios del Antiguo Pacto solo servían para cubrir temporalmente el pecado.

---

[30] Tim LaHaye, ed. gen., *LaHaye Prophecy Study Bible* (Chattanooga, TN: AMG Publishers, 2000), 886, comentarios sobre Ezequiel 44:5–15.
[31] John C. Whitcomb, «The Millennial Temple», *Prophecy Study Bible*, 883.
[32] Whitcomb, «The Millennial Temple», 883.
[33] Whitcomb, «The Millennial Temple», 883.

Mitos escatológicos

El significado del templo de Ezequiel

El libro de Ezequiel comienza y termina con visiones. Las primeras visiones son de Dios: «En el año treinta, el quinto *día* del cuarto mes, estando yo junto al río Quebar, en medio de los desterrados, se abrieron los cielos y vi visiones de Dios» (1:1). Las visiones de Dios son tan intrincadas y específicas como las visiones relacionadas con el templo en Ezequiel 40-48. Cualquier intento de construir una representación física de las visiones de Dios habría pasado por alto la imagen de gloria que se pretende en las visiones. Ezequiel nos dice que las visiones del templo fueron «como la visión que vi junto al río Quebar» (43:3c). En Ezequiel 40-48, se muestra a Ezequiel una visión del futuro en forma de Templo y Ciudad. Al igual que las visiones del primer capítulo, los elementos de estas visiones no debían construirse. La visión representa las glorias del Nuevo Pacto que se realiza en la persona y la obra de Jesucristo, que es la manifestación definitiva del templo, el santuario, la ciudad, la tierra y el pueblo. Estar «en Cristo» es estar en el templo, el santuario, la ciudad y la tierra. Al igual que la imagen de Dios es magnífica, también lo es la realidad del Nuevo Pacto en Cristo. Solo Jesús podía cumplir la realidad del santuario, el templo, la tierra y la ciudad:

> Y me dijo: «Hijo de hombre, *este es* el lugar de Mi trono y el lugar de las plantas de Mis pies, donde habitaré entre los hijos de Israel para siempre. Y la casa de Israel no volverá a profanar Mi santo nombre, ni ellos ni sus reyes, con su prostitución y con los cadáveres de sus reyes cuando mueran, poniendo su umbral junto a Mi umbral, y el poste de su puerta junto al poste de Mi puerta, con *solo* el muro entre Yo y ellos. Y han profanado Mi santo nombre con las abominaciones que han cometido. Por eso los he consumido en Mi ira» (Ez. 43:7-8).

Israel debía ver a Jesús como este templo y el cumplimiento de las sombras del antiguo pacto. Cuando dijo: «Un nuevo pacto», hizo caduco el primero. Pero todo lo que se hace caduco y envejece está a punto [lit. *cerca*] de desaparecer» (Heb. 8:13). En el siglo I estaba a punto de desaparecer por la persona y la obra de Jesús. La manifestación externa del antiguo pacto no tardó en desaparecer cuando el templo fue derribado piedra a piedra en el año 70 d.C. Paul M. Hoskins, que escribe en *Jesus as the Fulfillment of the Temple in the Gospel of John* [*Jesús como cumplimiento del Templo en el Evangelio de Juan*], sostiene que las pruebas combinadas de pasajes

El mito de que hay que reconstruir el Templo

como Juan 1:14, 1:51, 2:13-22 y 4:20-24 «sugieren que la venida de Jesús inaugura una nueva fase en la relación entre Dios y su pueblo. En estos versículos, Jesús cumple y supera las profecías y los modelos asociados con el Templo. De este modo, Jesús aparece como el cumplimiento del Templo que ha venido a ocupar su lugar».[34] En Ezequiel 47 leemos acerca del agua que «manaba de debajo del umbral de la casa» (47:1). Jesús alude al agua que brota del templo de Ezequiel del final de los tiempos en Juan 7:38 y la interpreta de sí mismo y del Espíritu en relación con los creyentes, un pasaje que desarrolla aún más el tema del «agua viva» de Juan 4.[35]

Citando a Isaías 49:8, Pablo escribe: «Y colaborando con Él, también les exhortamos a que no reciban en vano la gracia de Dios, pues Él dice: 'En el tiempo aceptable te escuché, y en el día de salvación te ayudé'; he aquí, ahora es 'el tiempo aceptable', he aquí, ahora es 'el día de salvación'» (2Cor. 6:1-2).[36] El Nuevo Testamento lleva a su clímax lo que fue prometido bajo las directrices del antiguo pacto. El Nuevo Testamento, como se había prometido, el antiguo pacto cumplido.

---

[34] Paul M. Hoskins, *Jesus as the Fulfillment of the Temple in the Gospel of John* (Eugene, OR: Wipf and Stock Publishers, [2006] 2007), 108.

[35] G. K. Beale, *The Temple and the Church's Mission: A Biblical Theology of the Dwelling Place of God* (Downers Grove, IL: InterVarsity Press, 2004), 345.

[36] En esa promesa se incluye «restaurar la tierra, hacer que hereden las heredades desoladas» (Is. 49:8).

8
El mito de que el Evangelio aún no se ha predicado en «todo el mundo»

> Cuando el apóstol escribió esta epístola, ¿no se había llevado y publicado el Evangelio tanto entre las diez tribus como entre los judíos? La determinación de este asunto parece conducir algo hacia la explicación de este capítulo [Rom. 11], ya que a lo largo de todo el capítulo no se menciona a los judíos individualmente, sino a Israel.
>
> El Evangelio debía predicarse a todo el mundo antes de la destrucción de Jerusalén [que tuvo lugar en el año 70 d.C.], Mt. xxiv. 14: ¿y no era a las diez tribus además de a las naciones? Es afirmativo que Santiago dirija su epístola... *a esas diez tribus,* así como a las otras dos».[1]

En un artículo publicado en el número de noviembre de 2002 de la revista *Midnight Call* [*Llamado de medianoche*], Thomas Ice defiende la postura dispensacional (futurista) de que Mateo 24:14 no se cumplió antes de la destrucción de Jerusalén en el año 70 d.C. Aunque el argumento de Tommy es ineficaz en varios niveles, se le debe elogiar por hacer finalmente lo que los preteristas han estado pidiendo a los dispensacionalistas que hagan durante bastante tiempo: enfrentarse a los argumentos preteristas interactuando realmente con las obras preteristas publicadas y comparando Escritura con Escritura. Estaría dispuesto a apostar que el análisis de Ice de Mateo 24:14 es la primera vez que un dispensacionalista ha intentado reconciliar este

---

[1] John Lightfoot, *A Commentary on the New Testament from the Talmud and Hebraica: Matthew—1 Corinthians,* 4 vols. (Peabody, MA: Hendrickson Publishers, [1859] 1989), 4:160.

Mitos escatológicos

pasaje con pasajes de lenguaje global que indican que el evangelio había sido predicado a «todo el mundo» antes de que Jerusalén fuera destruida en el año 70 d.C. (Col. 1:6, 23; Rom. 1:8; 16:25-26). El lenguaje de la Biblia es nuestra clave interpretativa. No importa cómo usemos hoy la palabra «mundo»; solo importa cómo usaba la Biblia las palabras *kosmos* y *oikoumenē*, ambas traducidas a menudo como «mundo».

La afirmación preterista

Jesús concluye la primera sección de Mateo 24, que trata de señales específicas que tendrán lugar durante la vida de sus discípulos (hambrunas, terremotos, tribulación, guerra), afirmando que «este evangelio del reino será predicado en **todo el mundo** para testimonio a **todas las naciones,** y entonces vendrá el fin» (24:14). Los futuristas, especialmente los dispensacionalistas, sostienen que los detalles de 24:14 aún no se han cumplido porque «todo el mundo» significa todo el globo tal y como lo conocemos hoy, y «todas las naciones» significa todas las naciones que existen en la actualidad. Como el Evangelio no llegó a todo el mundo antes de que muriera la generación del siglo I, dice el futurista, el pasaje espera que se cumpla al final de los tiempos.

Los preteristas, que creen que el cumplimiento de profecías bíblicas específicas tuvo lugar en el *pasado,* ofrecen las siguientes razones por las que creen que los acontecimientos de Mateo 24:14 se cumplieron antes de la destrucción de Jerusalén en el año 70 d.C:

1. Se dice que los acontecimientos de Mateo 24 tendrán lugar antes de que pase «esta generación» (v. 34). Jesús siempre utiliza «esta generación» en referencia a Sus contemporáneos (Mt. 11:16; 12:41, 42; 23:36; Mc. 8:12; 13:30; Lc. 7:31; 11:29, 30, 31, 32, 50, 51; 17:25; 21:32). Lo mismo ocurre con su uso en Hebreos 3:10. «Esta generación» nunca se utiliza para describir una generación futura.
2. La palabra «mundo» en Mateo 24:14 se basa en la palabra griega *oikoumenē* que se traduce mejor como «tierra habitada» o «frontera política». Varias traducciones modernas (por *ejemplo*, NASV y NIV) traducen *oikoumenē* en Lucas 2:1 como «tierra habitada», pero no utilizan la misma traducción en Mateo 24:14. La English Standard Version (ESV) sigue a la King James Version y traduce *oikoumenē* como «mundo» en ambos casos.

El mito de que el Evangelio aún no se ha predicado en «todo el mundo»

> No es posible que Roma gravara con impuestos a todo el mundo ni que nadie tuviera conocimiento de una hambruna que abarcara todo el globo (Hch. 11:28).
>
> 3. El uso de «todas las naciones» no siempre se refiere a todas las naciones de la tierra. En muchos casos se refiere solo a las naciones conocidas en ese momento concreto de la historia (Mt. 24:9; Hch. 2:5).
>
> 4. El «fin» al que se refiere Jesús en Mateo 24:14 es el mismo que se describe en 24:3 y 6: el «fin de los tiempos»: el fin de el antiguo pacto y la inauguración del nuevo (1Cor. 10:11; Heb. 1:1-2). Aquella generación del siglo I vivía en el momento de «la consumación de los siglos» que «se ha manifestado» (Heb. 9:26). Pedro y Santiago lo confirman cuando escribieron que «el fin de todas las cosas está *cerca*» (1Pe. 4:7) y que «la venida del Señor está *cerca*» (Stg. 5:8). El uso de «fin» no se refiere al fin de todo, sino al fin de un periodo concreto de la historia redentora.

Mientras que el artículo de Ice es selectivo a la hora de comparar versículos, yo he intentado abarcar todos los elementos del argumento. Esto incluye un estudio de comentarios antiguos y modernos sobre Mateo 24:14, una evaluación del contexto original y la comprensión de la geografía por parte del público, el significado de «todas las naciones», cómo se utiliza en el Nuevo Testamento la palabra griega *oikoumenē en* todas sus apariciones y la forma en que el lenguaje global se utiliza a veces como hipérbole.

¿Qué dicen los léxicos, diccionarios, Scofield y Darby?

Los léxicos y diccionarios griegos son casi unánimes en cuanto al significado de *oikoumenē*. El *Greek-English Lexicon* de Liddell y Scott ofrece la siguiente definición: «οἰκουμένη, (sc. γῆ ['tierra' o 'terreno']), ἡ, región habitada, ... entonces el mundo griego, op. tierras bárbaras, ... el mundo habitado (incluyendo tierras no griegas, como Etiopía, India, Escitia), como op. posiblemente regiones deshabitadas,... nuestro mundo (= Asia, Libia, Europa)».[2] El *The New International Dictionary of New Testament Theology* comienza ofreciendo una definición basada en la definición clásica de

---

[2] Henry George Liddell, Robert Scott, Henry Stuart Jones, y Roderick McKenzie, *GreekEnglish Lexicon,* 9na. ed. (Oxford University Press, 1996), 1205

Mitos escatológicos

oikoumenē: «Significa la (tierra) habitada... en contraste con las tierras habitadas por los 'bárbaros'... en la época romana ... por el *imperium Romanum*— las tierras bajo dominio romano. En otras palabras, lo que originalmente había sido un concepto geográfico y cultural se había convertido en un concepto político en la época romana». En la Septuaginta, la traducción griega del Antiguo Testamento hebreo, *oikoumenē* «significa el mundo habitado. Esto queda claro en Éxodo 16:35, donde Israel vuelve a una tierra habitada, es decir, una tierra asentada en contraste con el desierto donde vagan los nómadas». El uso en el Nuevo Testamento tiene poca variación de significado con respecto a su uso en griego clásico y la Septuaginta que significa «el mundo habitado». Incluye un «uso político e imperial».[3]

La *Encyclopedia of Christianity* coincide en que «el término '*oikoumenē*'... significa 'la tierra habitada'».[4] De forma similar, el *Greek-English Lexicon of the New Testament* comienza con «*la tierra habitada, el mundo*». El «mundo» se define «en el sentido de sus habitantes». Lucas 2:1 es el principal ejemplo de este uso, que es una referencia obvia a las fronteras políticas del Imperio romano, «que, en el lenguaje exagerado que se usaba comúnmente en ref. a los emperadores, equivalía a todo el mundo».[5] El mundo que se conocía y controlaba políticamente en aquella época era el *oikoumenē*. Como veremos, incluso la palabra «mundo» (*kosmos*) se utiliza a menudo en un sentido local, no muy diferente de la forma en que usamos la palabra hoy en día.

La entrada en Wikipedia incluye lo siguiente: «**Ecumene** (también deletreado **œcumene** u **oikoumene**) [es] un término utilizado originalmente en el mundo grecorromano para referirse a la tierra habitada (o al menos a la parte conocida de ella). El término deriva del griego οἰκουμένη,... abreviatura de οἰκουμένη γῖ 'mundo habitado'». Incluso C. I. Scofield, en sus notas sobre Mateo 24:14, señala a sus lectores que «*oikoumene* = tierra habitada». Hace una admisión similar en sus comentarios sobre Lucas 2:1: «Este pasaje es digno de mención por definir el uso habitual en el N.T. de *oikoumene* como la esfera del dominio romano en su mayor extensión, es decir, de las grandes monarquías mundiales gentiles Daniel 2:7». John N.

---

[3] Otto Flender, «Οἰκουμένη», *The New International Dictionary of New Testament Theology*, ed. Colin Brown, 3 vols. (Grand Rapids, MI: Zondervan, 1975), 1:518–519.

[4] Erwin Fahlbusch y Geoffrey William Bromiley, *The Encyclopedia of Christianity* (Grand Rapids, Mich.: Eerdmans, 1999–2003), 3:821.

[5] Walter Bauer, William F. Arndt, F. Wilbur Gingrich, *A Greek-English Lexicon of the New Testament and Other Early Christian Literature*, 2da. ed. (Chicago and Londres: The University of Chicago Press, [1958] 1979), 561.

El mito de que el Evangelio aún no se ha predicado en «todo el mundo»

Darby hizo una anotación similar en su traducción de Mateo 24:14: «Y estas buenas nuevas del reino serán predicadas en toda la tierra habitable, para testimonio a todas las naciones, y entonces vendrá el fin». Hizo lo mismo en Lucas 2:1: «Aconteció en aquellos días que salió un decreto de César Augusto, para que se hiciese un censo de todo el mundo habitable».

¿Qué dicen los comentaristas?

Algunos de los primeros padres de la Iglesia comprendieron el significado de la promesa de Jesús de que el Evangelio sería predicado a los *oikoumenē* antes del final de esa generación. Por ejemplo, en el siglo IV, el historiador eclesiástico Eusebio (*c.* 263-339) de Cesarea escribió: «Así, bajo la influencia del poder celestial, y con la cooperación divina, la doctrina del Salvador, como los rayos del sol, iluminó rápidamente el mundo entero; y en seguida, de acuerdo con las Escrituras divinas, la voz de los evangelistas y apóstoles inspirados se extendió por toda la tierra, y sus palabras hasta el fin del mundo».[6] De manera similar, Juan Crisóstomo (*c.* 347-407) hizo los siguientes comentarios sobre Mateo 24:14 y pasajes relacionados:

> Por eso añadió además: 'Y será predicado este evangelio en todo el mundo para testimonio a todas las naciones, y entonces vendrá el fin', de la caída de Jerusalén. Porque en prueba de que quiso decir esto, y de que antes de la toma de Jerusalén se predicó el evangelio, oigan lo que dice Pablo: 'Su voz se difundió por toda la tierra' [Rom. 10:18]; y también: 'El evangelio que fue predicado a toda criatura que está debajo del cielo' [Col. 1:23]. Lo cual también es una señal muy grande del poder de Cristo, que en veinte o a lo sumo treinta años la palabra había llegado a los confines del mundo. Por tanto, después de esto —dice Él— vendrá el fin de Jerusalén.[7]

La mayoría de los comentarios modernos no informan a los lectores de que en Mateo 24:14 la palabra griega *oikoumenē*, a menudo traducida como «mundo», no es una referencia a todo el globo terráqueo tal como lo conocemos hoy, sino al mundo entonces

---

[6] Eusebio, *The Church History of Eusebius* (Libro II, Cap. 3, 107). En una nota sobre este pasaje de Eusebio, hay esto: «Compárese Col. 1:6. Que el cristianismo ya se había extendido por todo el mundo en esta época es, por supuesto, una exageración; pero la afirmación no es una mera floritura retórica; se creía como un hecho histórico».

[7] Juan Crisóstomo, *Homilies on Matthew and Mark*, «Homily LXXV».

Mitos escatológicos

conocido. Tras hacer un estudio de más de una docena de comentarios representativos, descubrí que rara vez hay algún estudio comparativo de Mateo 24:14 y su uso de *oikoumenē* con Hechos 2:5 («toda nación bajo el cielo»), Romanos 1:8 («en todo el mundo»), Romanos 10:18 («hasta los confines del mundo»), Colosenses 1:6 («en todo el mundo») y Colosenses 1:23 («en toda la creación bajo el cielo»).

Pocos comentarios modernos tratan Mateo 24:14 de una forma exegética sólida. Menos aún reconocen que, durante siglos, la opinión predominante fue aplicar Mateo 24 a los acontecimientos que precedieron a la destrucción de Jerusalén en el año 70 d.C., incluida dicha destrucción.[8] A diferencia de la forma en que los comentarios modernos tratan Mateo 24:14 y su importancia a la hora de determinar el momento de los acontecimientos proféticos, los comentarios más antiguos ofrecen análisis detallados del pasaje y muestran cómo encontró un cumplimiento próximo en el siglo I antes de la destrucción de Jerusalén en el año 70 d.C. Lo que sigue no es más que una muestra de cómo interpretaban Mateo 24:14 los comentarios más antiguos, muchos de los cuales todavía se imprimen y se utilizan ampliamente.

---

[8] Por ejemplo, el farragoso y rabiosamente dispensacional comentario de Arno C. Gaebelein, publicado por primera vez en 1910, descarta sin argumentos cualquier punto de vista contrario; el comentario de Ed Glasscock en la serie Moody Gospel Commentary (1997) asume una visión futurista de Mateo 24:14 sin tener en cuenta cómo el Nuevo Testamento utiliza *oikoumenē* en otros contextos; Leon Morris's *The Gospel According to Matthew* (Eerdmans, 1992) no discute *oikoumenē*; El enorme comentario de Craig S. Keener *Commentary on the Gospel of Matthew* (Eerdmans, 1999) y su comentario abreviado para InterVarsity Press (1997) asume una visión futurista sin ninguna discusión de *oikoumenē* except en una nota al pie; en más de dos páginas de comentario de Mateo 24, William Hendriksen no hace mención de que *oikoumenē* sea usada, la única vez en el evangelio de Mateo, en lugar de *kosmos* (Baker 1973); el dispensacionalista Stanley D. Toussaint evita cualquier discusión de *oikoumenē* en su *Behold the King: A Study of Matthew* (Multnomah, 1980) y en su trabajo no publicado «A Critique of the Preterist View of the Olivet Discourse» (sin fecha); John F. Walvoord's *Matthew: Thy Kingdom Come* (Moody, 1974), no dice nada sobre *oikoumenē* y su relación con un posible cumplimiento en el 70 d.C., y no hay discusión del verso 14 en su *The Prophecy Knowledge Handbook* el cual afirma que incluye «todas las profecías de las Escrituras» (Victor, 1990); mientras que el erudito luterano R. C. H. Lenski no menciona que *oikoumenē* sea usado, no hay discusión de su posible significado (Augsburg, 1943); el *Liberty Bible Commentary* (1982) con un enfoque dispensacional se inclina a una lectura de rapto pretribulación al final de los tiempos; lo mismo es cierto de la exposición de Mateo Louis Barbieri en la *Bible Knowledge Commentary* (Victor, 1983); el único comentario de J. Barton Payne sobre Mateo 24:14 en su *Encyclopedia of Biblical Prophecy* de 745 páginas es que se refiere a la «predicación universal del evangelio» (Harper & Row, 1973).

El mito de que el Evangelio aún no se ha predicado en «todo el mundo»

John S. C. Abbott y Jacob Abbott
Illustrated New Testament [*Nuevo Testamento Ilustrado*] (1878)

En todo el mundo. Antes de la destrucción de Jerusalén, el evangelio había sido predicado por todas las regiones del mundo entonces conocido.

B. W. Johnson's
The People's New Testament Commentary [*Comentario popular del Nuevo Testamento*] (1891)

Este evangelio del reino, etc. El evangelio fue predicado por todo el imperio romano, 'el mundo' del Nuevo Testamento, antes del año 70 d. de C. **Entonces vendrá el fin.** Del estado judío.

Thomas Scott
Commentary on the Bible [*Comentario de la Biblia*] (1833)

A pesar de todas estas conmociones y escándalos, el evangelio pronto sería predicado a través de las diversas naciones del imperio romano, y en las diferentes partes del mundo entonces conocido; para darles testimonio de que el Mesías había venido, para ser 'una Luz que alumbrara a los gentiles', y 'para ser para salvación hasta los confines de la tierra': y cuando esto se cumpliera, vendría el fin de la iglesia y del estado judíos.

Philip Doddridge
Family Exposition of the New Testament [*Exposición familiar del Nuevo Testamento*] (1740)

Este Evangelio será predicado en todo el mundo... Se desprende de los registros más creíbles, que el evangelio fue predicado en Idumea, Siria y Mesopotamia, por Judas; en Egipto, Marmorica, Mauritania y otras partes de África, por Marcos, Simón y Judas; en Etiopía, por el Eunuco de Candace y Matías; en el Ponto, Galacia y las partes vecinas de Asia, por Pedro; en los territorios de las Siete Iglesias asiáticas, por Juan; en Partia, por Mateo; en Escitia, por Felipe y Andrés; en las partes septentrionales y occidentales de Asia, por Bartolomé;

en Persia, por Simón y Judas; en Media, Carmania y varias partes orientales, por Tomás; a través de la vasta extensión de Jerusalén alrededor de Ilírico, por Pablo; como también en Italia, y probablemente en España, Galia y Bretaña; en la mayoría de cuyos lugares se plantaron iglesias cristianas en menos de treinta años después de la muerte de Cristo, que fue antes de la destrucción de Jerusalén.

John Gill
***Exposition of the Entire Bible** [Exposición de toda la Biblia]* (1809)

Y este Evangelio del reino: Que Cristo mismo predicó, y que llamó y envió a sus apóstoles a predicar, en todas las ciudades de Judá; por cuyo medio los hombres fueron introducidos en el reino del Mesías, o dispensación del Evangelio; y que trataba tanto del reino de gracia como del de gloria, y señalaba la mansedumbre de los santos para el reino de los cielos, y su derecho a él, y da la mejor cuenta de las glorias del mismo: *será predicado en todo el mundo*: no solo en Judea, donde ahora estaba confinado, y ello por orden expresa del mismo Cristo; sino en todas las naciones del mundo, para lo cual se amplió la comisión de los apóstoles, después de la resurrección de nuestro Señor; cuando se les ordenó ir por todo el mundo y predicar el Evangelio a toda criatura; y cuando los judíos rechazaron el Evangelio, se volvieron a los gentiles; y antes de la destrucción de Jerusalén, fue predicado a todas las naciones bajo el cielo; y las iglesias fueron plantadas en la mayoría de los lugares, a través de su ministerio: *para testimonio a todas las naciones*: queriendo decir o para testimonio contra todos los que en ellas la rechazasen; o como testimonio de Cristo y de salvación, a todos los que creyesen en él: *y entonces vendrá el fin*: no el fin del mundo, como lo lee la versión etíope, y otros lo entienden; sino el fin del estado judío, el fin de la ciudad y del templo: de modo que la predicación universal del Evangelio en todo el mundo fue el último criterio y signo de la destrucción de Jerusalén; y el relato de esto mismo sigue a continuación, con las funestas circunstancias que lo acompañaron.

El mito de que el Evangelio aún no se ha predicado en «todo el mundo»

Adam Clarke
***Commentary* [*Comentario*]** (1810)

Y este Evangelio del reino será predicado en todo el mundo... Pero, a pesar de estas persecuciones, debería haber una publicación universal de las *buenas nuevas del reino, para testimonio de todas las naciones.* Dios quería que la iniquidad de los judíos se publicara en todas partes, antes de que cayera sobre ellos el duro golpe de sus juicios; para que toda la humanidad, por así decirlo, fuera presentada como testigo contra su crueldad y obstinación en crucificar y rechazar al Señor Jesús. *En todo el mundo*, ['en toda el *oikoumenē'*]... Tal vez no se refiera aquí más que al *imperio romano*; pues está fuera de duda que [el griego 'todo el *oikoumenē*,'] Lucas ii. 1, no significa más que todo el imperio: como un decreto de tributación o inscripción de Augusto César no podía tener influencia sino en los dominios romanos; pero véase sobre Lucas ii. 1. *Tácito* nos informa, Annal. l. xv., que, ya en el reinado de Nerón, los cristianos eran tan numerosos en Roma como para excitar los celos del gobierno; y en otras partes lo eran en proporción. Sin embargo, no tenemos necesidad de restringir la frase al imperio romano, ya que, antes de la destrucción de Jerusalén, el Evangelio no solo fue predicado en Asia Menor, Grecia e Italia, los mayores teatros de acción entonces en el mundo; sino que también se propagó tan *al norte* como ESCITIA; tan al *sur* como ETIOPÍA; tan al *este* como PARTIA e INDIA; y tan al *oeste* como ESPAÑA y BRITANIA. Sobre este punto, el Obispo Newton continúa diciendo, Que hay alguna probabilidad de que el Evangelio fuera predicado en las naciones británicas por el apóstol San Simón; que hay una probabilidad mucho mayor de que fuera predicado aquí por San Pablo; y que hay una certeza absoluta de que fue plantado aquí en los tiempos de los apóstoles, antes de la destrucción de Jerusalén. Véanse sus pruebas. Dissert. vol. ii. p. 235, 236. edit. 1758.[9] El mismo San Pablo habla, Colosenses i. 6, 23, de que el Evangelio llegó a TODO EL MUNDO *y fue predicado a* TODA CRIATURA *bajo el cielo*. Y en su Epístola a los Romanos, Romanos x. 18, aplica muy elegantemente a las luces de la Iglesia, lo que el salmista dijo

---

[9] Thomas Newton, *Dissertations on the Prophecies* (Londres: J. F. Dove [1758], 1838), 341.

de las luces del cielo *Su sonido llegó a* TODA LA TIERRA, *y sus palabras hasta el* FIN *del* MUNDO. ¿Qué sino la sabiduría de Dios podría predecir esto? y ¿qué sino el poder de Dios podría llevarlo a cabo? ...*Entonces vendrá el fin.* Cuando haya tenido lugar esta publicación general del Evangelio, se pondrá fin a toda la economía judía mediante la destrucción total de su ciudad y su templo.

John Lightfoot
Hebrew and Talmudical Exercitations *[Ejercicios hebreos y talmúdicos]* (1658-1674)

[Jerusalén no debía ser destruida antes de que el Evangelio se extendiera por todo el mundo: Dios lo ordenó y diseñó de tal manera que el mundo, siendo primero un catecúmeno en la doctrina de Cristo, pudiera por fin tener un testimonio eminente e innegable de Cristo presentado ante él; cuando todos los hombres, todos los que alguna vez escucharon la historia de Cristo, entendieran esa terrible ira y severa venganza que fue derramada sobre esa ciudad y nación por la cual fue crucificado.

Matthew Henry
Hebrew and Talmudical Exercitations
[Comentario de toda la Biblia](1706-1721)

Se da a entender que el Evangelio sería, si no oído, al menos oído, en todo el mundo entonces conocido, antes de la destrucción de Jerusalén; que la iglesia del Antiguo Testamento no se disolvería del todo hasta que el Nuevo Testamento estuviera bastante bien asentado, hubiera conseguido una base considerable, y comenzara a hacerse notar. Mejor es el rostro de una iglesia corrupta y degenerada que el de ninguna. Cuarenta años después de la muerte de Cristo, el *sonido* del evangelio *llegó hasta los confines de la tierra (*Romanos 10:18). San Pablo *predicó plenamente el evangelio desde Jerusalén, y por los alrededores hasta Ilírico;* y los demás apóstoles no estuvieron ociosos. La persecución de los santos en Jerusalén contribuyó a dispersarlos, de modo que *iban por todas partes predicando la palabra,* Hechos 8:1-4. Y cuando las nuevas del Redentor sean enviadas a todas partes del

El mito de que el Evangelio aún no se ha predicado en «todo el mundo»

mundo, entonces vendrá el fin del estado judío. Así pues, lo que pensaban evitar dando muerte a Cristo, lo consiguieron; todos *creyeron en él, y vinieron los romanos y les quitaron su lugar y su nación (*Jn. 11:48). Pablo habla de que el evangelio *llegó a todo el mundo y fue predicado a toda criatura,* Colosenses 1:6, 23.

John Wesley
***Explanatory Notes of the New Testament* [*Notas explicativas del Nuevo Testamento*] (1754)**

Este Evangelio se predicará en todo el mundo; no universalmente, pues esto no se ha hecho todavía, sino en general por las diversas partes del mundo, y no solo en Judea. Y esto fue hecho por San Pablo y los otros apóstoles, antes de que Jerusalén fuera destruida. *Y entonces vendrá el fin de* la ciudad y del templo. *Guerras judías* de Josefo es el mejor comentario sobre este capítulo. Es un maravilloso ejemplo de la providencia de Dios, que él, un testigo ocular, y uno que vivió y murió como judío, se conservara, especialmente de una manera tan extraordinaria, para transmitirnos una colección de hechos importantes, que ilustran tan exactamente esta gloriosa profecía, en casi todas las circunstancias. Marcos 13:10.

Milton Terry's
***Biblical Apocalyptics* [*Apocalíptica bíblica*] (1898)**

Parece la ceguera persistente de un prejuicio dogmático insistir en que «la predicación del Evangelio en todo el mundo para testimonio a las naciones» debe incluir necesariamente todas las operaciones misioneras de la Iglesia durante los siglos cristianos... Este «mundo» no significaba para los pescadores galileos o para los rabinos judíos eruditos lo que significa para un lector moderno, familiarizado cada día con las comunicaciones telegráficas desde continentes e islas remotas. Tampoco la amplia frase de Pablo, «toda la creación bajo el cielo», requiere que la interpretemos con un literalismo más rígido que el de la afirmación con que concluye el Evangelio de Juan, de que «el mundo mismo no contendría los libros que debían escribirse». Por lo general, se entiende que tales expresiones contienen un elemento de hipérbole y son comunes en todas las lenguas de los hombres.[10]

Los ejemplos anteriores no proceden de oscuros comentaristas, ni hablan en nombre de una única tradición evangélica. Gill era bautista, Clarke y Wesley pertenecían a la tradición metodista, Lightfoot y Henry eran presbiterianos, Scott anglicano y Doddridge una mezcla evangélica. A finales del siglo XIX, el punto de vista preterista de Mateo 24 era una característica común de la mayoría de los comentarios que seguían una larga tradición interpretativa que es demasiado amplia para exponerla aquí. La razón de la casi coincidencia era que seguían una metodología gramatical-histórica, la misma metodología esbozada por el manual hermenéutico estándar del siglo XX, *Biblical Hermeneutics* [*Hermenéutica Bíblica*] de Milton Terry.

El texto de Terry es importante porque los no dispensacionalistas y los dispensacionalistas lo consideran la obra estándar sobre el tema de la hermenéutica. El dispensacionalista Robert L. Thomas, un ardiente crítico del preterismo, contrasta «los nuevos principios hermenéuticos con la hermenéutica gramatical-histórica tradicional»[11] con Terry como la norma por la que deben medirse todos los demás sistemas hermenéuticos. Thomas cita lo siguiente de la obra clásica de Terry:

> En la presentación sistemática, por lo tanto, de cualquier doctrina bíblica, siempre debemos hacer un uso discriminado de principios hermenéuticos sólidos. No debemos estudiarlas a la luz de los sistemas modernos de divinidad, sino más bien situarnos en la posición de los escritores sagrados, y estudiar para obtener la impresión que sus palabras naturalmente causaron en las mentes de los primeros lectores.[12]

Sin duda, el dispensacionalismo es uno de los muchos «sistemas modernos de divinidad» en boga hoy en día. Y como veremos en nuestro estudio de Mateo 24:14, los comentaristas dispensacionalistas no se colocan en la posición de los escritores sagrados. Por el contrario, hacen lo que Terry deplora: se dejan «influenciar por

---

[10] Milton S. Terry, *Biblical Apocalyptics: A Study of the Most Notable Revelations of God and of Christ* (Grand Rapids, MI: Baker Book House, [1898] 1988), 233.

[11] Robert L. Thomas, «The Hermeneutics of Progressive Dispensationalism», *The Master's Perspective on Contemporary Issues*, Robert L. Thomas, ed. gen. (Grand Rapids, MI: Kregel, 1998), 190.

[12] Milton S. Terry, *Biblical Hermeneutics*, 2nd. ed. (Grand Rapids, MI: Zondervan, n.d.), 595. Quoted in Thomas, «The Hermeneutics of Progressive Dispensationalism», 190.

significados ocultos, procesos de espiritualización y conjeturas plausibles».[13]

Si Thomas y otros dispensacionalistas son tan fans del modelo hermenéutico de Terry, y deberían serlo, ¿por qué ignoran los extensos comentarios no dispensacionalistas de Terry sobre escatología? En cuanto al estudio de Ice sobre Mateo 24:14 y su afirmación de que los preteristas han distorsionado su significado, ¿cómo abordan él y Thomas la exposición de casi cuatro páginas de Terry sobre este versículo, cuya conclusión se cita más arriba? Mateo 24:14 no es el único lugar donde encontramos este tipo de hipérbole en la Biblia. Lucas nos dice que «hombres de **todas las** naciones» oyeron a Pedro predicar el Evangelio (Hch. 2:5, 9-11, 14). La propagación del Evangelio comenzó en Jerusalén y se extendió «por **toda** Judea» (Hch. 10:37). Pablo dice que había «**predicado plenamente** el Evangelio» desde «Jerusalén y por los alrededores hasta Ilírico» (Rom. 15:19). Incluso dice que su predicación ha traído «la salvación a **todos los hombres**» (Tit. 2:11).

El escenario original

Una regla indispensable en la interpretación de la Biblia es entender un texto en términos de su entorno y audiencia originales, haciéndose siempre la pregunta: «¿Cómo habrían entendido lo que leían quienes recogieron por primera vez las copias de los evangelios y las epístolas?». Louis Berkhof, siguiendo el mandato de Milton Terry de que debemos «ponernos en la posición de los escritores sagrados», subraya que el intérprete

> debe situarse en el punto de vista del autor y tratar de entrar en su alma misma, hasta que, por así decirlo, viva su vida y piense sus pensamientos. Esto significa que tendrá que guardarse cuidadosamente del error común de trasladar al autor a la actualidad y hacerle hablar el lenguaje del siglo XX. Si no lo evita, existe el peligro, como dice McPheeters, de que «la voz que escuche (sea) simplemente el eco de sus propias ideas».[14]

---

[13] Terry, *Biblical Hermeneutics*, 152.
[14] Louis Berkhof, *Principles of Biblical Interpretation* (Grand Rapids, MI: Baker Book House, [1950] 1974), 115.

Mitos escatológicos

Leer conceptos modernos, ya sean científicos, geográficos o académicos,[15] en la Biblia puede causar problemas interpretativos insuperables. Por ejemplo, ¿cuántas veces ha oído a un ministro afirmar que el Evangelio es como «dinamita»? La comparación se hace porque la palabra griega *dunamis*, traducida como «poder» (Rom. 1:16), es la misma que Alfred Nobel eligió en 1866 para nombrar su brebaje explosivo. Puesto que «poder» y «dinamita» comparten la misma palabra griega (*dunamis*), el uso de «poder» en el Nuevo Testamento debe compartir las características de la dinamita. D. A. Carson describe esto como «una apelación a una especie de etimología inversa»,[16] leyendo definiciones modernas de palabras en escritos antiguos. Los escritores del Nuevo Testamento desconocían los efectos de la dinamita. Pablo no estaba pensando en la explosión de cartuchos de dinamita cuando utilizó *dunamis* para describir el poder del Evangelio, como tampoco estaba pensando en el poder que se gasta cuando el transbordador espacial despega de Cabo Cañaveral. Nuestra comprensión del uso bíblico de *dunamis* tiene que entenderse en términos de cómo se entendía en la época de Pablo. «[Gordon] Fee y [Douglas] Stuart subrayan con razón que 'el verdadero significado del texto bíblico para nosotros es lo que Dios quiso que significara originalmente cuando se pronunció por primera vez'.[17] Debemos determinar primero lo que un texto significaba 'en su pueblo' antes de que podamos determinar lo que significa y cómo debemos aplicar ese significado a nuestro propio tiempo y cultura».[18]

Del mismo modo, no debemos introducir en la Biblia los conocimientos geográficos del siglo XXI. Por ejemplo, ¿se equivocaron los cartógrafos de la época de Jesús cuando llamaron al mar de Galilea mar en lugar de lago (Mt. 4:18)? Nuestra definición de «mar» no debe ser la norma interpretativa del Nuevo Testamento. Muchos comentaristas malinterpretan lo que Jesús quiso decir cuando afirmó que estaría «tres días y tres noches en el corazón de la tierra» (12:40) porque no entienden la afirmación en términos de la geografía

---

[15] Por académico me refiero a «precisión científica». Aunque las estimaciones y las generalizaciones excesivas quizá no sean adecuadas para los trabajos de investigación académica de hoy en día, son perfectamente apropiadas para transmitir la alianza redentora de Dios.

[16] Véase D.A. Carson, *Exegetical Fallacies*, 2da. ed. (Grand Rapids, MI: Baker Book House, 1996), 34.

[17] Gordon D. Fee y Douglas Stuart, *How to Read the Bible for All Its Worth: A Guide to Understanding the Bible*, 2nd ed. (Grand Rapids, MI: Zondervan, 1993), 26.

[18] J. Scott Duvall y J. Daniel Hays, *Grasping God's Word: A Hands-On Approach to Reading, Interpreting, and Applying the Bible* (Grand Rapids, MI: Zondervan, 2001), 97.

El mito de que el Evangelio aún no se ha predicado en «todo el mundo»

centrada en Jerusalén o en términos del lenguaje herbaico.[19] Del mismo modo, no deberíamos leer en la Biblia nuestra concepción de lo que ahora sabemos sobre nuestro mundo.

Todas las naciones y toda la tierra

Jesús dice a sus discípulos que el Evangelio debe predicarse en «todo el mundo para testimonio *a todas las naciones*» (Mt. 24:14). Ice no se ocupa de cómo «todas las naciones» se utiliza a menudo en un sentido restrictivo. Afirma, debido a sus presupuestos futuristas, que «todas las naciones», por definición, debe referirse a un cumplimiento global. El intérprete cometería un grave error si cada vez que leyera «todas las naciones» concluyera que el escritor bíblico tenía en mente todas las naciones del globo. Los siguientes ejemplos mostrarán que «todas las naciones» y «todos los reinos» a menudo tienen una aplicación geográfica limitada:

- Ciro, el rey de Persia, dijo: «El Señor, el Dios del cielo, me ha dado *todos los reinos de la tierra*» (Esd. 1:2; 2Cr. 36:23).
- David escribe: «*Todas las naciones me rodearon*» (Sal. 118:10).
- Dios «llevó el temor de [David] *sobre todas las naciones*» (1Cr. 14:17).
- Está escrito de Ezequías, rey de Judá, «que fue exaltado a los *ojos de todas las naciones...*» (2 Cr. 32:23).
- Se dice que los caldeos «marchan por toda la tierra» (Hab. 1:6).
- «Los pueblos de *toda la tierra* vinieron a Egipto para comprar grano a José» (Gén. 41:57).
- «*Toda la tierra* buscaba la presencia de Salomón» (1Re. 10:24).
- «Y *todas las naciones* le servirán [a Nabucodonosor], a su hijo y a su nieto, hasta que llegue el tiempo de su propia tierra» (Jer. 27:7).
- Nabucodonosor dirige su decreto como «rey a todos los pueblos, naciones y hombres de todas las lenguas que habitan en toda la tierra» (Dan. 4:1).[20]

---

[19] «Corazón de la tierra» se refiere a Jerusalén, que se consideraba el centro del mundo. «Tres días y tres noches» se refiere muy probablemente a la noche del jueves en el Huerto de Getsemaní hasta su entierro hasta el domingo por la mañana. Véase Ralph Woodrow, *Three Days and Three Nights—Reconsidered in the Light of Scripture* (Riverside, CA: Ralph Woodrow Evangelistic Association, Inc., 1993).

[20] «*All the earth*]—*es decir*, el mundo conocido y habitado, desde Elam y Media en el este hasta Egipto y las costas del Mediterráneo en el oeste. Cf. Jer. 25:26; 27:5-6). Los reyes asirios y babilonios se consideraban reyes de toda la tierra, y en sus inscripciones solían hablar así de sí

Mitos escatológicos

- En Pentecostés «vivían en Jerusalén judíos piadosos, procedentes de *todas las naciones bajo el cielo*» (Hch. 2:5).
- Jesús dijo a sus *discípulos que* serían «odiados por *todas las naciones*» (Mt. 24:9).[21]

El uso de «todos» y «cada uno» en sentido estricto al referirse a naciones y reinos no es inusual ni no literal. Debemos ser igualmente cuidadosos cuando vemos «toda la tierra». El hebreo *eretz* y el griego *gē* pueden traducirse «tierra» o «terreno» según el contexto (Gén. 47:13; 1Sam. 17:46; Lc. 23:44). Considere cómo se utiliza «todo» en Lucas 17:26-29. Jesús compara primero los días de Noé con los días del Hijo del Hombre. En los días de Noé comían, bebían, se casaban, se daban en casamiento, hasta el día en que Noé entró en el arca, y vino el diluvio y *los destruyó a todos* (Lc. 17:27).

Para los que creen en un diluvio universal, «los destruyó a todos» se refiere a todos sobre la faz de la tierra. Solo se salvaron los ocho que estaban en el arca. Los defensores del diluvio local entenderían que «todos» se limita a la extensión geográfica del diluvio. Pero si «todos» significa todos sin excepción, entonces cuando los días del Hijo del Hombre son siempre comparados con «los días de Lot», hay un problema:

> comían, bebían, compraban, vendían, plantaban, construían; pero el día que Lot salió de Sodoma llovió fuego y azufre del cielo y *los destruyó a todos* (17:29).

Es obvio en este pasaje que «todos» solo se refiere a los de Sodoma y de ninguna manera puede entenderse globalmente. Si los escritores del Nuevo Testamento veían y describían su mundo como algo que solo abarcaba lo que ellos conocían del Imperio romano y de las naciones fronterizas con el imperio, entonces nosotros, como intérpretes modernos, no deberíamos imponer nuestra comprensión ampliada de nuestro mundo a sus escritos.

---

mismos. Esta práctica también estaba en boga entre los gobernantes persas». (Edward J. Young, *The Prophecy of Daniel: A Commentary* [Grand Rapids, MI: Eerdmans, 1949], 97).

[21] Es obvio que «todas las naciones» se refiere a todas las naciones a las que tenían acceso. Roma era un imperio de naciones conquistadas similar a la forma en que la tierra de Canaán albergaba «siete naciones» (Hch. 13:19; Dt. 7:1).

El mito de que el Evangelio aún no se ha predicado en «todo el mundo»

El contexto inmediato de Oikoumenē

Ice comienza su estudio de Mateo 24:14 afirmando correctamente: «Si bien es cierto que 'mundo', u *oikoumenē*, se utiliza en el Nuevo Testamento para referirse al 'Imperio romano del siglo I', su significado básico es el de 'tierra habitada'». Pero ahí está la cuestión. Los que vivían en el siglo I solo veían su mundo como la tierra habitada. Además, Ice no aborda la forma en que el lenguaje global («todo» y «cada») se utiliza para especificar un área geográfica contemporánea más restringida (véase más arriba). Los siguientes puntos de Ice no resuelven el problema al que se enfrentan los dispensacionalistas sobre el alcance del anuncio del Evangelio descrito por Jesús en Mateo 24:14:

> Es evidente que *oikoumenē* puede utilizarse de forma global, aunque su uso sea más restringido. El factor decisivo es el contexto. Así, si Mateo 24:14 se cumplió en el año 70 d.C., entonces tendría un significado localizado, como señala [Gary] DeMar. Sin embargo, si se cumplirá en el futuro, entonces tiene el significado de todo el mundo habitado en alguna fecha futura, lo que claramente incluiría mucho más que el antiguo Imperio romano.

Ice afirma lo obvio: Jesús o bien está describiendo acontecimientos en un futuro *próximo*, o bien está describiendo acontecimientos en un futuro *lejano*. Así pues, según admite el propio Ice, *oikoumenē* puede referirse y suele referirse a un significado localizado. Para Ice, la cuestión sigue siendo cómo Jesús está utilizando la palabra en Mateo 24:14. Puesto que Jesús dice a sus discípulos más adelante en el capítulo que «esta generación no pasará hasta que *todas estas cosas sucedan*» (24:34), y cada vez que Jesús utiliza «esta generación» se refiere a la generación a la que está hablando, lo más probable es que *oikoumenē* se refiera al Imperio romano del siglo I, ya que entra dentro del marco temporal de «esta generación».[22]

Es significativo que Mateo utilice *oikoumenē* solo en 24:14, mientras que emplea *kosmos*, una palabra que puede tener un significado más global, ocho veces.[23] De hecho, leemos más adelante en el evangelio de Mateo: «En verdad les digo que dondequiera que se predique este evangelio en todo el mundo [*kosmos*], también se

---

[22] Para un estudio de «esta generación», véase Gary DeMar, *Last Days Madness: Obsession of the Modern Church*, 4ta. ed. (Powder Springs, GA: American Vision, 1999), 55–60.

[23] En Mateo 13:32, la palabra griega traducida «mundo» en la NASB es *aion*, mejor traducida como «era». En Mateo 13:35, *kosmos* es entendido. No se halla en el texto griego.

hablará de lo que ha hecho esta mujer en memoria de ella» (26:13). La construcción griega en 24:14 es idéntica, salvo que en 26:13 se utiliza *kosmos* para «mundo» en lugar de *oikoumenē*. Mateo elige *oikoumenē* en lugar de *kosmos* en 24:14 porque quiere destacar su cumplimiento geográfico local dentro del marco temporal de «esta generación», en contraste con un cumplimiento universal no limitado por la geografía o el tiempo, como es el caso obvio en 26:13.

Observe también que Jesús dice a sus discípulos que las cosas descritas en Mateo 24 les sucederán a ellos. Jesús hace este punto por Su uso continuo de la segunda persona plural «ustedes»:

- «Y oirán hablar de guerras y rumores de guerras» (24:6).
- «Entonces **los entregarán** a la tribulación» (24:9).
- [Y] **los** matarán» (24:9).
- «Y serán odiados por todas las naciones a causa de Mi nombre» (24:9).
- «Por tanto, cuando vean la abominación desoladora... de pie en el lugar santo» (24:15).

Intercalado entre 24:6, 9 y 24:15 está «Y será predicado este evangelio del reino en todo el mundo [*oikoumenē*] para testimonio a todas las naciones, y entonces vendrá el fin» (24:14). Si, como señala correctamente Ice, «el factor decisivo es el contexto», entonces, como demuestran los pasajes anteriores, el contexto es decididamente anterior al año 70 d.C., la generación a la que se dirigía Jesús.

Al situarnos en el contexto histórico de los escritores del siglo I, podemos concluir que era perfectamente natural utilizar «todas las naciones» y «tierra habitada» como referencias a la geografía de su época. Puesto que la época en que se desarrollan los acontecimientos de Mateo 24 es contemporánea a la audiencia de Jesús, no podemos llegar a otra conclusión que la de que el Evangelio fue predicado a las naciones de los alrededores del Imperio romano antes de que aquella generación desapareciera. Leer Mateo 24:14 de cualquier otra manera es despojar al texto de su contexto. R. T. France ofrece un útil resumen sobre el significado contextual adecuado del texto:

> Quienes interpretan aquí el «fin» (Mateo 24:14) como la *parusía* y el juicio final han tomado a veces este dicho como un incentivo para la evangelización en nuestros días: a principios del siglo XX hubo un influyente lema misionero: «¡Evangelizar hasta el fin para traer de vuelta al Rey!». La frase «todas las naciones» también se ha utilizado en un programa para llevar el Evangelio a todas las naciones y tribus

El mito de que el Evangelio aún no se ha predicado en «todo el mundo»

conocidas del mundo moderno (incluidas las desconocidas para el mundo euroasiático de la época de Jesús) con el fin de acelerar la *parusía*. Pero eso es sacar este texto de contexto. En particular, este pasaje no habla de la evangelización mundial como la causa del «fin», sino como un preliminar necesario. Y hemos argumentado en el v. 6 [en Mateo 24] que el «fin» (*telos*) que se contempla aquí no es el «fin» (*synteleia*) de la era», sino la destrucción del templo, que ocurrió hace mucho tiempo.[24]

Oikoumenē como «Mundo habitado»

Se puede argumentar que *oikoumenē* se utiliza exclusivamente para el área geográfica generalmente limitada al Imperio romano del siglo I y a los territorios inmediatamente adyacentes que eran conocidos y accesibles para los viajeros del siglo I. Cuando los cristianos del siglo I leían la palabra *oikoumenē*, pensaban en lo que conocían de su mundo. Francis Sampson ofrece una definición concisa:

> El uso clásico de [*oikoumenē*] da el sentido de «la tierra habitada», especialmente como poblada por griegos. Por parte de la gente del Imperio romano, se utilizaba actualmente para expresar el imperio (como en Lucas 2:1,...), mediante una especie de exageración arrogante, como si el Imperio abarcara el mundo entero.[25]

Con el tiempo, la definición pasó a incluir el mundo en el que vivían las personas, el mundo habitado. Su significado no abarcaba lo que hoy conocemos del mundo. Henry Cowles, en su comentario a Mateo, explica cómo se desarrolló la definición de *oikoumenē* en el contexto del siglo I:

> «Todo el mundo» es literalmente todo lo habitado, es decir, en la medida en que está poblado. Pero en el uso, «todo el mundo» para los romanos era el Imperio romano; para los griegos significaba los países en los que se hablaba su lengua; para los judíos era principalmente Palestina; pero finalmente se hizo coextensivo con el alcance de sus dispersiones. Es decir, el uso de la palabra hizo que su alcance fuera más nacional que universal.
>
> El uso en el Nuevo Testamento puede verse en Lucas 2:1— «Todo el mundo se alistó para tributar»— que no podía extenderse más allá de los límites del Imperio romano. También en Hechos 11:28: «Gran

---

[24] R.T. France, *The Gospel of Matthew* (Grand Rapids, MI: Eerdmans, 2007), 908–909.
[25] Francis S. Sampson, *A Critical Commentary on the Epistle to the Hebrews* (Nueva York: Robert Carter and Brothers, 1856), 85–86.

carestía [hambre] *en todo el mundo*», anunciado por Ágabo. Este uso restringido aparece también en escritores clásicos profanos.

***

Así pues, no violamos ni el sentido de estas palabras ni los hechos históricos si sostenemos que esta profecía tuvo su justo cumplimiento antes de la caída de la ciudad condenada.[26]

Así es como se utiliza *oikoumenē* en el Nuevo Testamento. La palabra rara vez o nunca tiene una aplicación universal como veremos en los siguientes ejemplos.

Oikoumenē en el Evangelio de Lucas y en Hechos

Lucas utiliza *oikoumenē* ocho veces, más que ningún otro autor del Nuevo Testamento, tres veces en su evangelio y cinco en Hechos. Todos los comentaristas coinciden en que su uso en Lucas 2:1 se refiere a las fronteras del Imperio romano en el siglo I. El uso de *oikoumenē* en Lucas 21:26 encaja bien con la forma en que los preteristas interpretan el Discurso del Monte de los Olivos, ya que tiene lugar antes del versículo 32: «En verdad les digo a ustedes, esta generación no pasará hasta que todas las cosas sucedan».[27] La conflagración inminente predicha por Jesús no es mundial, sino que se limita a los alrededores de Judea (Mt. 24:16; Lc. 21:21). Esto incluye «la expectación de las cosas que vendrán sobre el mundo [*oikoumenē*]» (Lc. 21:26).

Oikoumenē se utiliza en Lucas 4:5, donde se muestran a Jesús «todos los reinos del mundo», mientras que Mateo utiliza *kosmos* en el pasaje paralelo de su evangelio (Mt. 4:8). ¿A qué se debe esta diferencia? Como veremos, *kosmos* se utiliza a menudo de forma no universal, similar a *oikoumenē*, como admiten sin problemas algunos comentaristas dispensacionalistas (por ejemplo, Rom. 1:8 y Col. 1:6). Es posible que Lucas haya elegido *oikoumenē* «para resaltar el sentido político de un modo que no consigue el uso que hace Mateo de *kosmos* (Mt. 4:8)».[28] Esta es la opinión de Otto Flender, cuyo artículo

---

[26] Henry Cowles, *Matthew and Mark: With Notes Critical, Explanatory, and Practical* (New York: D. Appleton & Co., 1881), 210, 211.

[27] Véase Gary DeMar, *Last Days Madness: Obsession of the Modern Church*, 4ta. ed. (Powder Springs, GA: American Vision, 1999).

[28] Leland Ryken, James C. Wilhoit, y Tremper Longman, eds. gen., «World», *Dictionary of Biblical Imagery* (Downers Grove, IL: InterVarsity Press, 1998), 968.

El mito de que el Evangelio aún no se ha predicado en «todo el mundo»

sobre *oikoumenē* aparece en el *New International Dictionary of New Testament Theology*:

> El *oikoumenē* es el mundo habitado en el sentido de que toda su población tiene que sufrir bajo poderes satánicos por razones religiosas, pero sobre todo políticas. Igualmente en el relato de la tentación de Cristo, la sustitución en Lc. 4:5 de «kosmos» por *oikoumenē* sugiere una fuerte connotación política, aunque «los reinos del mundo» impide una identificación directa con el imperio romano.[29]

En Hechos, Lucas describe una «gran hambruna» que se extendería «por todo el mundo [*oikoumenē*]» (Hch. 11:28). El área geográfica de la hambruna no es mayor que la requerida en Lucas 2:1, donde aprendemos «que salió un decreto de César Augusto, para que se hiciera un censo de toda la tierra habitada [*oikoumenē*]». Por lo general, las hambrunas se circunscriben a zonas geográficas limitadas y a menudo son provocadas por políticas gubernamentales. Mientras que en una parte del mundo puede haber hambruna, en otras hay abundancia (por ejemplo, Gén. 41-43). Simon Kistemaker señala que el hambre tiene un alcance geográfico limitado en el relato de Lucas:

> La hambruna que predijo Ágabo ocurrió durante el reinado del emperador Claudio, que gobernó del 41 al 54 d.C.. Lucas la llama una hambruna severa, pues afectó en diversos grados a todo el Imperio romano. Egipto vendió grano en beneficio del pueblo de Jerusalén, afectado por la hambruna. Chipre suministró higos, y los cristianos de Antioquía enviaron ayuda a los creyentes de Judea (v. 29). Diferentes partes del Imperio romano sufrieron hambrunas. Por tanto, interpretamos la descripción de Lucas, «una gran hambruna en todo el mundo romano», no en sentido literal, sino en sentido amplio.[30]

Más adelante en Hechos nos enteramos de que los judíos de Tesalónica estaban tan disgustados por los efectos de la predicación del Evangelio que arrastraron a Jasón y a algunos de sus amigos ante los funcionarios de la ciudad e hicieron la siguiente acusación: «Estos hombres que han trastornado al mundo [*oikoumenē*] también han

---

[29] Otto Flender, «*Oikoumenē*», en el *New International Dictionary of New Testament Theology*, ed. Colin Brown, 3 vols. (Grand Rapids, MI: Zondervan, 1979), 1:519.

[30] Simon J. Kistemaker, *New Testament Commentary: Exposition of the Acts of the Apostles* (Grand Rapids, MI: Baker Book House, 1990), 425. Para un resumen de las hambrunas bajo el reinado de Claudio, véase F. F. Bruce, *The Book of Acts* (NICNT), rev. ed. (Grand Rapids, MI: Eerdmans, 1988), 230, nota 39.

Mitos escatológicos

venido aquí» (Hch. 17:6). Este uso de *oikoumenē* es aún más limitado en su alcance, pues es obvio que Pablo y Silas ni siquiera habían trastornado a todo el mundo romano para entonces. Everett F. Harrison califica su uso en este contexto de «hipérbole».[31]

Además de las amenazas políticas, la predicación del Evangelio molestó a los adoradores de la diosa griega Artemisa, de la que se dice que era adorada por «toda Asia y el mundo [*oikoumenē*]» (Hch. 19:27). Esto es difícilmente posible si el significado de *oikoumenē* es global. Pero su uso en este contexto tiene perfecto sentido si se trata del Imperio romano y sus alrededores inmediatos.

Casi al final de Hechos leemos que Pablo es descrito como «una verdadera peste... que suscita disensiones entre todos los judíos del mundo [*oikoumenē*]» (Hch. 24:5). En el siglo I no había judíos en todo el mundo.

Esto nos lleva al uso que hace Lucas de *oikoumenē* en Hechos 17:31: «Ha fijado un día en que juzgará al mundo [*oikoumenē*] con justicia por medio de un Hombre a quien ha designado, habiendo dado prueba a todos los hombres resucitándole de entre los muertos». Ice ve este uso de *oikoumenē* como una referencia a un futuro lejano evento global del fin de los tiempos. «Seguramente esto habla de todo el globo», escribe Ice, «aunque pueda tener un sentido más restringido». Al igual que el uso que hace Lucas de *oikoumenē* en su evangelio y en otras partes de Hechos, creo que tiene el mismo significado: una referencia al mundo en aquel momento. Era su mundo el que Dios juzgaría. Como señala F. F. Bruce, «el pensamiento griego no tenía cabida para un juicio escatológico como el que anuncia la revelación bíblica».[32] Al utilizar *oikoumenē* en lugar de *kosmos*, Pablo estaba advirtiendo a los atenienses de que incluso ellos caerían bajo el juicio de Dios. No habría excepciones. Los griegos habrían aceptado la denuncia de Pablo del *kosmos* (todos menos ellos) como apropiada. Lo mismo cabe decir de los romanos: «El mundo habitado, o el *oikoumenē*, no es toda la tierra, sino el mundo organizado y controlado por el Imperio romano. Todo lo demás es el mundo de los bárbaros».[33] Los comentarios de J. A. Alexander sitúan el significado de *oikoumenē* en su adecuada perspectiva histórica:

---

[31] Everett F. Harrison, *Acts: The Expanding Church* (Chicago, IL: Moody Press, 1975), 262.
[32] Bruce, *The Book of Acts*, 340–341.
[33] Pablo Richard, *Apocalypse: A People's Commentary on the Book of Revelation* (Maryknoll, NY: Orbis Books, 1995), 61.

El mito de que el Evangelio aún no se ha predicado en «todo el mundo»

En todo el mundo, literalmente, *en* (o *sobre*) *toda la* (*tierra*) *habitada* [Hechos 11:28]. Esta frase, aunque estrictamente universal en su significado, se usa a menudo en un sentido restringido. Los griegos, en su particular orgullo de raza, la aplicaban a su propio país; los romanos, del mismo modo, al imperio.[34]

Pablo elimina toda pretensión de superioridad ateniense al decirles que incluso su mundo será juzgado.

Oikoumenē en Romanos

Al igual que Mateo, Pablo utiliza *oikoumenē* una vez en Romanos 10:18 al tratar de hasta qué punto se ha predicado el mensaje del Evangelio. Algunos podrían afirmar que «nunca han oído». Pablo rebate esta afirmación: «Su voz ha llegado a toda la tierra, y sus palabras hasta los confines del mundo [*oikoumenē*]» (10:18). ¿Cómo es posible? La explicación de Douglas Moo es útil:

¿Cómo pudo Pablo afirmar, en el año 57 d.C., que el Evangelio había sido proclamado «a toda la tierra»? Con frecuencia se señalan dos matizaciones implícitas en el lenguaje de Pablo. En primer lugar, como podría sugerir la palabra *oikoumenē* de la segunda línea de la cita, Pablo puede estar pensando en términos del Imperio romano de su época y no de todo el globo. En segundo lugar, el enfoque de Pablo podría ser más corporativo que individualista: no afirma que el Evangelio se haya predicado a todas las personas, sino a todas las naciones, y especialmente tanto a judíos como a gentiles. Ambas consideraciones pueden ser pertinentes. Pero tal vez sería más sencillo pensar que Pablo recurre a la hipérbole, utilizando el lenguaje del Salmo para afirmar que muchas personas han tenido la oportunidad de oírlo cuando Pablo escribe Romanos.[35]

Una vez más no hay necesidad de seguir la exégesis forzada de Ice en el uso de *oikoumenē* en el Nuevo Testamento. Es obvio que el evangelio no se había globalizado en tiempos de Pablo. David L. Turner afirma que Mateo 24:14 podría tener una aplicación universal a pesar del uso que Pablo hace de *oikoumenē* en Romanos 10:18 porque este versículo y otros del mismo género (por ejemplo, Col. 1:6, 23) «deberían leerse a la vista de Romanos 15:19; 16:23 y ss. que

---

[34] J. A. Alexander, *Acts of the Apostle* (Carlisle, PA: Banner of Truth Trust, [1857] 1980), 438.

[35] Douglas Moo, *The Epistle to the Romans* (NICNT) (Grand Rapids, MI: Eerdmans, 1996), 667.

indican que Pablo todavía deseaba llevar el evangelio a regiones no alcanzadas anteriormente (España)».[36] Esto es poco probable. Pablo escribe sobre sus intenciones originales. El libro de Romanos fue escrito casi treinta años después de Pentecostés. En el nacimiento de la iglesia del Nuevo Testamento había judíos «de todas las naciones bajo el cielo» (Hch. 2:5). Seguramente alguien había llevado el evangelio a España y más allá para el año 57 d.C. (8:4). Y si no, aún quedaban trece años antes de que Jerusalén fuera destruida y pasara «esta generación» (Mt. 24:14).

Oikoumenē en Hebreos

El escritor de Hebreos utiliza *oikoumenē* dos veces. En Hebreos 1:6 leemos de una palabra profética con respecto a la encarnación: «Y cuando vuelve a traer al primogénito al mundo [*oikoumenē*], dice: «Y que todos los ángeles de Dios le adoren». Jesús entra en el mundo más importantemente a un pueblo particular y solo secundariamente al mundo en general (Heb. 10:5): «Al judío primeramente, y también al griego» (Rom. 1:16; 2:10). Jesús entró en un lugar determinado, el mundo de Israel (Jn. 1:11), cuando el tiempo y las condiciones eran perfectos: «Pero cuando vino la plenitud de los tiempos, Dios envió a su Hijo, nacido de mujer, nacido bajo la ley, para que redimiese a los que estaban bajo la ley, a fin de que recibiésemos la adopción como hijos» (Gál. 4:4).[37] Con el tiempo, sin embargo, sabemos que el evangelio debía ir a las naciones.

Siguiendo el ejemplo de los comentaristas del siglo XVII John Owen (1616-1683) y William Gouge (1578-1653), el uso de *oikoumenē* en Hebreos 2:5 es muy probablemente una referencia a la habitación de «todo el número de los elegidos de Dios»,[38] «los días del Mesías»[39] o, según Francis Sampson, «la dispensación del

---

[36] David L. Turner, «The Structure and Sequence of Matthew 24:1–41: Interaction with Evangelical Treatments», *Grace Theological Journal*, 10:1 (Winona Lake, IN: Grace Theological Seminary, Spring 1989), 7.

[37] «El Hijo, como primogénito, entra en el mundo habitado de los hombres. La palabra *mundo* es helénica y se usaba en el habla corriente para referirse al mundo poblado». (Simon J. Kistemaker, *New Testament Commentary: Exposition of Hebrews* [Grand Rapids, MI: Baker Book House, 1984], 38).

[38] William Gouge, *Commentary on Hebrews* (Grand Rapids, MI: Kregel Publications, [1655] 1980), 113.

[39] John Owen, *An Exposition of the Epistle to the Hebrews*, 7 vols. (Grand Rapids, MI: Baker Book House, [1855] 1980), 3:324. «Pero el mundo al que nos referimos aquí no es otro que el estado prometido de la iglesia bajo el evangelio. Este, con el culto a Dios en él, con especial relación al Mesías, el autor y mediador del mismo, administrando sus cosas celestiales ante el trono de la gracia, haciéndolo así espiritual y celestial, y diverso del estado del culto del antiguo

Evangelio».⁴⁰ Philip Edgcumbe Hughes está de acuerdo: «La era venidera, aquí llamada *el mundo por venir*, es la era del Mesías en la que las promesas mesiánicas y las profecías de la antigüedad encuentran su cumplimiento».⁴¹ John Brown señala que «existe una gran posibilidad... de que haya una alusión a la tierra de Canaán tal como la disfrutaban los israelitas, que se llama [*oikoumenē*], Lucas ii. 1; Hechos xi. 28; y cuyo pacífico disfrute era un tipo del estado del Nuevo Testamento.⁴² Es obvio, por lo tanto, que *oikoumenē* en este contexto no se está utilizando para el mundo físico mundial tal y como lo conocemos hoy en día.

Oikoumenē en Apocalipsis

La interpretación de *oikoumenē* en Apocalipsis suele depender de si una persona sostiene una fecha temprana anterior al año 70 d.C. o una fecha tardía de mediados del año 90 d.C. para la composición del libro. Este debate no puede resolverse aquí. Yo he adoptado la postura de que Apocalipsis fue escrito en algún momento a mediados de los años 60 d.C., durante el reinado de Nerón.⁴³ El uso de *oikoumenē* por parte de Juan ayuda a apoyar esta conclusión.

En Apocalipsis 3:10, Juan afirma que una «hora de prueba... está a punto de venir sobre el mundo entero [*oikoumenē*]». Juan está escribiendo a la iglesia de Filadelfia del primer siglo. Nótese la referencia temporal: «que está a punto de venir». Robert Mounce afirma que la palabra griega traducida «a punto de» (*mellō*) «apunta a lo que está a punto de suceder más que a lo que está destinado a ser».⁴⁴ «Tierra» también puede traducirse como «territorio», es decir, la tierra de Israel, o más ampliamente, la tierra en la que vive la gente. El autor del comentario sobre el Apocalipsis en *An Illustration of the New Testament*, publicado en 1760, concluye que «por *todo el mundo*

---

testamento, que era mundano y carnal, era 'el mundo venidero' que los judíos esperaban, y que en este lugar el apóstol se refiere a él» (324).

⁴⁰ Sampson, *A Critical Commentary on the Epistle to the Hebrews*, 86.

⁴¹ Philip Edgcumbe Hughes, *A Commentary on the Epistle to the Hebrews* (Grand Rapids, MI: Eerdmans, 1977), 82.

⁴² John Brown, *Hebrews* (Carlisle, PA: Banner of Truth Trust, [1862] 1972), 89.

⁴³ Para un estudio amplio del asunto de la fecha, véase Kenneth L. Gentry, Jr., *La caída de Jerusalén: Fechando el libro de Apocalipsis* (Salem, OR: Publicaciones Kerigma, 2022) y *The Beast of Revelation* (Powder Springs, GA: American Vision, 2002).

⁴⁴ Robert H. Mounce, *The Book of Revelation* (NICNT), ed. rev. (Grand Rapids, MI: Eerdmans, 1998), 103, nota 23.

aquí, como en otros lugares del *Nuevo Testamento,* se entiende el Imperio *romano*, como *cap.* ii.6».[45]

Se dice que Satanás es «el que engaña al mundo entero» (12:9). Una vez más, el Apocalipsis describe las cosas que deben «suceder pronto» (1:1) «porque el tiempo está cerca» (1:3). El mundo (*oikoumenē) que está* siendo engañado es aquel al que están dirigidas las siete iglesias (2-3). Ciertamente el diablo engaña a más que esta área, pero el punto de Apocalipsis es describir lo que está a punto de suceder a dentro de un marco de tiempo acortado.

Sabemos por la historia que Jerusalén fue rodeada y destruida por los ejércitos paganos de Roma en el año 70 d.C., por lo tanto, el uso de *oikoumenē* es apropiado en este contexto. El mundo del judaísmo del antiguo pacto estaba a punto de llegar a su fin cuando Juan recibió el Apocalipsis. Los comentarios de Philip Carrington sobre Apocalipsis 16:14 son útiles a este respecto:

> El nombre Armagedón es significativo porque fue en Meguido donde el rey judío Josías fue derrotado y asesinado por un ejército egipcio al mando del faraón; y Tito acababa de regresar de Egipto. Armagedón significa Montaña de Meguido; pero Meguido es un valle. Es la Montaña de Sión que se ha convertido en Montaña de Meguido o Montaña de la derrota. El nombre, de todos modos, muestra que el campo de batalla está en Palestina...[46]

La forma en que se utiliza *oikoumenē* en Apocalipsis se relaciona con el debate más amplio sobre la datación del libro. Basándose en los textos de tiempo (1:1, 3; 22:10), la geografía local de las siete iglesias (2-3), y el hecho de que el templo está todavía en pie (11:1-2) cuando Juan escribió, demuestra que solo el *oikoumenē* está en vista.

«El mundo entero»

En Romanos 1:8 Pablo escribe que la fe de los romanos «se proclama en todo el mundo», es decir, en el *kosmos*. Aunque Ice no se ocupa de este versículo, su uso es importante para ayudar a los estudiantes de la Biblia a entender cómo se utiliza a menudo el lenguaje global para describir acontecimientos no globales. *Kosmos* se utiliza a menudo en la Biblia para describir acontecimientos de «su mundo». ¿Cómo

---

[45] *An Illustration of the New Testament, by Notes and Explications, etc.* (Londres: R. Baldwin, 1760), 923.
[46] Philip Carrington, *The Meaning of the Revelation* (London: SPCK, 1931), 265.

El mito de que el Evangelio aún no se ha predicado en «todo el mundo»

interpreta el comentarista dispensacional John A. Witmer «el mundo entero» de Romanos 1:8?:

> En cuanto a los romanos, [Pablo] se alegró de que la noticia de su **fe** se hubiera extendido **por todo el mundo**, hipérbole que significa por todo el Imperio romano.[47]

El dispensacionalista Woodrow Michael Kroll adopta un enfoque similar cuando afirma que Pablo habla de la fe de los romanos en «términos mundiales», una expresión común para «'todo el mundo'».[48] Su lenguaje es universal, pero su aplicación es solo al mundo de la época de Pablo.

Ice afirma que en Colosenses 1:6 «Pablo está diciendo que el Evangelio ha llegado, o ha sido introducido a los creyentes colosenses, así como ha llegado, o ha sido introducido en todo el mundo». ¡Exactamente! Una vez que determinemos cómo llegó el evangelio a los colosenses, sabremos cómo llegó, para usar las palabras de Pablo, «en todo el mundo». Ice continúa: «Así que esto no es una declaración sobre si el Evangelio ha sido predicado a una determinada zona per se; es una declaración sobre la llegada del Evangelio como un mensaje global». Error. El evangelio había llegado a los colosenses «*como* en todo el mundo». Pablo dice mucho más de lo que el enfoque minimalista de Ice intenta argumentar:

> [El Evangelio] que ha llegado hasta ustedes, así como en todo el mundo [*kosmos*] también está constantemente dando fruto y aumentando, así también lo ha estado haciendo en ustedes desde el día en que oyeron de él y comprendieron la gracia de Dios en verdad (Col. 1:6).

No solo había llegado o había sido introducido el evangelio a los colosenses, donde estaba dando fruto, sino que estaba haciendo lo mismo «en todo el mundo». No es solo la llegada del evangelio lo que Pablo describe, sino el efecto que estaba teniendo «en todo el mundo [*kosmos*]», es decir, el mundo de la época de Pablo en el siglo I. En su artículo, Ice cita a R. C. H. Lenski en apoyo de su postura, pero lo

---

[47] James A. Witmer, «Romans», en *The Bible Knowledge Commentary: New Testament (An Exposition of the Scriptures by Dallas Seminary Faculty)*, John F. Walvoord y Roy B. Zuck, eds. (Wheaton, IL: Victor Books, 1983), 440. Véase también Douglas Moo, *The Epistle to the Romans* (NICNT) (Grand Rapids, MI: Eerdmans, 1996), 57.

[48] Woodrow Michael Kroll, «The Epistle to the Romans», *The Liberty Bible Commentary: New Testament* (Lynchburg, VA: Old-Time Gospel Hour, 1982), 340.

hace de forma selectiva: «Los colosenses deben recordar que su alcance es mundial, todo lo contrario de la pequeña secta judaísta que de alguna manera ha aparecido en medio de ellos».[49] Pero Lenski continúa comentando que «el evangelio está dando fruto y creciendo 'en todo el mundo', incluso cuando los propios colosenses han sido testigos de ello desde el día en que llegaron a escucharlo... Lo que presenciaron en Colosas está sucediendo 'en todo el mundo'... El mundo entero, nada menos, es el campo de esta actividad del Evangelio».[50]

El comentarista dispensacional Edward R. Roustio escribe que «en todo el mundo» significa que el «evangelio se extendía por todo el Imperio romano».[51] Esto es lo que afirman los preteristas sobre la extensión de la predicación del evangelio en Mateo 24:14. Es interesante que Ice cite a J. B. Lightfoot sobre Colosenses 1:23 más abajo, pero no lo cite sobre 1:6 donde Lightfoot afirma que «en todo el mundo» es una «hipérbole», comparándolo con Romanos 1:8 («en todo el mundo»), 1Tesalonicenses 1:8 («en todo lugar») y 2Corintios 2:14 («en todo lugar»).[52] Ice adopta un enfoque similar con Colosenses 1:23 que afirma:

> Si en verdad permanecen en la fe firmes y constantes, sin apartarse de la esperanza del Evangelio que han oído, *el cual fue proclamado en toda la creación que está debajo del cielo,* y del cual yo, Pablo, fui hecho ministro.

Aunque este pasaje no utiliza *kosmos*, Ice lo relaciona con Colosenses 1:6. Cita a varios comentaristas que en realidad están de acuerdo con lo que creen los preteristas. James R. Gray, por ejemplo, niega que el pasaje sea literal, pero luego admite que el evangelio está «dando fruto en el mundo— no que el evangelio se haya predicado en todo el mundo... Pablo está hablando de la esfera de la predicación, no de que se haya predicado a toda criatura».[53] Gray entiende que el lenguaje es universal, y también sabe que no puede interpretarlo literalmente. Por

---

[49] R. C. H. Lenski, *The Interpretation of St. Paul's Epistles to the Colossians, to the Thessalonians, to Timothy, to Titus and to Philemon* (Minneapolis, MN: Augsburg Publishing House, [1937] 1964), 26.

[50] Lenski, *The Interpretation of St. Paul's Epistles to the Colossians, to the Thessalonians, to Timothy, to Titus and to Philemon,* 26–27. Lenski señala que «los comentaristas califican la frase de hipérbole popular» (26-27).

[51] Edward R. Roustio, «The Epistle to the Colossians», *Liberty Bible Commentary,* 589.

[52] J. B. Lightfoot, *St. Paul's Epistles to the Colossians and Philemon* (Peabody, MA: Hendrickson, [1875] 1993), 134.

[53] James R. Gray, *Prophecy On The Mount* (Chandler, AZ: Berean Advocate Ministries, 1991), 62.

El mito de que el Evangelio aún no se ha predicado en «todo el mundo»

supuesto, no puedo entender cómo Gray puede sostener que el evangelio está dando fruto en el mundo si no ha sido predicado en todo el mundo.

Ningún preterista ha afirmado jamás que estos pasajes enseñen que el evangelio ha sido predicado a toda criatura en todo el ancho mundo, sino solo que el evangelio se había abierto camino por todo el mundo entonces conocido «para testimonio a las naciones» (Mt. 24:14).

Lightfoot comenta que Colosenses 1:23 es el «cumplimiento del último mandato del Señor, ['Vayan por todo el mundo y prediquen el evangelio a toda la creación'] Marcos xvi. 15... Para la hipérbole ['en toda la creación'] compárese ITes. i.8 ['en todo lugar']. Exigir exactitud estadística en tal contexto sería exigir lo que nunca se exige en casos similares».[54] Dejemos que el comentarista dispensacional Norman L. Geisler aborde el significado del pasaje:

> **a toda criatura bajo el cielo**. Se trata obviamente de una figura retórica que indica la universalidad **del Evangelio** y su proclamación, no que todas las personas del globo hayan oído predicar a Pablo. En Hechos 2:5 esta frase describe países sin incluir, por ejemplo, a nadie de América del Norte o del Sur (cf. también Gén. 41:57; 1Re. 10:24; Rom. 1:8).[55]

Todos los comentaristas que cita Ice entienden que el pasaje no debe interpretarse literalmente. A diferencia de Ice, admiten que estas frases globales no significan nada más que el mundo en el que vivían Pablo y la iglesia primitiva. Ice está tan empeñado en defender el dispensacionalismo contra sus muchos problemas interpretativos que cita selectivamente a los comentaristas. Su uso de Lightfoot es el ejemplo más atroz. Pablo estaba utilizando la hipérbole simplemente para argumentar que «el evangelio se extendió con notable rapidez en los relativamente pocos años posteriores a Pentecostés, y nadie puede afirmar con exactitud dónde se encontraban sus límites geográficos».[56] Por eso el comentarista dispensacional Homer A. Kent, Jr. también puede afirmar que «la afirmación es un uso legítimo de la hipérbole literaria, y debe considerarse como una generalización que no requiere exactitud estadística».[57]

---

[54] Lightfoot, *St. Paul's Epistles to the Colossians and Philemon*, 163.
[55] Norman L. Geisler, «Colossians», *Bible Knowledge Commentary*, 675.
[56] Norman L. Geisler, «Colossians», *Bible Knowledge Commentary*, 675.
[57] Kent, *Treasures of Wisdom*, 57.

Estos pasajes afirman lo que Ice niega. No podrían ser más claros y armonizan perfectamente con lo que Jesús dijo a sus discípulos en Mateo 24:14.

Toda nación, tribu, lengua y pueblo

Ice cree que Mateo 24:14 y Apocalipsis 14:6-7 son pasajes paralelos. Se trata de una admisión sorprendente, ya que en términos de lenguaje son bastante distintos. En Mateo 24:14 Jesús dice que «el evangelio del reino será predicado en la tierra habitada [*oikoumenē*] para testimonio a todas las naciones» y en Apocalipsis 14:6 leemos: «Y vi a otro ángel volando en medio del cielo, que tenía un evangelio eterno para predicarlo a los que viven en la tierra, y a toda nación y tribu y lengua y pueblo». «Naciones» parece ser la única palabra común. Ice afirma que «la evangelización global tendrá lugar justo antes de la mitad de la Tribulación de siete años». No hay «siete años de Tribulación» en Apocalipsis. Las palabras «siete años» aparecen solo una vez en el Nuevo Testamento, y no tiene nada que ver con un período de tribulación.[58] Ice se ve obligado a apretar la Biblia en el molde dispensacional. Esto significa que a menudo no compara Escritura con Escritura. Deja que su sistema guíe su juicio.

Por supuesto, no es necesario repetir los argumentos ya desarrollados que demuestran que *oikoumenē* e incluso *kosmos* no son universales en su alcance geográfico. Pero incluso con el alcance aparentemente universal del lenguaje de Juan, esto no significa que esté registrando nada más de lo que dicen otros pasajes globales (Rom. 1:8; Col. 16, 23; etc.). Obsérvese que en Daniel se utiliza un lenguaje casi idéntico: «El rey Nabucodonosor a todos los pueblos, naciones y hombres de todas las lenguas que habitan en toda la tierra» (Dan. 4:1). ¿Debe entenderse en sentido global? En absoluto.

Pero supongamos que Juan está describiendo la predicación mundial del Evangelio. El paralelismo es más con Mateo 24:31 que con 24:14. Es después de la caída de Jerusalén cuando los elegidos de Dios se reúnen «desde los cuatro vientos, desde un extremo del cielo hasta el otro» (24:31).[59] De forma similar, en Apocalipsis 14:6 aprendemos que el «evangelio eterno» se predicará (Ap. 14:6) cuando «Babilonia la grande» haya caído (14:8). Babilonia la grande es la Jerusalén del siglo I, y cayó en el año 70 d.C. En términos de

---

[58] DeMar, *Left Behind*, 39–42.
[59] Para una discusión de Mateo 24:31, véase Gary DeMar, *Last Days Madness: Obsession of the Modern Church*, 4ta. ed. (Powder Springs, GA: American Vision, 1999), 173–177.

El mito de que el Evangelio aún no se ha predicado en «todo el mundo»

paralelismos, obsérvese también que en Apocalipsis 14:6 y Mateo 24:31 los ángeles participan en el envío del evangelio.[60] Me parece que este pasaje describe mejor un mundo posterior al año 70 d.C. tras la caída inmediata de Jerusalén.

Al dejar de ser Jerusalén el foco redentor, el Evangelio debe llegar a todo el mundo: «Pero recibirán poder, cuando haya venido sobre ustedes el Espíritu Santo, y me serán testigos en Jerusalén, en toda Judea, en Samaria y hasta lo último de la tierra» (Hch. 1:8). Antes de la destrucción de Jerusalén, el Evangelio debía llegar al «mundo habitado» del primer siglo como «testimonio a todas las naciones» (Mt. 24:14). Más adelante, en el Discurso del Monte de los Olivos, Jesús describe una difusión más universal del Evangelio «desde un extremo del cielo hasta el otro» (24:31). Antes de su ascensión, Jesús dice a sus discípulos que «hagan discípulos a todas las naciones» (28:19). Nótese que no hay referencia temporal como en Mateo 24:14 («esta generación»).

Pero existe otra posibilidad interpretativa. Al igual que Apocalipsis 12, que parece remontarse a la historia anterior del Nuevo Testamento, Juan puede estar haciendo lo mismo en Apocalipsis 12:6. Arthur M. Ogden sugiere:

> El Cordero está de pie en el Monte Sión con los 144.000 listos para el comienzo del orden del Nuevo Testamento. Juan observa cómo un ángel vuela por en medio del cielo con el Evangelio eterno para predicarlo a todas las naciones. La escena es Pentecostés, 30 d.C. (cf. Heb. 12:22-24). Fue entonces cuando comenzó a predicarse el Evangelio bajo la autoridad de la gran comisión (cf. Mt. 28:18-20; Mr. 16:15-16; Lc. 24:46-49) y el poder del Espíritu Santo (Hch. 1:8, 2:1-4, 33; 1Pe. 1:12). Desde aquí se predicó el Evangelio a toda nación, tribu, lengua y pueblo (Mt. 24:14; Mc. 13:10; Rom. 1:16; 10:18; Col. 1:23).[61]

Aunque no podemos estar seguros, Hechos 2:5 puede ser la clave para entender el significado de Apocalipsis 14:6, ya que había «judíos que vivían en Jerusalén, hombres piadosos, de todas las naciones bajo el cielo». Ellos escucharon el evangelio «en su propia lengua» (Hch. 2:6). En un período de cuarenta años, el evangelio se había abierto camino más allá de las fronteras de Israel a todos los lugares a los que una caravana o un barco podía llevar a una persona.

---

[60] R. T. France, *The Gospel of Mark* (NIGTC) (Grand Rapids, MI: Eerdmans, 2002), 536–537.

[61] Arthur M. Ogden, *The Avenging of the Apostles and Prophets: Commentary on Revelation*, 2da. ed. (Somerset, KY: Ogden Publications, 1991), 292–293.

Mitos escatológicos

A todas las naciones

Un último argumento que necesita ser tratado es la comprensión de Ice de Romanos 16:26. En *Last Days Madness* [*Locura de los últimos días*] y *Left Behind: Separating Fact from Fiction* [*Dejados atrás: Separando los hechos de la ficción*] afirmo que este pasaje cumple las exigencias de Mateo 24:14 ya que «Pablo declaró que el evangelio había 'sido dado a conocer a todas las naciones', un cumplimiento directo de Mateo 24:14 (Rom. 16:26)».[62] Ice discrepa afirmando lo siguiente:

> Como prácticamente todos los comentarios le dirán, el propósito del misterio de Pablo sobre el Evangelio es para que llegue a todo el mundo.[63] H.P. Liddon dice que «a todas las naciones» habla «del alcance del destino. Entre todos los pueblos paganos».[64] «Habiendo revelado esta verdad a Pablo, Dios ordenó que se predicara a todas las naciones gentiles».[65] Este pasaje nos informa de que el mensaje del Evangelio se ha introducido en todo el mundo y estaba destinado a todos los seres humanos de toda la creación. Esta afirmación podría haberse hecho el día de Pentecostés, cuando nació la Iglesia, ya que habla del hecho de que el misterio del Evangelio nos dice que no es solo para los judíos, sino que incluirá también a los gentiles.

¿Cuántas veces hemos visto a Pablo utilizar un lenguaje global para expresar lo que vuelve a afirmar en su doxología al final de Romanos? Da gracias a Dios por los cristianos de Roma (1:5) porque su «fe se proclama por *todo el mundo*» (Rom. 1:8). Les dice que «su voz ha llegado *a toda la tierra* y sus palabras hasta *los confines del mundo*» (10:18). Hemos visto cómo Colosenses 1:6 y 1:23 utilizan un lenguaje similar. Dada la inclinación de Ice a ser literalista, es bastante sorprendente leer cómo elude estos textos de lenguaje global.

La afirmación de Ice de que «el propósito del misterio de Pablo sobre el Evangelio es que llegue a todo el mundo» afirma lo obvio y no dice nada sobre este debate. La pregunta sigue en pie: ¿Llegó el evangelio a todo el mundo conocido antes de que muriera la generación anterior al año 70 d.C.? Pablo y otros escritores del Nuevo Testamento dicen que sí. Para admitir esto, Ice tendría que abandonar el dispensacionalismo.

---

[62] DeMar, *Left Behind: Separating Fact from Fiction*, 85. Also see *Last Days Madness*, 89.
[63] Leon Morris, *The Epistle to the Romans* (Grand Rapids, MI: Eerdmans, 1988), 547.
[64] H. P. Liddon, *Explanatory Analysis of St. Paul's Epistle to the Romans* (Minneapolis, MN: James and Klock, [1899] 1977), 307.
[65] Randolph O. Yeager, *The Renaissance New Testament*, 18 vols. (Gretna, LA: Pelican, 1983), 12:282.

El mito de que el Evangelio aún no se ha predicado en «todo el mundo»

Una vez más, Ice cita a los comentaristas de forma selectiva. Por ejemplo, cita a Morris diciendo que el «misterio sobre el Evangelio es para que llegue a todo el mundo». Estoy de acuerdo. Pero como hemos visto una y otra vez, la comprensión del Nuevo Testamento de «mundo», ya sea *oikoumenē* o *kosmos*, dice que esto es un hecho en términos de lo que la gente entendía que estas palabras significaban en su día. Contrariamente a Ice, Morris también escribe que «el evangelio se ha dado a conocer, y se ha dado a conocer a los gentiles (cf. 1:5)».[66]

Pero supongamos por el momento que Ice está en lo cierto, que Pablo solo tenía en mente la esperanza de la extensión del Evangelio, para que «llegue a todo el mundo». En efecto, Pablo solo está afirmando lo que será, no lo que se ha realizado. Por supuesto, tal interpretación contradiría lo que Pablo dice en otras partes de Romanos (Rom. 1:8; 10:18), pasajes que Ice no discute. Además, como Pablo escribía hacia el año 57 d.C., y Colosenses no se escribió hasta el 63 d.C., hay una perfecta armonía. Cuando Pablo escribe a los colosenses, el evangelio ya había sido predicado «en toda la creación que está debajo del cielo» (Col. 1:23). En realidad, Jesús dijo que el evangelio se predicaría «en todo el mundo para testimonio a todas las naciones» (Mt. 24:14) antes de que pasara «esta generación», es decir, antes de la destrucción de Jerusalén en el año 70 d.C. En una de sus cartas posteriores, escrita hacia el año 64 d.C., Pablo escribe a Timoteo que Jesús fue «proclamado entre las naciones, creído en el mundo» (1Tim. 3:16). ¿Puede ser más clara la Biblia?

Conclusión

Aunque Ice intenta apuntalar los muros del dispensacionalismo que se derrumba con su artículo sobre Mateo 24:14, ha infligido aún más daño. No hace un estudio exhaustivo de cómo se usa *oikoumenē* en el Nuevo Testamento, cita selectivamente pasajes y comentaristas que no apoyan su punto de vista, a menudo refuta lo que intenta defender en su propia posición, y no hace ningún intento de interpretar los pasajes pertinentes a la luz de su contexto histórico. Si el artículo de Ice es un artículo dispensacional estándar, entonces el dispensacionalismo está en serios problemas. Estos no son más que signos de su inminente colapso.

---

[66] Morris, *Epistle to the Romans*, 547.

9

El mito de que los terremotos son señales del fin de los tiempos

Desde hace décadas, los escritores modernos de profecías afirman que el aumento y la gravedad de los terremotos son indicadores seguros de la proximidad del rapto. Carl G. Johnson escribió en 1972 que «los mayores terremotos que han sacudido este mundo se han producido desde el final de la Primera Guerra Mundial. Varios de ellos sacudieron toda la tierra».[1] Peter LaLonde afirma que el número de terremotos por década «se ha duplicado aproximadamente desde la década de 1950». David Allen Lewis ofrece una estadística similar: «Ha habido más terremotos en los últimos 50 años que en los 1.500 años anteriores». Michael D. Evans, cuyo libro *The American Prophecies* [*Las profecías americanas*] es promocionado como un *tour de force* del fin de los tiempos por varios defensores de la dispensación, escribió en una obra profética anterior que «La magnitud y frecuencia de los terremotos diferencia [la década de los 90] de cualquier otro momento de la historia espiritual». Jack Van Impe argumentó de manera similar: «La historia muestra que el número de terremotos mortales se mantuvo bastante constante hasta la década de 1950, con un promedio de dos a cuatro por década. En la década de 1950, hubo nueve. En los sesenta, 13. En los setenta, 51. En los 70, 51. En los ochenta, 86. De 1990 a 1996, ha habido más de

---

[1] Carl G. Johnson, *Prophecy Made Plain for Times Like These* (Chicago: Moody Press, 1972), 86.

150».² Como veremos, estadísticamente no ha habido un aumento del número de terremotos en los últimos 100 años ni un aumento de su gravedad.

Grandes terremotos

Como un reloj, cuando empezaron a llegar las noticias sobre el terremoto en aguas profundas que provocó un tsunami masivo que ha matado a más de 150.000 personas, predije que los escritores de profecías relacionarían este trágico suceso con un escenario del fin del mundo. Hal Lindsey fue uno de los primeros en hacer la inevitable conexión.³ Lindsey se concentra en el relato de Lucas de la profecía de Jesús en el Discurso del Monte de los Olivos:

> Cuando le preguntaron a Jesús cuáles serían las señales de su regreso, pintó un mundo desgarrado por luchas étnicas y guerras, hambriento en medio de la abundancia, sacudido por grandes terremotos y asolado por pestilencias.

Lindsey utiliza Lucas 21:11 para su punto de referencia apocalíptico: «Y habrá grandes terremotos, y en varios lugares plagas y hambres; y habrá terrores y grandes señales del cielo». Afirma que Jesús se está refiriendo a lo que tendrá lugar en un tiempo lejano, en un periodo justo antes del «rapto» y la gran tribulación.

Lindsey ya ha sacado antes la carta de los terremotos. Empezó en 1970 con la publicación de *The Late Great Planet Earth*.⁴ En 1997, escribió: «Los terremotos siguen aumentando en frecuencia e intensidad, tal como predice la Biblia para los últimos días antes del regreso de Cristo».⁵ En 1994, publicó estadísticas similares en la primera edición de *Planet Earth 2000 A.D.* La fuente de las estadísticas de Lindsey es el fidedigno United States Geological Survey de Boulder [Servicio Geológico de Estados Unidos de Boulder], Colorado. «Pero no da detalles del informe (nombre del informe, autor, fecha, lugar, etc.)».⁶ Aquellos que consideran que los

---

² Estas citas se tomaron de Richard Abanes, *End-Time Visions: The Road to Armageddon?* (Nueva York: Four Walls Eight Windows, 1998), 258–267.

³ Hal Lindsey, «Stingy Sam» (30 de diciembre 2004) www.worldnetdaily.com/news/article.asp?ARTICLE_ID=42171

⁴ Hal Lindsey, *The Late Great Planet Earth* (Grand Rapids, MI: Zondervan, 1970), 52.

⁵ Hal Lindsey, *Apocalypse Code* (Palos Verdes, CA: Western Front Ltd., 1997), 296.

⁶ Steven A. Austin y Mark L. Strauss, «Are Earthquakes Signs of the End Times?: A Geological and Biblical Response to an Urban Legend», *Christian Research Journal*, 21:4, 32. Mediante un cuidadoso análisis, los autores refutan la afirmación de que se ha producido un

terremotos son una señal del fin de *nuestra era* y de la proximidad del rapto están pasando por alto algunos datos bíblicos e históricos cruciales. En primer lugar, el fin de los tiempos fue un acontecimiento del siglo I (1Cor. 10:11; Heb. 1:1-2; 9:26; 10:24-25). Segundo, la señal de los terremotos solo tiene significado dentro del contexto temporal de la generación a la que Jesús se dirigía (más sobre esto adelante). Tercero, las estadísticas usadas por Lindsey, LaLonde, Van Impe, *et al.* no pueden ser corroboradas por un estudio de los datos.

La mayoría de los escritores de profecías comienzan con la declaración profética más larga de Jesús, a la que se suele hacer referencia como el Discurso del Monte de los Olivos (Mt. 24; Mc. 13; Lc. 21). De hecho, Jesús está describiendo lo que ocurrió antes de que esa generación del primer siglo falleciera: «Así también ustedes, cuando vean que suceden estas cosas, reconozcan que el Reino de Dios está cerca» (21:31). Nótese la referencia al público: «Así también *ustedes... cuando vean que suceden estas cosas*» *(*Mt. 24:33). Jesús estaba informando a su audiencia actual sobre lo *que* verían y experimentarían. Si Jesús tuviera en mente una generación futura, habría dicho: «*Cuando (otros)vean que suceden estas cosas*».

¿Generación de quién?

Además, observe cómo Jesús dice: «*Esta* generación no pasará hasta que todas estas cosas sucedan» (Lc. 21:32). Todas y cada una de las veces que se utiliza «esta generación» en los evangelios, se refiere a la generación a la que Jesús está hablando (Mt. 11:16; 12:41-42; 23:36; Mc. 8:12; Lc. 7:31; 11:30-32, 50-51; 17:25; Gén. 7:1; Sal. 12:7; Heb. 3:10). «Esta generación» nunca se usa como referencia a una generación futura. De nuevo, si Jesús tuviera en mente una generación futura, habría dicho, «*esa* generación no pasará».

Jesús se refiere a las condiciones del mundo en su época. El demostrativo cercano «esta» siempre se utiliza para describir lo que está cerca en términos de tiempo y lugar. «Los demostrativos... son de dos clases: cercanos y lejanos. Los demostrativos cercanos, como su nombre indica, señalan a alguien o algo 'cerca', en estrecha proximidad. Aparecen como la palabra singular 'esto/a' y su plural 'estos/as'. Los demostrativos lejanos, como su nombre indica,

---

aumento de los terremotos en los periodos indicados por los autores de las profecías mencionados. De hecho, los autores concluyen: «Los gráficos de la frecuencia global de terremotos indican en general una frecuencia decreciente de los mismos» (38). Se puede encontrar un análisis más detallado en www.icr.org/research/sa/ sa-r06.htm

aparecen como 'eso/a' (singular), o 'aquellos/as-esos/as' (plural)».[7] El demostrativo cercano se refiere siempre a algo actual, como demuestran en sus definiciones los léxicos y gramáticas griegos.

- «Esto/a» se refiere «a algo comparativamente cercano, así como *ekeinos* [aquello/a] se refiere a algo comparativamente más lejano».[8]
- «A veces se desea llamar la atención con especial énfasis sobre un objeto designado, ya sea en la vecindad física del hablante o en el contexto literario del escritor. Para este propósito se usa la construcción demostrativa... Para lo que está relativamente cerca en la actualidad o en el pensamiento se usa el demostrativo *inmediato* [*houtos*]... Para lo que está relativamente distante en la actualidad o en el pensamiento se usa el demostrativo *remoto* [*ekeinos*]».[9]

Como veremos, existen numerosas pruebas históricas de que estos terremotos se produjeron antes de que la generación del siglo I falleciera. De hecho, tal y como registra la historia, los terremotos mortales, los tsunamis y los huracanes tienen una larga historia.

Ya lo hemos visto antes

Se ha prestado mucha atención al número de huracanes que azotaron Estados Unidos en 2005 y al tsunami que asoló Asia en 2004. Muchos creen que son signos del fin, basándose en el relato de Lucas del Discurso del Monte de los Olivos, donde escribe sobre la «perplejidad ante el bramido del mar y de las olas» (Lc. 21:25). El fondo del Mediterráneo está plagado de barcos que se partieron y hundieron a causa de las tormentas. Leemos sobre uno de estos incidentes en Hechos 27. La tormenta se describe como un «Euraquilo», es decir, «un nordeste» (27:14). Lucas escribe que no vieron el sol ni las estrellas «durante muchos días» (27:20). Finalmente, la nave encalló y «fue destrozada por la fuerza de las olas» (27:41). El historiador

---

[7] Cullen I K Story y J. Lyle Story, *Greek To Me: Learning New Testament Greek Through Memory Visualization* [New York: Harper, 1979], 74).

[8] William F. Arndt y F. Wilbur Gingrich, *A Greek-English Lexicon of the New Testament and Other Early Christian Literature*, 4ta. ed. (Chicago, IL: The University of Chicago Press, 1952), 600.

[9] H. E. Dana y Julius R. Mantey, *A Manual Grammar of the Greek New Testament* (New York; Macmillan, 1957), 127–128, sec. 136.

El mito de que los terremotos son señales del fin de los tiempos

romano Tácito describe una serie de sucesos similares en el año 65 d.C.:

> Los dioses también marcaron con tormentas y enfermedades un año vergonzoso por tantos crímenes. Campania fue devastada por un huracán... cuya furia se extendió hasta las cercanías de la Ciudad, en la que una violenta peste se llevaba a toda clase de seres humanos... las casas se llenaron de cadáveres, las calles de funerales.[10]

Los desastres naturales descritos por Mateo, Marcos y Lucas, comunes a todas las épocas, apuntaban específicamente a la venida de Jesús en juicio sobre Jerusalén antes de que aquella generación del siglo I falleciera.

La erupción del Krakatoa el 27 de agosto de 1883 causó la muerte de 40.000 personas, casi todas ellas a causa de los tsunamis de 30 metros generados por las ondas de choque. A través de los relatos de testigos presenciales, supimos que la explosión se oyó a miles de kilómetros de distancia y que la onda expansiva de la erupción dio la vuelta al mundo. Los efectos de la catástrofe fueron profundos y duraderos:

> Más allá de los horrores puramente físicos de un acontecimiento que solo muy recientemente se ha comprendido adecuadamente, la erupción cambió el mundo de más formas de las que cabría imaginar. El polvo se arremolinó en torno al planeta durante años, provocando el desplome de las temperaturas y que los atardeceres se tornasen vívidos con escabrosos e inquietantes despliegues de luz. Los efectos de las inmensas olas se dejaron sentir hasta en Francia. Los barómetros de Bogotá y Washington se volvieron locos. En Zanzíbar aparecieron cadáveres. El sonido de la destrucción de la isla se oyó en Australia e India y en islas a miles de kilómetros de distancia. Y lo que es más importante, teniendo en cuenta el nuevo clima político actual, la erupción contribuyó a desencadenar en Java una oleada de militancia asesina antioccidental entre los musulmanes fundamentalistas: uno de los primeros brotes de asesinatos de inspiración islámica en todo el mundo.[11]

Lo singular de los tsunamis en nuestros días es lo rápido que nos enteramos de ellos a través de la televisión, la transmisión por satélite e Internet. Las noticias de los devastadores efectos del Krakatoa se

---

[10] George Edmundson, *The Church in Rome in the First Century* (Londres: Longmans, Green and Co., 1913), 143.
[11] http://www.amazon.com/exec/obidos/tg/detail/-/0066212855/qid=1104773777/sr=1-1/ref=sr_1_1/103-5583319-4472647?v=glance&s=books

transmitieron por código Morse. Si, como afirma el propio Lindsey, el «catastrófico tsunami del 26 de diciembre de 2004 fue causado por el cuarto terremoto submarino más potente registrado», entonces hubo tres más potentes que conocemos y posiblemente otros que desconocemos. Parece que hoy en día hay más terremotos debido a varios factores:

> Una explicación parcial puede residir en el hecho de que, en los últimos veinte años, ha aumentado definitivamente el número de terremotos que hemos podido localizar cada año. Esto se debe al enorme aumento del número de estaciones sismográficas en el mundo y a las numerosas mejoras en las comunicaciones globales. En 1931, había unas 350 estaciones en funcionamiento en todo el mundo; hoy en día, hay más de 4.000 estaciones y los datos llegan rápidamente desde ellas por télex, ocomputadora y satélite. Este aumento del número de estaciones y la recepción más puntual de los datos nos ha permitido, a nosotros y a otros centros sismológicos, localizar muchos pequeños terremotos que no se detectaban en años anteriores, y somos capaces de localizar terremotos con mayor rapidez. En la actualidad, el NEIC [Centro de Información Nacional de Terremotos, por su siglas en inglés] localiza entre 12.000 y 14.000 terremotos al año, es decir, unos 35 al día. Además, debido a las mejoras en las comunicaciones y al mayor interés por las catástrofes naturales, el público se entera ahora de más terremotos. Según los registros a largo plazo (desde 1900 aproximadamente), se esperan unos 18 grandes terremotos (7,0-7,9) y un gran terremoto (8,0 o más) en un año determinado.[12]

Como atestigua la historia, los terremotos devastadores no son algo nuevo. Además, la última catástrofe podría haberse evitado mediante un sistema de alerta precoz del que se dispone actualmente.[13]

Lindsey continúa: «Jesús indica que todos los desastres naturales comenzarán a aumentar en frecuencia e intensidad en concierto con los demás poco antes de su regreso. Y es como estos 'dolores de parto' comienzan a tener lugar que los creyentes en Jesús han de saber que su liberación está cerca». No hay mención de un aumento en la frecuencia o intensidad de los terremotos en lo que Jesús dice, solo que ocurrirán «en varios lugares» antes de que «esta generación», es decir, la generación de los días de Jesús, haya pasado.

El registro bíblico muestra que se produjeron terremotos antes de que Jerusalén fuera destruida en el año 70 d.C. En Mateo se

---

[12] http://earthquake.usgs.gov/faq/myths.html#8
[13] Daniel Lapin, «Don't blame God for Asian casualties», www.worldnetdaily.com/news/article.asp?ARTICLE_ID=42212

mencionan dos terremotos: Cuando Jesús fue crucificado (27:54) y cuando el ángel bajó para remover la piedra de la tumba donde Jesús fue sepultado (28:2). Se dice que este segundo terremoto fue «severo». Lucas registra en Hechos que «un gran terremoto» que sacudió «los cimientos de la casa de la cárcel» (Hch. 16:26). En Apocalipsis 11:13 leemos: «Y en aquella hora hubo un gran *terremoto*, y cayó la décima parte de la ciudad; y siete mil personas murieron en el terremoto, y las demás se aterrorizaron y dieron gloria al Dios del cielo». El templo seguía en pie cuando Juan registró este acontecimiento (11:1-2). Para nosotros, este gran terremoto es un evento pasado y es otro cumplimiento de lo que Jesús predijo en el Discurso del Monte de los Olivos.

Los historiadores seculares de la época apoyan el registro bíblico. «Y en cuanto a los terremotos, muchos son mencionados por los escritores durante un período justo antes del 70 d.C. Hubo terremotos en Creta, Esmirna, Mileto, Quíos, Samos, Laodicea, Hierápolis, Colosas, Campania, Roma y Judea. Es interesante señalar que la ciudad de Pompeya resultó muy dañada por un terremoto ocurrido el 5 de febrero del año 63 d.C.»[14] Henry Alford recopiló la siguiente lista:

> Los principales *terremotos* ocurridos entre esta profecía y la destrucción de Jerusalén [en el año 70 d.C.] fueron, (1) un gran terremoto en Creta, 46 o 47 d.C.; (2) uno en Roma el día en que Nerón asumió la toga viril, 51 d.C.; (3) uno en Apamaea en Frigia, mencionado por Tácito, 53 d.C.; (4) uno en Laodicea en Frigia, 60 d.C.; (5) uno en Campania.[15]

Obsérvese la estrecha zona geográfica de estos terremotos en un periodo de solo 12 años. Su gravedad y frecuencia no han sido eclipsadas en tiempos modernos.

Flavio Josefo, testigo ocular de los acontecimientos que rodearon la destrucción de Jerusalén, describe un terremoto en Judea de tal magnitud «que la constitución del universo fue confundida por la destrucción de los hombres».[16] Por supuesto, estaba hablando metafóricamente, utilizando la hipérbole, algo que la Biblia hace a

---

[14] J. Marcellus Kik, *Matthew Twenty-Four: An Exposition* (Filadelfia, PA: Presbyterian and Reformed, 1948), 93.
[15] Henry Alford, *The New Testament for English Readers* (Chicago, IL: Moody Press, n.d.), 163.
[16] Citado en Thomas Scott, *The Holy Bible Containing the Old and New Testaments, According to the Authorized Version; with Explanatory Notes, Practical Observations, and Copious Marginal References*, 3 vols. (Nueva York: Collins and Hannay, 1832), 3:108.

menudo para describir catástrofes locales (Sal. 18; 2Sam. 22; Sof. 1:1-4, 14-18), debido a la devastación causada a la ciudad santa y al santuario que eran la identidad del pueblo judío. Josefo escribe a continuación que el terremoto de Judea no fue una calamidad «común», lo que indica que Dios mismo lo había provocado con un propósito especial. Un comentarista escribe: «Quizá ningún período de la historia del mundo haya estado tan marcado por estas convulsiones como el que transcurre entre la Crucifixión y la destrucción de Jerusalén».[17] Puesto que la generación entre el 30 y el 70 d.C. ya pasó, no hay razón para atribuir un significado profético a los terremotos de nuestros días como cumplimiento de Mateo 24:7. No son signos de la inminencia de la muerte. No son señales de la inminencia del regreso de Jesús en nuestra generación, pero fueron un preludio de la venida de Jesús en juicio sobre Jerusalén en la generación de los apóstoles.

¿El fin del mundo?

«Pensé que era el fin del mundo». César Jamorawon creía que las estruendosas erupciones del monte Pinatubo, en Filipinas, en julio de 1991, eran un castigo de Dios. «Pensé que debía ser un castigo de Dios porque el mundo se había olvidado de Él. Nunca en mi vida había experimentado una crisis tan grave».[18] Desde la perspectiva de Jamorawon, la erupción del Pinatubo fue una experiencia escatológica única, pero ¿fue una señal de los acontecimientos proféticos venideros?

No era la primera erupción de la boca del monte Pinatubo. El volátil monte había entrado en erupción en 1380. No cabe duda de que quienes presenciaron la furia del Pinatubo hace más de seis siglos expresaron sentimientos como los de César Jamorawon. Una reacción similar se escuchó en Kobe, Japón, en enero de 1995. Minoru Takasu «pensó que era el fin del mundo»[19] cuando se produjo un terremoto devastador. No era el fin del mundo entonces, y probablemente no sea una «señal» del fin del mundo ahora.

Por supuesto, deberíamos ver en sucesos como terremotos, volcanes, hambrunas e inundaciones un recordatorio de que Dios sí

---

[17] Edward Hayes Plumptre, «The Gospel According to St. Matthew», *Ellicott's Commentary on the Whole Bible*, ed. Charles John Ellicott, 8 vols. (Londres: Cassell and Company, 1897), 6:146.

[18] Eileen Guerrero, «Pensé que era el fin del mundo», *Marietta Daily Journal* (17 de junio de 1991), 1A.

[19] «'El fin del mundo,'» *Marietta Daily Journal* (18 de enero de 1995), 1A.

El mito de que los terremotos son señales del fin de los tiempos

responde a un mundo que «se ha olvidado de Él». John Wesley escribió sobre «La causa y la cura de los terremotos» en 1750:

> De todos los juicios que el Dios justo inflige a los pecadores aquí, el más terrible y destructivo es un terremoto. Esto es lo que ha provocado últimamente en nuestra parte de la tierra, y con ello ha alarmado nuestros temores, y nos ha ordenado «¡prepararnos para encontrarnos con nuestro Dios!» Las sacudidas que se han sentido en diversos lugares, después de la que hizo temblar a esta ciudad, pueden convencernos de que el peligro no ha terminado, y deberían mantenernos todavía en temor; viendo que «su ira no se ha apartado, sino que su mano está todavía extendida», Is. x, 4.[20]

La valoración de Wesley de los terremotos como un juicio inmediato de Dios es muy distinta de afirmar que tales sucesos deben vincularse a textos que indican el momento de un supuesto rapto o de la Segunda Venida. En 1756, Gilbert Tennent observó que los terremotos eran «extraordinarios en cuanto a su número y terribles en cuanto a sus efectos»[21] *en su época*. Los veía como indicadores de que «algunas revoluciones extraordinarias [podrían] estar cerca», no como señales de la pronta venida de Jesús. James West Davidson escribe:

> Tanto los ministros de 1755 como los de 1727, tanto los de la Nueva Luz como los de la Antigua, aceptaban las suposiciones predominantes de que los terremotos eran causados naturalmente, que su significado era ineludible como juicios morales y que (lo más importante) eran compatibles con otros juicios morales que Dios realizaba utilizando instrumentos humanos. Consideraban las catástrofes naturales como una parte propia del clímax de la historia, no por una preferencia por alguna cronología milenaria específica (una vez más aparecía una amplia gama de opiniones al respecto), sino porque las catástrofes entraban en la categoría más general del juicio moral, que era una parte necesaria de la liberación final.[22]

Las noticias de terremotos en nuestros días parecen tener un significado profético «porque somos hasta tal punto 'extraños al pasado', [que] fácilmente leemos en los acontecimientos y circunstancias de nuestros días un carácter distintivo y único que en

---

[20] John Wesley, «The Cause and Cure of Earthquakes» (1750), *Sermons on Several Occasions*, 2 vols. (Nueva York: Carlton & Phillips, 1853), 1:506.
[21] Gilbert Tennent (1703–1764) citado en James West Davidson, *The Logic of Millennial Thought: Eighteenth-Century New England* (New Haven, CT: Yale University Press, 1977), 102.
[22] Davidson, *Logic of Millennial Thought*, 97.

realidad puede no estar ahí».²³ Gran parte de la naturaleza especulativa de la histeria profética bíblica actual puede vincularse al «provincialismo generacional», es decir, la creencia de que nada tiene significado profético a menos que le suceda a la generación actual. Muchos de los que adoptan este enfoque parecen ignorar que las guerras, los terremotos, las hambrunas y las plagas han formado parte de la condición humana desde la caída. En varios periodos cruciales de la historia de la humanidad, Dios ha utilizado estos fenómenos como advertencias de un juicio inminente o como castigo por la infidelidad al pacto (Núm. 16:30, 32, 34; 26:10; Dt. 11:6). Por supuesto, no todos los terremotos o hambrunas tienen un significado tan *especial*. Sin embargo, cada acontecimiento debería servirnos para recordar que somos pecadores y que nuestro mundo ha sido asolado por los efectos de la rebelión (Jn. 9:1-3). La tiranía política y la apostasía religiosa no son necesariamente signos de una destrucción escatológica inminente.

El terremoto de Lisboa

¿Y el terremoto de Lisboa de 1755? Seguramente, si la peste negra no fue un preludio del fin, el encuentro de Lisboa con el poder de la tierra y la «ira de Dios» tuvo que ser una señal de que el fin estaba cerca. ¿No había dicho Jesús a su audiencia que «habrá grandes terremotos» (Lc. 21:11)? «Las estimaciones del número de muertos oscilan entre unos 15.000 y más de 75.000. Los historiadores modernos se inclinan a creer que la cifra correcta es probablemente de unos 30.000, lo que supondría más del diez por ciento de la población de la ciudad, el equivalente a casi un millón en el Nueva York contemporáneo».²⁴

Los que fijan las fechas modernas sí reconocen los grandes terremotos del pasado. Pero para que *nuestra* generación sea única en los anales de la profecía bíblica, los que se dedican a predecir el tiempo del fin afirman que debemos calcular la *frecuencia* de los terremotos. Una vez más, el presente debe ser visto como inusual para que el sistema profético funcione. Hal Lindsey escribió: «Ha habido muchos grandes terremotos a lo largo de la historia, pero, según registros sorprendentemente bien conservados, en el pasado no

---

[23] Carl Olof Jonsson and Wolfgang Herbst, *The «Sign» of the Last Days—When?* (Atlanta, GA: Commentary Press, 1987), x. Este libro está repleto de información estadística e histórica que refuta fácilmente la idea de que nuestra época es única en lo que se refiere a terremotos, guerras y hambrunas.

[24] Friedrich, *End of the World,* 188.

ocurrían con mucha frecuencia. El siglo XX, sin embargo, ha experimentado un aumento sin precedentes en la frecuencia de estas calamidades. De hecho, el número de terremotos por década se ha duplicado aproximadamente en cada uno de los periodos de 10 años transcurridos desde 1950».[25] No se ofrece ninguna prueba estadística.

De hecho, Lindsey se equivoca. No hay nada único en el número de terremotos que el mundo está experimentando ahora. Ciertamente hay mejores dispositivos de detección. Por sí solos, los terremotos *parecen* más numerosos. Además, gracias a la red mundial de noticias, los satélites de comunicación y el análisis instantáneo de las noticias, nos enteramos de hasta el más mínimo temblor sísmico en el periódico de la mañana.

Según algunos analistas de profecías, solo se han registrado una docena de grandes terremotos a lo largo de los siglos. Esto está muy lejos de la verdad. El escritor romano Séneca, en el año 58 d.C., afirmó que los terremotos frecuentes habían sido una característica del mundo antiguo:

> ¡Cuántas ciudades de Asia, cuántas de Acaya, han sido abatidas por un solo temblor de tierra! ¡Cuántas ciudades de Siria, cuántas de Macedonia, han sido devoradas! ¡Cuántas veces este tipo de devastación ha dejado a Chipre en ruinas! ¡Cuántas veces se ha derrumbado Pafos! No pocas veces nos llegan noticias de la destrucción total de ciudades enteras.[26]

Fíjese en la fecha en que escribió Séneca, el año 58 d.C., justo doce años antes de la destrucción de Jerusalén y veintiocho años después de la profecía de Jesús sobre los terremotos. Después del año 70 d.C., los terremotos ya no tienen el mismo significado profético.

Los terremotos que se registran hoy en día no son únicos, como demuestra un estudio exhaustivo de la historia. El mayor estudioso de los terremotos fue un francés, el conde F. Montessus de Ballore. De 1885 a 1922 se dedicó a estudiar y catalogar terremotos y llegó a una conclusión asombrosa. Catalogó 171.434 sismos desde los primeros tiempos históricos. «El manuscrito está guardado en la biblioteca de la Sociedad Geográfica de París, donde ocupa 26 metros de estanterías».[27] Por mucho que queramos creer que somos la «Generación del Rapto», no hay pruebas estadísticas ni bíblicas que apoyen tal afirmación.

---

[25] Lindsey, *The 1980s*, 30.
[26] *Seneca Ad Lucilium Epistulae Morales,* trad. Richard M. Gummere, vol. 2 (Londres: 1920), 437. Citado en Jonsson y Herbst, *The «Sign» of the Last Days—When?*, 75.
[27] Jonsson y Herbst, *The «Sign» of the Last Days—When?*, 78.

9

El mito de que el petróleo en Israel es una señal profética

Hal Lindsey afirma que la Biblia predice que se descubrirá petróleo en Israel.[1] Ahora hay un libro que intenta defender lo mismo: *Breaking the Treasure Code: The Hunt for Israel's Oil* [*Rompiendo el Código del Tesoro: La cacería por el petróleo de Israel*].[2] La descripción del libro dice lo siguiente:

> Hace más de tres mil años se escondió en la Biblia el mapa de un tesoro. El tesoro, un regalo de Dios a Israel, fue enterrado en las arenas de la Tierra Prometida para asegurar su prosperidad y protección. «Descifrando el código del tesoro» descifra el mapa y revela las pistas que conducen a una inmensa reserva de petróleo; la fuente de la riqueza de Israel y la clave de su supervivencia en los últimos días.

Esa es la buena noticia. Ahora las malas noticias. Israel será invadido. «Lo interesante es», escribe Lindsey, «que esta invasión será provocada por la enorme riqueza que la nación acumule en este tiempo». Israel simplemente no puede ganar. Los países árabes han estado nadando en petróleo durante décadas y viviendo la vida lujosa de los ingresos acumulados, pero tan pronto como Israel descubra la fuente de energía enterrada desde hace mucho tiempo, ¡va a ser invadida! Qué fastidio.

---

[1] Hal Lindsey, «Israel, nation of miracles» (1 de abril de 2004): http://tinyurl.com/4l67b4
[2] James R. Spillman y Steven M. Spillman, *Breaking the Treasure Code: The Hunt for Israel's Oil* (Travelers Rest, SC: True Potential Publishing, Inc., 2005).

Mitos escatológicos

Es posible que Israel descubra petróleo. Esto no sería demasiado sorprendente, ya que la región está repleta del oro negro. Pero, ¿se puede argumentar *bíblicamente* la importancia profética del petróleo en relación con Israel y un futuro escenario del fin de los tiempos popularizado por escritores como Lindsey? Sigamos la línea lógica de Lindsey a través de las Escrituras para ver si ha logrado su propósito.

La escasez de nacimientos en Israel

Lindsey cita parte de Génesis 49:25 (en cursiva) que describe las bendiciones que llegarán a José: «*Del Dios de tu padre que te ayuda, y por el Todopoderoso que te bendice con bendiciones del cielo arriba, bendiciones de las profundidades que yacen debajo*, bendiciones de los pechos y del vientre». Lindsey dice de este versículo: «Nótese que predice que su gran bendición vendrá de 'lo profundo que *yace debajo*' de su tierra». Por «profundo», Lindsey quiere decir ¡petróleo enterrado profundamente en la tierra!

Un lector atento habría buscado los versículos citados por Lindsey (Hch. 17:11) y se habría dado cuenta de que omitió convenientemente «bendiciones de los pechos y del vientre». El *Bible Knowledge Commentary,* de orientación dispensacional, afirma que esta frase se refiere a «descendencia abundante».[3] Henry M. Morris, un destacado dispensacionalista, está de acuerdo y escribe que es una promesa de «abundancia de progenie saludable, tanto de hombres como de animales».[4] Gerhard Charles Aalders, que no es dispensacionalista, coincide con los autores anteriores: «'Bendiciones del pecho y del vientre' se refieren ciertamente a la abundancia en el engendramiento y la alimentación de los hijos, tanto para los niños humanos como para las crías del ganado».[5]

Anteriormente, en Génesis leemos la promesa de un aumento de la población que haría que Israel fuera tan numeroso «como las estrellas del cielo y como la arena que está a la orilla del mar» (22:17; cf. 32:12).[6] ¿Y cuándo se cumplió?

---

[3] Allen P. Ross, «Genesis», *The Bible Knowledge Commentary: Old Testament*, John F. Walvoord y Roy B. Zuck (Wheaton, IL: Victor Books/Scripture Press, 1985), 99.
[4] Henry M. Morris, *The Genesis Record: A Scientific and Devotional Commentary on the Book of Beginnings* (Grand Rapids, MI: Baker Book House, 1976), 660.
[5] Gerhard Charles Aalders, *Genesis: Bible Student's Commentary*, trad. William Heynen, 2 vols. (Grand Rapids, MI: Zondervan, 1981), 2:287.
[6] «Tan numerosas como las arenas del mar y las estrellas del cielo» son hipérboles (Gen. 41:49).

- «Y tu siervo está en medio de tu pueblo que has elegido, un pueblo grande que no se puede contar ni numerar por la multitud» (1Re. 3:8).
- «Judá e Israel eran tan numerosos como la arena que hay en abundancia a la orilla del mar» (1Re. 4:20).

Si Génesis 49:25 se refiere a un futuro lejano, como especula Lindsey, entonces hay un problema. Para el año 2020, Arnon Sofer, de la Universidad de Haifa, prevé que unos 6,4 millones de judíos vivirán en Israel, «basándose en el crecimiento de la población y en una media de 50.000 inmigrantes judíos al año. Prevé que la población árabe alcance unos 8,5 millones, a los que hay que sumar un millón de no judíos de otros orígenes».[7] Las proyecciones más optimistas indican que judíos y palestinos estarán prácticamente igualados en población dentro de 25 años.[8] Más allá de las fronteras de Israel hay más de cien millones de no judíos. A juzgar por la demografía actual, parece que, en comparación, son los vientres de los *enemigos* de Israel los que han sido bendecidos.

«Lo profundo que yace debajo»

Lindsey cree que la frase «lo profundo que yace debajo» hace referencia al petróleo crudo. Por lo que sé, es la primera persona que hace este descubrimiento. Si lo «profundo» se refiere al petróleo, entonces ¿qué son las «bendiciones del cielo de arriba»? No lo dice. Se puede ver que Génesis 49:25 es un ejemplo clásico de paralelismo hebreo. ¿Cómo interpreta el pasaje uno de los compañeros dispensacionalistas de Lindsey? Las «bendiciones del cielo» se refieren a la «lluvia para las cosechas», mientras que «del abismo» se refiere a los «arroyos y pozos de agua»[9] (Gén. 7:11; 8:2; Dt. 33:13). H. C. Leupold capta el significado de la imaginería hebrea:

> Las siguientes bendiciones son especializadas: primero «bendiciones de los cielos de arriba», que serían las bendiciones que los cielos tienen a su alcance: lluvia, sol y brisas agradables. Luego siguen las «bendiciones de las profundidades», es decir, *tehom*, la fuente profunda de las aguas subterráneas, que se representa como «la que

---

[7] Phil Brennan, «Israel's Population Bomb in Reverse», www.newsmax.com (19 de octubre 2002).
[8] Ben Wattenberg, «Israel Needn't Worry About a Population Implosion» (18 de mayo 2002). www.tzemachdovid.org/Facts/demography.shtml
[9] Ross, «Genesis», 99.

está debajo» de la tierra. Se trata de las aguas almacenadas en la tierra, tan esenciales para todo crecimiento vegetal, así como de las fuentes de los arroyos y de las fuentes, tan necesarias.[10]

Contextualmente, esta interpretación tiene sentido, ya que la falta de lluvia y los pozos secos, especialmente para la gente que vive en una región no muy alejada de las condiciones del desierto, conducirían invariablemente a cosechas fallidas y al agotamiento del ganado. No hay nada en todo Génesis 49 que lleve al intérprete a concluir que el petróleo está enterrado en las profundidades. Lindsey está interpretando el texto desde el punto de vista de la geopolítica y la tecnología actuales. Hizo algo parecido en su libro de 1973 *There's a New World Coming* [*Viene un nuevo mundo*] cuando parece aceptar la identificación de las langostas que salieron de la fosa en Apocalipsis 9 como «helicópteros Cobra» de la época de Vietnam.[11]

«Que moje el pie en aceite»

Lindsey continúa apelando a Deuteronomio 33:24 para apoyar su teoría del petróleo crudo: «Y de Aser dijo: 'Más bendito que los hijos es Aser; que sea favorecido por sus hermanos, *y que moje su pie en aceite*'». Una vez más, Lindsey toma un versículo destinado a un contexto y escenario antiguos, y proyecta sobre él un futuro lejano para ajustarlo a su sistema de interpretación. El «aceite» de este versículo es una referencia al «aceite de oliva». Jack S. Deere, escribiendo sobre Deuteronomio en el *Bible Knowledge Commentary* orientado a la dispensación, afirma que «bañar los **pies** de uno **en aceite** en lugar de simplemente ungirlos sería un acto extravagante». Así, la tribu de Aser experimentaría abundante fertilidad y prosperidad».[12] Jan Ridderbos hace una observación similar: «su tierra será tan rica en aceite que será posible, por así decirlo, vadear en él. De hecho, Galilea, el territorio de Aser, era rica en olivos».[13] J. A. Thompson añade más información sobre el significado del pasaje:

> La última frase del versículo 24, *Moja* (o, que moje) *sus pies en aceite* debe entenderse como un deseo de que Aser disfrute de prosperidad.

---

[10] H.C. Leupold, *Exposition of Genesis*, 2 vols. (Grand Rapids, MI: Baker Book House, [1942], 1976), 2:1196.

[11] Hal Lindsey, *There's a New World Coming* (Santa Ana, CA: Vision House, 1973), 138–139. Encontrará la cita en la edición de bolsillo de Bantam, en el capítulo 9, página 124.

[12] Jacks S. Deere, «Deuteronomy», *Bible Knowledge Commentary: Old Testament*, 322.

[13] Jan Ridderbos, *Deuteronomy: The Bible Student's Commentary*, trad. Ed M. van der Maas (Grand Rapids, MI: Zondervan, 1984), 311.

El mito de que el petróleo en Israel es una señal profética

Las tierras altas de Galilea eran famosas por sus olivos y tanto Josefo como uno de los Midrashim judíos se refieren a este hecho. Este último contiene el dicho: «Es más fácil levantar una legión de aceitunas en Galilea que criar un niño en Palestina».[14]

«La tierra de Aser era rica en agricultura, y todavía es conocida por sus olivares».[15] Una vez más, determinar el contexto y el escenario es crucial para determinar el significado de un texto.

¿Se cumplieron las profecías sobre Aser? A lo largo del Antiguo Testamento, Aser es identificada como una tribu bendecida por Dios (1Cr. 7:40; 12:36) y protectora de la nación (Jue. 6:1-8, 35; 7:23; 1Sam. 11:7; 1Cr. 12:23, 36). Aser es una de las pocas tribus mencionadas en el Nuevo Testamento. Mientras muchos israelitas estaban «dispersos por el extranjero» (Stg. 1:1), un descendiente de la tribu de Aser esperaba al Mesías prometido en Jerusalén (Lc. 2:36), un maravilloso cumplimiento de la profecía.

La Biblia y el petróleo

Cuando la palabra «aceite» aparece en la Biblia, nunca se refiere al petróleo crudo o al petróleo, sino al aceite de oliva.[16] Las sustancias petrolíferas (betún) eran conocidas y utilizadas en tiempos bíblicos, pero no se identificaban como «aceite». Había charcos de un material parecido al asfalto que a menudo se traduce como «brea» o «alquitrán»: «Y el valle de Sidim estaba lleno de pozos de brea...» (Gn. 11:14). La «brea» o «alquitrán» se utilizaba para impermeabilizar (Gén. 6:14; Éx. 2:3) y para la argamasa (Gén. 11:3). Si Dios quería identificar un futuro descubrimiento de petróleo crudo en Génesis 49:25 y Deuteronomio 33:24, podría haber elegido cualquiera de los términos hebreos ya en uso en ese momento para hacer el punto.

Petróleo crudo en Job

Dada la forma en que los dispensacionalistas leen continuamente la Biblia a través de la lente de los acontecimientos modernos y se

---

[14] J. A. Thompson, *Deuteronomy: An Introduction and Commentary* (Downers Grove, IL: InterVarsity Press, 1974), 316.
[15] Cyril J. Barber, «Tribe of Asher», *Baker Encyclopedia of the Bible*, ed. Walter A. Elwell, 2 vols. (Grand Rapids, MI: Baker, 2:212.
[16] Véase la entrada de «*Oil*» [Aceite] en Leland Ryken, James C. Wilhoit, y Tremper Longman III, *Dictionary of Biblical Imagery* (Downers Grove, IL: InterVarsity Press, 1998), 603–604.

niegan a reconocer los textos temporales y el contexto contemporáneo de tantos pasajes, a la Biblia se le puede hacer decir casi cualquier cosa. Considere este versículo: «Él revela los misterios desde las tinieblas, y saca a la luz las profundas tinieblas» (Job 12:22). El uso del petróleo como combustible para automóviles, autobuses, camiones y otros vehículos motorizados habría sido un «misterio» para la gente de la época de Job. Perforar la tierra para extraer el petróleo habría sido inconcebible. Por supuesto, debido a que el petróleo se encuentra en las profundidades de la tierra, está en perpetua «oscuridad»— la más oscura de las oscuridades ya que el petróleo en sí mismo es oscuro. Pero los perforadores sacan la oscuridad a la luz. Una vez que se extrae el petróleo, sale a borbotones a la luz del día. Job profetizó sobre el descubrimiento del petróleo. Así lo dice la Biblia.

Conclusión

Los dispensacionalistas como Hal Lindsey insisten en que ellos interpretan la Biblia literalmente, y que todos los demás son alegorizadores. Tim LaHaye trata de vender este punto en la Introducción a *The Truth About Left Behind* [*La verdad sobre Dejados atrás*] de Mark Hitchcock y Thomas Ice:

> Jerry [Jenkins] y yo hemos adoptado sin pudor la postura de que toda profecía debe interpretarse literalmente siempre que sea posible. Nos hemos guiado en todo momento por la regla de oro de la interpretación: *Cuando el sentido llano de la Escritura tiene sentido común, no busques otro sentido. Tome cada palabra en su significado primario, literal, a menos que los hechos del contexto inmediato indiquen claramente lo contrario.*[17]

Ojalá fuera así. Lindsey, que sigue la misma «regla de oro», ciertamente no está aplicando el principio de Génesis 49:25, Deuteronomio 33:24 y Ezequiel 38-39, como tampoco lo hacen LaHaye, Ice y Hitchcock en su interpretación de Ezequiel 38-39 donde se dice que las armas antiguas son descripciones de cazas MIG rusos. Al igual que los vendedores de aceite de serpiente, estos mercachifles proféticos modernos están vendiendo remedios falsos a un público crédulo dispuesto a creer cualquier cosa que sus héroes proféticos digan sobre su producto.

---

[17] Tim LaHaye, «Introduction», Hitchcock y Ice, *The Truth Behind Left Behind*, 7.

Apéndice A

¿«Iglesia» o «Congregación»?

Una elección de consecuencias mortales

Las traducciones han oscurecido el significado bíblico e histórico de *ekklēsia* al traducirlo como «iglesia» en lugar de «asamblea» o «congregación». Es lamentable que John Wycliffe (*c.* 1324-1384) y los traductores de la Biblia de Ginebra (1560) eligieran traducir *ekklēsia* como «iglesia» en lugar de la más precisa «asamblea» o «congregación». Y es una pena que los eruditos que fueron elegidos para desarrollar lo que ha llegado hasta nosotros como la Versión King James se vieran *obligados* a traducir *ekklēsia* como «iglesia». La palabra inglesa «*church*» [iglesia] no está relacionada con la palabra griega *ekklēsia*, sino que deriva del griego *kyriake* (*oikia*)[1] «(casa) del Señor», de *kyrios* «gobernante, señor».

> El término inglés *church* [*iglesia*], junto con la palabra escocesa *Kirk* y la alemana *Kirche*, deriva del [anglosajón y latino de] griego *kuriakon*, que es el adjetivo neutro de *kurios*, «Señor», y significa «perteneciente al Señor». *Kuriakon* solo aparece dos veces en el Nuevo Testamento, ninguna de ellas con referencia a la Iglesia tal y como se utiliza hoy en día.[2]

---

[1] «La palabra *oikia*, casa, siendo omitida y entendida». (Melvin E. Elliott, *The Languages of the King James Bible: A Glossary Explaining its Words and Expressions* [Garden City, NY: Doubleday & Company, Inc., 1967], 35).
[2] Saucy, *The Church in God's Program*, 11.

Mitos escatológicos

Es mi opinión que el uso de «iglesia» en lugar de «congregación» o «asamblea» ha contribuido en gran medida a crear el mito de una distinción entre Israel e Iglesia, porque se consideró como algo nuevo en lugar de una extensión de lo que el Antiguo Testamento había hecho evidente, tanto en hebreo como en su traducción griega, la Septuaginta. En todos los muchos usos definitorios de *ekklēsia* en el Nuevo Testamento— Melvin Elliott enumera seis[3]—ninguno de ellos se ajusta a la definición dada por los dispensacionalistas como una categoría de creyentes recién creada que tuvo como resultado la creación de una distinción Israel-Iglesia. El Nuevo Testamento de Tyndale, la primera traducción al inglés que utilizó las lenguas originales del hebreo y el griego, no utilizó la palabra «iglesia». William Tyndale (1494-1536) eligió las palabras «asamblea» y «congregación»[4] para traducir *ekklēsia*, y las autoridades eclesiásticas tomaron nota de ello, no porque tal traducción anulara una distinción Israel-Iglesia, sino porque «ciertos aspectos de la traducción de Tyndale fueron percibidos instantáneamente como una amenaza por los católicos ingleses más conservadores».[5] More y otros en la Iglesia creían que estos cambios en la traducción darían crédito a los argumentos de los protestantes de que la Iglesia podía ser cuestionada y que la reforma podría estar en orden.

He aquí cómo la traducción de Tyndale trató las dos primeras apariciones de *ekklēsia* en el Nuevo Testamento (ortografía modernizada):

- «...Y sobre esta roca edificaré mi congregación; y las puertas del infierno no prevalecerán contra ella (Mt. 16:18).[6]
- «Si no los oye, dilo a la congregación; si no oye a la congregación, tómalo por pagano y publicano» (Mt. 18:17).[7]

La Iglesia católica protestó contra el uso de Tyndale de «congregación» como traducción correcta de *ekklēsia*, ya que en

---

[3] Elliott, *The Languages of the King James Bible*, 35–36. Véase también James Bannerman, *The Church of Christ: A Treatise on the Nature, Powers, Ordinances, Discipline and Government of the Christian Church*, 2 vols. (Carlisle, PA: The Banner of Truth Trust, [1869] 1960), 1:5–17.

[4] William Tyndale, «Answer to Sir Thomas More's Dialogue» en *The Works of William Tyndale*, 2 volume work (Carlisle, PA: The Banner of Truth Trust, [1849–1850), 2:13–16.

[5] Alister McGrath, *In the Beginning: The Story of the King James Bible and How it Changed a Nation, a Language, and a Culture* (Nueva York: Doubleday, 2001), 75.

[6] «...Y sobre esta roca asentaré mi congregación. Y las puertas del infierno no podrán impedirlo.

[7] «Si no los oye, dilo a la congregación. Si no lo oye la congregación tómenlo por pagano y publicano».

Apéndice A. ¿«Iglesia» o «Congregación»?

aquella época «iglesia» significaba «cuerpo organizado del clero» y lugar de culto[8] y daba lugar a una clara distinción entre el clero y los laicos. En 1529, sir Tomás Moro (1478-1535) publicó *Un diálogo sobre las herejías,* un ataque frontal a la traducción del Nuevo Testamento de Tyndale.

«En el fondo, More afirma que el delito de Tyndale ha sido dar al pueblo a Pablo en inglés, y traducir palabras clave en sus significados griegos como 'superior' [*presbuteros*],[9] 'congregación' [*ekklēsia*], 'amor' [*ágape*] y 'arrepentirse' [*metanoia*], en lugar de 'sacerdote', 'iglesia', 'caridad' y 'hacer penitencia' de la Iglesia.'»[10] Moro quería asegurarse de que la jerarquía de la Iglesia estuviera protegida y se mantuviera la división entre el clero y los laicos. No es de extrañar que Moro atacara a Tyndale por la traducción de palabras específicas que habrían puesto en tela de juicio la división jerárquica. El lector común podría haber visto, además de cómo se tradujo *ekklēsia*, que la palabra inglesa «*priest*»[11] [sacerdote] se refería a los sacerdotes judíos o paganos y no a los ancianos de la Iglesia.« Como resultado, muchas referencias del Nuevo Testamento que podrían haber sido tomadas como refrendando la institución de la iglesia como referidas a congregaciones locales de creyentes».[12] «More creía que la traducción de Tyndale socavaba «la autoridad de la Tradición»,[13] es decir, las tradiciones eclesiásticas de la Iglesia Católica Romana.

> Al igual que Wycliffe, Lutero y otros, Tyndale creía que la Iglesia invisible de los fieles era la única verdadera, y que, como observó C.S. Lewis, «la poderosa teocracia con sus cardenales, abadías, indultos, inquisición y tesoro de gracia» connotada por la palabra «Iglesia» era «en su esencia misma no solo distinta, sino antagónica, a lo que San Pablo tenía en mente cada vez que usaba la palabra griega *ekklesia*. More, por otra parte, creía con la misma sinceridad que la «Iglesia» de su tiempo era en esencia el mismo cuerpo místico al que se dirigía San Pablo».[14]

Por sus esfuerzos, Tyndale fue estrangulado y quemado en la hoguera en 1536 por desafiar la autoridad eclesiástica, oponiéndose a la Iglesia

---

[8] Benson Bobrick, *Wide as the Waters: The Story of the English Bible and the Revolution It Inspired* (Nueva York: Simon & Schuster, 2001), 114.
[9] En una edición posterior, Tyndale tradujo presbuteros como el más preciso «anciano».
[10] David Daniell, *The Bible in English: It's History and Influence* (New Haven, CT: Yale University Press, 2003), 149.
[11] La palabra griega *hiereus*, no *presbuteros*, es traducida acertadamente como «sacerdote».
[12] McGrath, *In the Beginning*, 75.
[13] Bobrick, *Wide as the Waters*, 115.
[14] Bobrick, *Wide as the Waters*, 115–116.

Mitos escatológicos

al promover doctrinas como la *sola Scriptura*, la justificación solo por la fe, la negación del purgatorio, cuestionar el número de sacramentos y traducir determinadas palabras que podían hacer creer a los laicos que la autoridad de la Iglesia era limitada. El «ataque» más pernicioso de Tyndale contra la Iglesia fue su insistencia en que *ekklesia* debía traducirse «congregación» en lugar de «iglesia»:

> En su principal defensa de su traducción, *An Answer to Sir Thomas More's Dialogue* [*Una respuesta al Diálogo de Sir Tomás Moro*], Tyndale comienza con *ekklesia* en su relación con la palabra inglesa *church*. Anuncia que «esta palabra *iglesia* tiene diversos [muchos] significados» (PS 3.11).[15] Luego expone... tres sentidos de la palabra inglesa: primero, un edificio; segundo, el clero; y tercero, «una congregación; una multitud o una compañía reunida en una, de todos los grados de personas» (PS 3.12).[16] Rechaza *iglesia* como traducción de *ekklesia*, porque las dos primeras acepciones no aparecen en el Nuevo Testamento, y la última es «poco conocida entre la gente común [hoy en día]» (PS 3.12).[17] De este modo, serían inducidos a pensar erróneamente que «iglesia» se refería a los obispos, monjes y sacerdotes, en lugar de a ellos mismos como colectividad. Por eso prefiere *congregación*, que tiene claramente el tercer sentido, y no el primero ni el segundo.[18]

Como escribe William Stafford, los laicos y los funcionarios eclesiásticos entendían que «el clero era la *ecclesia*, la iglesia».[19] Pero según Tyndale, «la iglesia no era el clero, ni el edificio jerárquico, legal y ceremonial que sostenía al clero, sino la congregación de todos los que respondían a la palabra de Dios».[20] Esta interpretación jerárquica de *ekklēsia* no se detuvo con las protestas contra la traducción más exacta de la palabra que hizo Tyndale. Una de las *Reglas a Observar en la Traducción de la Biblia* (*King James*) exigía lo siguiente: «Las antiguas palabras eclesiásticas deben conservarse, es decir, la palabra Iglesia no debe traducirse *Congregación*, etc.[21] Parece que los funcionarios eclesiásticos, esta vez «la clase dirigente

---

[15] William Tyndale, *An Answer to Sir Thomas More's Dialogue* (Cambridge: The University Press, [1536] 1850), 11.
[16] Tyndale, *An Answer to Sir Thomas More's Dialogue*, 12.
[17] Tyndale, *An Answer to Sir Thomas More's Dialogue*, 12.
[18] Matthew Decoursey, «The Semiotics of Narrative in *The Obedience of a Christian Man*», *Word, Church, and State: Tyndale Quincentenary Essays*, eds. John T. Day, Eric Lund, y Anne M. O'Donnell (Washington, D.C.: The Catholic University of American Press, 1998), 77.
[19] William S. Stafford, «Tyndale's Voice to the Laity» en *Word, Church, and State: Tyndale Quincentenary Essays*, 105.
[20] Stafford, «Tyndale's Voice to the Laity», 106.
[21] Citado en Daniell, *The Bible in English*, 439.

Apéndice A. ¿«Iglesia» o «Congregación»?

anglicana»,[22] querían imponer a *ekklēsia* una interpretación «eclesiástica» contemporánea de la palabra en lugar de su definición bíblica contextual.

Debido a la Regla 3, los traductores tenían las manos atadas, ya que estaban al servicio del rey.

> El [obispo Richard] Bancroft estaba decidido a garantizar que el proceso de traducción se guiara juiciosamente y a limitar la libertad de los traductores. Los traductores recibieron instrucciones de seguir unas estrictas «reglas de traducción», elaboradas por Bancroft y aprobadas por [el rey] James, diseñadas para minimizar el riesgo de producir una Biblia que pudiera dar mayor credibilidad al puritanismo, al presbiterianismo o al catolicismo romano.[23]

Ya se tradujera «iglesia» o «congregación», ni Tyndale ni los poderes eclesiásticos de su época tenían noción alguna de la comprensión dispensacional moderna de 'iglesia'. Aun así, es lamentable que algunas de estas primeras traducciones inglesas— la Biblia de Ginebra (1560) y la Versión King James (1611)—tradujeran *ekklēsia* como «iglesia», ya que la palabra oscurecía su definición bíblica de «asamblea». De manera similar, debido a que los dispensacionalistas no hicieron un estudio formal de la cuestión de la traducción, desarrollaron una comprensión ajena de *ekklēsia* que tenía más que ver con el estado de la iglesia en el siglo XVIII que con el significado real de la palabra. De manera similar a la Iglesia Católica Romana que leyó en la palabra *ekklēsia* su entendimiento tradicional de la palabra «iglesia», los dispensacionalistas volvieron a leer en la palabra «iglesia» su recién formulado punto de vista dispensacional. Robert Saucy tiene razón cuando escribe: «El uso de *ekklesia* en el Nuevo Testamento se limita a los sentidos de iglesia local y universal [como en el Antiguo Testamento]. Otras connotaciones que han surgido con el término inglés *church* no se encuentran con la palabra del Nuevo Testamento».[24] Esto incluiría la forma en que los dispensacionalistas entienden el significado de «iglesia».

---

[22] McGrath, *The Story of the King James Bible*, 172.
[23] McGrath, *The Story of the King James Bible*, 173.
[24] Saucy, *The Church in God's Program*, 18.

Apéndice B
«Falsas enseñanzas sobre los últimos días»

Miles de tratados, artículos de revistas, sermones y mensajes de radio le dicen a la gente: «¡Jesús viene pronto!». «Estos últimos días de esta dispensación» y frases similares son muy comunes en las revistas cristianas. «¡El tiempo se está acabando!» escribe un cristiano, que quiere decir que en muy poco tiempo es seguro que Jesús vendrá. «La última gran oportunidad de misión antes de que venga Jesús» es la forma en que se describe un campo de misión. Un profesor de seminario muy conocido en la costa oeste es citado diciendo recientemente: «Creo que estamos viendo los últimos días de esta dispensación». Algunos escritores cristianos consideran la bomba atómica, el ascenso de Rusia, la fundación del nuevo estado de Israel, la última guerra mundial (como consideraron la primera guerra mundial), como pruebas de que estamos en los últimos días antes de que Jesús venga.

Todas estas personas, por lo general fieles creyentes en la Biblia, cristianos serios, han sido influenciados y engañados por una herejía que se ha generalizado en los últimos años. Esta enseñanza errónea sostiene que estamos ahora, según lo que se consideran señales definitivas, en las últimas semanas o meses o años antes de que Jesús venga; que este período que ellos llaman «los últimos días» es más difícil que nunca. Creen que los pecadores son más duros de corazón, que Satanás engaña a la gente más que nunca, que las condiciones del mundo hacen más difícil llegar a la gente con el evangelio, y que por todas estas razones los grandes avivamientos son menos probables que nunca, si no imposibles.

Un noble y muy usado hombre de Dios dice sobre el bendito avivamiento de Billy Graham en Los Ángeles a finales de 1949: «Por estos tres mil estamos profundamente agradecidos a Dios, y nuestra confianza en el poder del evangelismo de masas para arrastrar a la gente al reino de Dios ha sido restaurada».

Nuestro hermano está de acuerdo en que el día de la evangelización masiva no ha pasado, aunque hizo falta el avivamiento de Los Ángeles para demostrarlo. Pero es digno de mención que muchas otras personas como este noble hermano habían sido inducidas a sentir que el evangelismo masivo había pasado de moda, que ya no era capaz de «arrastrar a la gente al reino de Dios». Damos gracias a Dios porque su confianza en este asunto ha sido restaurada, pero tenemos que hacer frente a la falsa enseñanza, tan extendida, que ha minado la confianza de la gente en que los grandes avivamientos y el evangelismo masivo son posibles hoy en día.

Una y otra vez hombres piadosos me han preguntado cómo va el trabajo en el campo de los avivamientos. «¿No es cada vez más difícil tener avivamientos?» preguntan. Y se asombran cuando les digo que no es así. Y muchos otros que están derrotados se lamentan de que no pueden conseguir la publicidad que los evangelistas podían conseguir antes, que las condiciones locales como la competencia del cine y la radio y los deportes y el control de los modernistas sobre las iglesias es desfavorable para los avivamientos. Y en el caso de literalmente miles de predicadores, estos pensamientos están conectados con la enseñanza que han absorbido de que el Señor Jesús seguramente regresará pronto, y que en el período inmediato antes de Su regreso no podremos tener grandes avivamientos.

«La gran apostasía está en marcha», dice la gente, y quieren decir que piensan que el modernismo de hoy prueba que el fin de la oportunidad del Evangelio está a punto de llegar, olvidando que grandes olas de infidelidad han llegado al mundo e incluso a la iglesia a lo largo de muchos siglos, como ocurrió en Inglaterra antes de los avivamientos wesleyanos, como llegó a Francia antes de eso, como llegó incluso a la iglesia primitiva en los primeros siglos de la era cristiana.

El derrotismo de los cristianos, que no son audaces en la predicación ni en la oración porque creen que la obra cristiana es menos eficaz que nunca, que el Evangelio no trae los resultados que traía antes, y que los grandes avivamientos son menos probables que nunca, es trágico en verdad. Y es especialmente triste ver surgir este derrotismo debido a la mala interpretación de las Escrituras por parte de cristianos que realmente creen en la Biblia y aman a Jesucristo.

Esta enseñanza ultradispensacional de que es seguro que Jesús vendrá pronto, que ciertas señales prueban que la era se precipita

Apéndice B. «Falsas enseñanzas sobre los últimos días»

hacia un final prematuro, que la apostasía, las condiciones del mundo y la creciente actividad de Satanás hacen que los esfuerzos del Evangelio sean menos fructíferos y los avivamientos más difíciles e improbables, es una perversión angustiosa de una gran verdad. Es cierto que Jesús puede venir en cualquier momento, pero los ultradispensacionalistas no predican el énfasis que Jesús exhortó: «Velen, pues, porque no saben el día ni la hora en que el Hijo del Hombre ha de venir» (Mt. 25:13), y la doctrina bíblica a menudo declara e infiere que Jesús podría haber regresado en cualquier momento desde Pentecostés y puede regresar ahora en cualquier momento. En su lugar, enfatizan las condiciones mundiales y las llamadas señales, y pasan su tiempo en el estudio de los detalles técnicos de la profecía y la especulación, en lugar de dedicarse a la obra de ganar almas que Jesús nos dijo claramente que hiciéramos hasta que Él regresara.

Jesús querría que estuviéramos atentos a Su venida simplemente porque Él nos ordenó que estuviéramos atentos. Sin embargo, ha crecido la costumbre entre muchos cristianos premileniales de esperar el regreso de Cristo porque hemos tenido la primera o la segunda guerra mundial, o de esperar el regreso de Cristo porque los sionistas y los judíos infieles han establecido la moderna nación Israel en Palestina. Algunos se conmueven más por los relatos de los periódicos que por el claro mandato del Señor Jesús.

Y los cristianos sinceros deberían reconocer que esta perspectiva ultradispensacional es en gran medida un retroceso ante condiciones alarmantes que los cristianos no están dispuestos a afrontar y para las que creen que el Evangelio no es suficiente. Demasiados cristianos ven la maldad del corazón humano, expresada en la carrera asesina de Hitler y en la maldad mucho peor del comunismo, y su fe vacila. En vez de una actitud de evangelismo agresivo con el evangelio que es realmente la dinamita de Dios, suficiente para cualquier generación, declaran que una generación como esta es demasiado dura para Dios, que Satanás es demasiado activo, que la apostasía es demasiado grande y las condiciones demasiado desfavorables para un avivamiento.

Afrontemos este derrotismo tal como es. Reconozcamos la falta de fe, la impotencia por la retirada de los cristianos de la batalla que parece dura.

De hecho, algunos cristianos racionalizan la situación y evaden inconscientemente los hechos de su impotencia e incredulidad con la doctrina de que estamos en los últimos días, y es imposible ganar almas en gran número. Eso ya es bastante malo, pero muchos de esos cristianos en realidad no se preocupan mucho por ganar almas y prefieren examinar las Escrituras con una especie de curiosidad morbosa, con la esperanza de ser considerados sabios, cuando en realidad no derraman lágrimas por las almas y nunca esperan ante Dios suplicando un avivamiento o Su poderoso poder pentecostal.

Los hombres cultos dicen a la gente: «Reunámonos en torno a la Palabra», y entonces examinan la Palabra de Dios como si fuera una pieza de museo. Es como si, en un museo, los soldados se reunieran en torno a una espada, hablaran con interés de su historia, de cómo se hizo, de quién la empuñó, y contaran qué hazañas se hicieron con ella en el pasado, pero nunca llevaran esa misma espada a la batalla. Lo mismo hacen muchos «maestros de la Biblia» y «estudiantes de la Biblia» con la Palabra de Dios. La Biblia no debe ser simplemente objeto de interés e investigación desapasionada y técnica. No es una curiosidad de museo. Es la espada del Espíritu que debe usarse para cortar a los pecadores hasta el corazón. Contiene el Evangelio, la dinamita de Dios que es poder de Dios para salvación a todo aquel que cree. «¿No es mi palabra como un fuego?... y como martillo que desmenuza la peña»? (Jer. 23:29), pregunta el Señor. Así que toda la búsqueda en la Biblia y en los diarios para encontrar algunas «señales» que prueben que Cristo vendrá dentro de cierto tiempo específico es contraria al espíritu de las Escrituras y deshonra al Señor Jesucristo que nos dejó aquí simplemente para llevar el evangelio a toda criatura.

I. La doctrina bíblica de que el regreso de Cristo es inminente no puede ser reconciliada con la enseñanza de que solo podría regresar después de acontecimientos modernos

Hay dos teorías sobre la venida premilenial de Cristo que son contradictorias. Ambas no pueden ser ciertas.

Una teoría es que Jesús no vendrá hasta que hayan aparecido ciertas señales. Algunos piensan que Jesús no puede venir hasta que el evangelio sea predicado de nuevo a todo el mundo. Algunos piensan que Jesús no podría venir hasta lo que ellos llaman «el brote de la higuera», el restablecimiento de la nación Israel como se ha restablecido recientemente en Palestina. Otros piensan que Jesús no podría volver hasta la llamada «gran apostasía», la ola de modernismo en la iglesia que ha ocurrido en Estados Unidos en los últimos cincuenta años y que ahora posiblemente ha pasado su clímax. Muchos dirían que la primera y segunda guerras mundiales son

Apéndice B. «Falsas enseñanzas sobre los últimos días»

señales de la pronta venida de Cristo. Si eso es verdad, entonces Jesús no pudo haber venido antes de estas guerras. Otros creen que ciertos terremotos, que la hambruna que siguió a las guerras, que la actual controversia capital-trabajo alentada por socialistas y comunistas en todas partes son señales de la venida de Cristo, y que por lo tanto Cristo no pudo haber venido antes de que estos enfrentamientos ocurrieran y el comunismo y el socialismo alcanzaran su actual popularidad. Quiero que vean que esta primera y popular teoría que estoy discutiendo es simplemente que Jesús iba a venir solo después de que aparecieran ciertas señales definidas.

La otra teoría, contradictoria, es que Jesús pudo haber regresado en cualquier momento después de Pentecostés. Nadie sabía cuándo volvería, así que habría sido posible que regresara antes de la primera o segunda guerras mundiales, antes de que la teoría de la evolución se hiciera ampliamente prominente y se desarrollara el gran furor actual del modernismo. Podría haber venido antes del movimiento misionero moderno. O puede venir ahora en cualquier momento. Esta teoría, o doctrina, la llamaremos, es la doctrina de la inminencia del regreso de Cristo. Pero nótese cuidadosamente que esta doctrina de la inmanencia del regreso de Cristo contradice la doctrina de que Jesús no podría venir hasta cierto tiempo establecido en un programa y que Él debe venir después de que se cumplan un número de señales especificas. La enseñanza de que Cristo debe venir en un tiempo determinado o en una generación particular y solo después de que se cumpla un cierto programa de señales es totalmente diferente de la doctrina de la inminente venida de Cristo. Y la venida inminente de Cristo se enseña claramente en las Escrituras.

Les ruego paciencia mientras lo repito. Es importante que veamos que no se puede sostener la inminencia del regreso de Cristo, es decir, que Él puede venir en cualquier momento, que podría haber venido en cualquier momento desde Pentecostés hasta donde cualquiera podía saber entonces, y que los cristianos, a través de los siglos, tenían razón en esperar que Cristo viniera en cualquier momento, y en velar por Su venida, y creer al mismo tiempo que ciertas señales debían venir primero. Esa doctrina de que la venida de Cristo es inminente, el tiempo de Su venida desconocido e incognoscible, se enseña claramente en la Biblia. Pero uno no puede sostener la inminencia del regreso de Cristo, y al mismo tiempo creer que tenía que haber una primera guerra mundial antes de que Cristo pudiera regresar, o que Cristo no podía regresar antes de que la nación Israel se estableciera en Palestina; o que Cristo no podía regresar antes de la actual ola de modernismo y mundanalidad. Cada lector puede elegir; puede creer

Mitos escatológicos

en el regreso inminente de Cristo, como enseñan las Escrituras, o puede creer que la venida de Cristo tenía que esperar ciertos acontecimientos. Las dos doctrinas son irreconciliables. No pueden armonizarse. El creyente bíblico inteligente no puede sostener ambas posiciones. Y la Biblia ciertamente enseña claramente el regreso inminente de Cristo, es decir, que Cristo puede regresar en cualquier momento.

Siendo esto cierto, naturalmente será imposible para cualquiera decir cuándo estamos en los últimos días de esta dispensación. Siendo esto cierto, no puede haber señales que muestren definitivamente la proximidad del regreso de Cristo. Si Cristo tuviera que esperar hasta que aparezcan ciertas señales antes de poder regresar, entonces Su regreso no es inminente. Por otro lado, si Pablo estaba en lo correcto al esperar el regreso del Señor en sus días, como lo hizo, hablando de «nosotros que vivimos y permanecemos hasta la venida del Señor» (1Tes. 4:15), entonces están equivocados todos los que piensan que la venida de Cristo está ahora indicada por la primera y segunda guerra mundial, la gran apostasía de estos días, la fundación de la nación Israel en Palestina recientemente, etc. O Cristo pudo haber venido en cualquier momento, como Él enseñó, o no pudo regresar hasta que ocurrieran ciertos otros eventos. Ambas cosas no pueden ser ciertas. Si Cristo no puede regresar ahora hasta que el evangelio sea predicado a algunas tribus en el valle del Amazonas, entonces la inminente venida de Cristo no podría ser verdad.

Pero, permítanme repetirlo, la inminencia de la venida de Cristo se enseña claramente en la Biblia. A los discípulos en el Monte de los Olivos y a todas las generaciones sucesivas de cristianos, Jesús les ordenó: «Velen, pues, porque no saben a qué hora ha de venir su Señor» (Mt. 24:42). Otra vez les dijo a ellos y a nosotros: «Por tanto, estén también ustedes preparados, porque a la hora que no piensan vendrá el Hijo del Hombre» (vs. 44). Otra vez les dijo a estos discípulos, y a todos los cristianos que vengan después de ellos, «Velen, pues, porque no saben el día ni la hora en que el Hijo del Hombre ha de venir» (Mt. 25:13). Luego les dijo: «Y lo que a ustedes digo, a todos lo digo: Velen» (Mc. 13:37). Si estas Escrituras deben ser tomadas en su honesto valor nominal, entonces a todos los cristianos, incluyendo a aquellos primeros discípulos e incluyendo a los cristianos de todas las épocas, se les ha ordenado velar por el regreso de Cristo, ya que Él podría venir en cualquier momento.

La segunda venida de Cristo, por tanto, no espera ahora, y nunca esperó, a ningún acontecimiento mundial.

Apéndice B. «Falsas enseñanzas sobre los últimos días»

II. Nadie sabe ni siquiera aproximadamente cuándo vendrá Jesús

En el discurso del Monte de los Olivos, el Salvador habla de la segunda venida. El punto más claro de toda Su enseñanza sobre la segunda venida es que nadie sabe cuándo será. Veamos Marcos 13:32-37:
«Pero de aquel día y de la hora nadie sabe, ni aun los ángeles que están en los cielos, ni el Hijo, sino el Padre. Miren, velen y oren, porque no saben cuándo será el tiempo. Porque el Hijo del Hombre es como un hombre que se va lejos, que dejando su casa, dio autoridad a sus siervos, y a cada uno su obra, y al portero mandó que velase. Velen, pues, porque no saben cuándo vendrá el dueño de la casa, si al anochecer, o a medianoche, o al canto del gallo, o por la mañana: No sea que viniendo de repente los halle durmiendo. Y lo que a ustedes digo, a todos lo digo: Velen».

Ahora observe la clara enseñanza del Salvador de que nadie puede conocer el tiempo:

1. Los ángeles no saben cuándo vendrá Jesús.

2. El Señor Jesús mismo, mientras estuvo en la tierra, no sabía cuándo regresaría.

3. Jesús dijo que Su segunda venida era tan totalmente impredecible que se ilustraba con los siervos esperando el regreso de su amo. El amo podía venir al atardecer, a medianoche, al canto del gallo o por la mañana. En este mundo nadie puede predecir ni siquiera aproximadamente cuándo regresará Jesús y cuándo terminará esta era. Si los más de mil novecientos años que ya han transcurrido desde que Cristo prometió volver se dividen en cuatro vigilias o períodos que representan la tarde, la medianoche, el canto del gallo y la mañana, encontramos que Jesús está diciendo que nadie puede saber ni siquiera con siglos de diferencia el momento de Su regreso.

4. La enseñanza más importante de Jesús sobre Su regreso es que Él puede venir en cualquier momento. Su venida es inminente.

Mitos escatológicos

Puede que Jesús no venga hasta dentro de cien años, quinientos años o mil años. La gente suele decir: «Jesús vendrá pronto». Eso no puede ser probado por las Escrituras. No es lo que Jesús dijo. Jesús dijo: «He aquí, yo vengo en breve» (Ap. 22:7). Sabemos que Jesús vendrá de repente. No sabemos si vendrá pronto o tarde. No sabemos si vendrá al atardecer, a medianoche, al canto del gallo o por la mañana. Jesús dijo claramente que no debemos saber. Simplemente debemos esperar. Debemos esperar Su venida, estar listos para Su venida y hacer Su bendita voluntad llevando el evangelio a toda criatura, pero no sabemos ni siquiera el tiempo aproximado de Su venida, ni del fin de esta era.

Esta misma enseñanza contundente se da en Mateo 24:36-39. De nuevo tenemos la clara declaración de Jesús de que nadie puede saber ni siquiera el tiempo aproximado de Su venida. Léalo cuidadosamente: «Pero de aquel día y hora nadie sabe, ni aun los ángeles de los cielos, sino solo mi Padre. Pero como los días de Noé, así será también la venida del Hijo del hombre. Porque como en los días que precedieron al diluvio estaban comiendo y bebiendo, casándose y dando en casamiento, hasta el día en que Noé entró en el arca, Y no conocieron hasta que vino el diluvio y se los llevó a todos, así será también la venida del Hijo del hombre».

De nuevo Jesús dice claramente que ningún hombre puede saber el día o la hora de Su regreso. Repite que ni siquiera los ángeles en el Cielo saben la hora, y luego ilustra la total falta de información que cualquier hombre puede tener acerca del tiempo de la segunda venida. Lo mismo que en los días anteriores al diluvio, cuando la gente comía, bebía, se casaba y se daba en matrimonio, y no tenían ningún indicio del tiempo en que vendría el diluvio hasta que «vino el diluvio y se los llevó a todos», así de sorprendente e imprevista será la segunda venida de Cristo. Antes del diluvio no sabían ni siquiera con un día de antelación cuándo vendría. Por lo tanto, de las palabras del propio Señor Jesús, inferimos correctamente que no podemos saber ni siquiera con un día de antelación cuándo vendrá Jesús. Una vez más, esta cuestión del regreso de Cristo y la restauración del reino a Israel fue planteada por los discípulos después de la resurrección de Cristo. Lea la discusión en Hechos 1:5-7:

> «Porque Juan a la verdad bautizaba con agua; mas ustedes serán bautizados con el Espíritu Santo dentro de no muchos días. Cuando, pues, se juntaron, le preguntaron, diciendo: Señor, ¿restaurarás en este tiempo el reino a Israel? Y él les

Apéndice B. «Falsas enseñanzas sobre los últimos días»

dijo: No les toca a ustedes saber los tiempos ni las sazones, que el Padre puso en su sola potestad».

Jesús había dicho a los discípulos que se quedaran y esperaran allí hasta que fueran investidos de poder desde lo alto. Iban a ser bautizados con el Espíritu Santo y así recibirían poder sobrenatural para ganar almas.

¿Alguna vez has encontrado cristianos más preocupados por los detalles técnicos de la profecía, más preocupados por especular sobre el momento del regreso de Cristo que por ganar almas? Bueno, los doce apóstoles antes de ser llenos del Espíritu tenían el mismo punto de vista carnal. En lugar de regocijarse de que iban a ser llenos del Espíritu para ganar almas, inmediatamente saltaron a la esperanzada conclusión de que Cristo se refería a Su regreso, a la restauración del trono de David y a la futura independencia de Israel. Así que dijeron: «Señor, ¿restaurarás en este tiempo de nuevo el reino a Israel?». Entonces Jesús, en un lenguaje fuerte y enfático, dijo a los discípulos que el tiempo y la estación de su glorioso regreso y la restauración de Israel no eran de su incumbencia en absoluto, no eran asuntos que ellos debieran conocer. Dijo:

«No les toca a ustedes saber los tiempos ni las sazones, que el Padre puso en su sola potestad. Pero recibirán poder, cuando haya venido sobre ustedes el Espíritu Santo, y me serán testigos en Jerusalén, en toda Judea, en Samaria y hasta lo último de la tierra». Hch. 1:7, 8.

Es bueno recordar que la mente carnal se fija más en lo externo que en lo interno espiritual. La naturaleza carnal se preocupa más por lo incidental que por lo fundamental. Los hombres prefieren ser bautizados que nacer de nuevo. Los hombres prefieren hablar en lenguas que tener el poderoso poder ganador de almas del Espíritu Santo. Así mismo, los especuladores modernos, ultradispensacionalistas prefieren buscar señales en vez de obedecer la Gran Comisión y ganar almas.

Entendamos claramente lo que Jesús enseñó. Él dijo: «No nos corresponde a nosotros saber los tiempos ni las estaciones» concernientes a la segunda venida. No se puede prever ni el día, ni la hora, ni el año, ni la época de la segunda venida. Jesús dijo expresamente que el Padre guardó deliberadamente este secreto y no es algo que los cristianos deban tratar de saber.

III. Fijación de fechas, especulación, una herejía vergonzosa

Cómo apela al necio orgullo humano el que un hombre piense: «¡En mi sabiduría superior he descubierto algo que otros no saben!». Y particularmente, a los maestros de la Biblia les gusta mostrar su comprensión superior de las Escrituras y de los tiempos, porque, primero si «el descubrimiento» es sensacional y ayudará a conseguir una multitud de oyentes entusiasmados y segundo, si será una buena coartada para la impotencia e infructuosidad del hombre en el ganar de almas. Los hombres tratan de aparecer en los titulares prediciendo cuándo comenzará la próxima guerra y cuándo llegará la próxima depresión. Uno puede despertar más entusiasmo y atraer más atención si puede dar evidencia plausible de que ha descubierto aproximadamente cuándo regresará el Salvador. Eso indica que tal maestro de la Biblia es más espiritual y más perspicaz y más todo lo que un orgulloso corazón carnal desea aparentar ser. Por lo tanto, no es sorprendente que tengamos esfuerzos constantemente recurrentes para fijar la fecha aproximada del regreso del Señor.

Por ejemplo, hace más de un siglo un granjero del estado de Nueva York, llamado Miller, empezó a leer su Biblia y descubrió, pensó, lo que los eruditos habían pasado por alto. Haciendo que un día significara un año (cosa que nunca ocurre) sacó de su contexto algunas de las profecías de Daniel y dedujo que Jesús debía regresar en un día determinado de 1846. Convenció a muchos de sus vecinos de que tenía razón y estos Milleritas se hicieron túnicas blancas y se prepararon para el rapto; pero esperaron en vano en las cimas de las colinas y en los pajares a que el Salvador los arrebatara.

Un día del verano pasado me senté a cenar con el Dr. Lowe, profesor de Interpretación Bíblica en Practical Bible Training School [Escuela de Formación Bíblica Práctica] de Johnson City, Nueva York. Me contó que su gente vivía en la comunidad del granjero Miller y que muchos de ellos se habían convencido de que Jesús vendría en el día anunciado por Miller. Un tío no sembró. ¿Por qué iba a hacerlo si no iba a estar allí para recogerlas? Demostró su fe sentándose en el porche de su casa mientras los demás trabajaban. Pero Jesús no vino y ese invierno trece de sus vacas murieron de hambre mientras él y su familia apenas vivían de la leche de una vaca y de la harina de maíz que les daba un vecino.

Los Adventistas del Séptimo Día son los descendientes espirituales de los Milleritas, y muchos de ellos todavía tratan de calcular el tiempo del regreso del Señor mediante una mala interpretación de la profecía de Daniel.

Apéndice B. «Falsas enseñanzas sobre los últimos días»

¡Qué tontería pensar que el secreto de la fecha del regreso de Cristo se da en el libro de Daniel y que Jesús y ninguno de sus discípulos lo sabían!

El culto británico-israelí no pudo encontrar la fecha del regreso de Cristo en la Biblia, así que recurrieron en su lugar a la Gran Pirámide y la consideran una revelación inspirada como la Biblia. En el pasaje ascendente que conducía a las tumbas de los reyes en la pirámide se imaginaron que una porción más grande con un techo más alto representaría el momento del regreso de Cristo; así que tomaron una cinta métrica desde el supuesto borde original de la pirámide a través del pasaje hasta la ampliación. Contaron cada centímetro por año ¡y así empezaron a predecir cuándo vendría Jesús!

Un profesor británico-israelí de gran fama en Los Ángeles predijo que Jesús vendría el 16 de septiembre de 1936, según recuerdo. No es necesario decir que se demostró que su profecía era errónea y que su influencia se vino abajo. La fijación de fechas para el regreso del Salvador siempre ha sido una herejía que resulta vergonzosa.

En mi niñez vi en el viejo teatro de la ópera en Gainesville, Texas, un cuadro preparado bajo la dirección del «Pastor Russell» del culto del «Amanecer Milenial». Él predijo: «Millones que ahora viven nunca morirán», y sus libros coincidían en que Jesús vendría en 1914. Cuando 1914 no trajo el regreso del Salvador sino la Primera Guerra Mundial, el Pastor Russell dijo que Jesús vino invisiblemente. Los Russellitas, más tarde llamados Rutherforditas, ahora llamados Testigos de Jehová, todavía enseñan esta herejía. ¡Pero siguen muriendo!

Puesto que la especulación sobre la fecha del regreso de Cristo ha resultado tan insensata en el pasado y siempre está relacionada con la herejía, parece que los cristianos creyentes en la Biblia se tomarían en serio la palabra de Jesús: «No les toca a ustedes saber los tiempos ni las sazones, que el Padre puso en su sola potestad» (Hch. 1:7).

Tales especulaciones son carnales, no espirituales, y surgen del orgullo humano y de una mala interpretación de la Biblia. Nadie sabe ni siquiera aproximadamente cuándo regresará Jesús. Nadie sabe el día, el año, la generación cuando Jesús regresará. Él puede venir hoy. Alabado sea Su nombre, me alegraría verlo; pero no hay manera de que ningún estudiante honesto de la Biblia pueda predecir si Jesús vendrá pronto o después de cientos de años.

IV. No hay «señales» de la venida de Cristo por las que podamos saber que está cerca

Mitos escatológicos

En mis primeros años de ministerio, a veces predicaba sobre las «Señales de la Segunda Venida de Cristo». Tengo un capítulo sobre ese tema en mi libro, El Reino Venidero de Cristo. En una segunda edición me vi obligado a modificar el capítulo. Me vi obligado a ver que lo siguiente en el programa de Dios, en lo que respecta a la profecía bíblica, es la venida de Cristo en el aire para recibir a Sus santos, cuando los cristianos muertos sean resucitados y los santos vivos transformados y llamados a reunirse con Él en el aire. Ese evento es inminente; eso significa que puede ocurrir en cualquier momento. Si Cristo puede venir en cualquier momento, entonces obviamente no necesitamos esperar ninguna señal. Y cualquier señal no podría hacer la venida de Cristo más que inminente, no podría probar que Él vendría este año o día y no podría probar que Él no vendría este año o día. La enseñanza bíblica es que Jesús puede venir en cualquier momento, con señales o sin ellas. Él pudo haber venido incluso en los días apostólicos antes de que cualquier evento reciente pudiera haber ocurrido.

¿Pero no habló Jesús de señales de Su venida? Jesús habló particularmente de una señal, pero que no era una señal de la primera fase de Su venida y el rapto, sino una señal que ocurrirá después del rapto, al final del período de la tribulación, antes de que Cristo venga visiblemente, triunfante, a la tierra para reinar.

Esta señal se menciona en el discurso del Monte de los Olivos de Jesús. En Mateo 24:3 tenemos la pregunta de los discípulos: «Dinos, ¿cuándo serán estas cosas? y ¿cuál será la señal de tu venida y del fin del mundo?».

Los discípulos preguntaron: «¿Cuál será la señal de tu venida y del fin del mundo?». O mejor traducido: «¿Cuál es la señal de tu venida, y del fin del siglo?». En Lucas 21:25-27 Jesús respondió lo siguiente acerca de las señales:

> «Y habrá señales en el sol, en la luna y en las estrellas; y en la tierra angustia de las naciones, con perplejidad; el mar y las olas rugirán; el corazón de los hombres desfallecerá por el temor y por mirar las cosas que vendrán sobre la tierra; porque las potencias de los cielos serán conmovidas. Y entonces verán al Hijo del hombre viniendo en una nube con poder y gran gloria».

Es similar al pasaje de Mateo 24:29,30 donde Jesús mencionó la señal con estas palabras:

Apéndice B. «Falsas enseñanzas sobre los últimos días»

«Inmediatamente después de la tribulación de aquellos días, el sol se oscurecerá, y la luna no dará su resplandor, y las estrellas caerán del cielo, y las potencias de los cielos serán conmovidas: Y entonces aparecerá la señal del Hijo del hombre en el cielo; y entonces lamentarán todas las tribus de la tierra, y verán al Hijo del hombre viniendo en las nubes del cielo con poder y gran gloria».

Fíjese en los siguientes datos sobre la respuesta de Jesús:

1. La señal debe ser «inmediatamente después de la tribulación». Entiendo de las Escrituras que la tribulación no puede comenzar hasta después del rapto, así que Jesús debe venir en el aire para recibir a Sus santos antes de la Gran Tribulación. «La señal» es después de la venida de Cristo por Sus santos, no antes.

2. Vemos que la venida de Cristo a la que se refieren los profetas es su venida a la tierra para reinar después del rapto. Los judíos naturalmente esperarían la parte de la venida de Cristo que les afectará, cuando los judíos sean reunidos de nuevo de toda la tierra, cuando los «ángeles... reunirán a sus escogidos de los cuatro vientos, desde un extremo del cielo hasta el otro» (Mt. 24:31), cuando Cristo destruirá a todos los enemigos de los judíos y derrocará todo dominio gentil y restaurará el trono de David en Jerusalén y se sentará en el trono de David. Es sobre este reino que los apóstoles preguntaron en Hechos 1:6: «¿Volverás a restaurar en este tiempo el reino a Israel?». Los cristianos gentiles están naturalmente más preocupados por el rapto, la primera fase de la venida de Cristo. Pero las profecías del Antiguo Testamento que interesan a los judíos se centran principalmente en la segunda fase de la venida de Cristo, su revelación a Israel.

Después que el mundo este en el tiempo de la Gran Tribulación será muy simple para aquellos que conocen la Biblia saber cuando regresara Jesus. Debe haber siete años en la septuagésima semana de Daniel. El tiempo de la Gran Tribulación en sí está claramente anunciado que continuará 3 años y medio, 42 meses, 1,260 días. (Dan. 7:25; Ap. 11:2, 3; Ap. 12:14.) El aterrador reinado del Hombre de Pecado es definitivamente limitado. Después de la primera fase de la segunda venida de Cristo, el rapto, la segunda fase debe venir dentro de un tiempo especificado. Y justo antes de que Jesús regrese a la tierra con santos y ángeles para pelear la Batalla de Armagedón y establecer Su reino, la señal de Su venida aparecerá en los cielos.

No hay ninguna señal de la venida de Cristo prometida antes del rapto. Ningún predicador tiene justificación bíblica, creo yo, para predicar que los acontecimientos actuales son señales del pronto regreso de Cristo. Mussolini no era el Anticristo, como dijeron algunos maestros de la Biblia, y serán igual de necios si así designan a Stalin o a Tito. No debemos creer que Cristo viene por algunas «señales», ¡sino porque Él lo dijo!

V. La venida de Cristo por sus santos no espera la predicación de Evangelio a toda criatura

Un gran líder misionero, un amigo a quien admiro y quiero mucho, ha publicado recientemente un libro en el que describe una escena imaginaria. Se representa a Satanás en consejo con los príncipes de las tinieblas, los demonios principales que supervisan su obra en varios países. Algunos demonios informan con orgullo que el Evangelio no se predica en los países sobre los que ejercen un dominio maligno, y todos se regodean en que Cristo no puede regresar hasta que estas personas escuchen el Evangelio. Se citan los misioneros derribados o desalentados antes de poder entrar en Afganistán, y el fracaso de los grupos misioneros para llegar a otras tribus aisladas. Y luego Satanás mismo y sus demonios son representados como muy angustiados y derrotados porque por fin hay perspectivas de que el evangelio sea predicado a toda criatura. Ahora, a pesar de que han impedido durante tanto tiempo el regreso planeado de Cristo, parece que el Evangelio será predicado a toda criatura y el Salvador regresará.

Aquí se enseña que Jesús no puede regresar para llevarse a Sus santos hasta que el evangelio sea predicado de nuevo a todo el mundo. Pero creo que esta es una interpretación totalmente errónea de las Escrituras. El evangelio ya ha sido predicado a todo el mundo en los primeros tiempos cristianos, si no en esta generación. Y si Jesús no pudiera regresar hasta que el evangelio sea predicado de nuevo a cada tribu, entonces Sus claras órdenes de velar, de que Él podría venir en cualquier momento, parecerían fuera de lugar y engañosas, si no realmente deshonestas. Eso ciertamente no lo podemos admitir. La inminente venida de Cristo, tan claramente enseñada en las Escrituras, significa que Él pudo haber venido en cualquier momento, puede

Apéndice B. «Falsas enseñanzas sobre los últimos días»

venir en cualquier momento ahora, ya sea que el evangelio sea predicado de nuevo a todo el mundo o no.

La gente mal enseñada a veces piensa que Mateo 24:14 se refiere a una señal de la venida de Cristo. Dice: «Y será predicado este evangelio del reino en todo el mundo, para testimonio a todas las naciones; y entonces vendrá el fin». Pero el contexto muestra que este es un mensaje principalmente para los judíos que vivirán en el tiempo de la tribulación y no para nosotros hoy. El siguiente versículo menciona la Abominación Desoladora, cuando el Anticristo se parará en el templo de Jerusalén afirmando ser Dios, evento que debe venir después del rapto y que inicia el tiempo de la Gran Tribulación. El versículo siguiente habla de la huida de los judíos del Hombre de Iniquidad en aquellos días, y el versículo 21 dice claramente: «Porque habrá entonces gran tribulación, cual no la ha habido desde el principio del mundo hasta ahora, ni la habrá».

Así que durante el tiempo de la Gran Tribulación el evangelio de salvación será predicado al mundo en vista del regreso literal de Cristo. La predicación del evangelio a todo el mundo mencionada en Mateo 24:14 será después de la primera fase de la venida de Cristo, no antes.

La simple verdad es que el evangelio ya ha sido predicado a todo el mundo. Recuerdo que el Dr. R.A. Torrey llamó la atención a dos o tres Escrituras que muestran que el evangelio ya ha sido predicado a todo el mundo. En Hechos 2:5, «moraban en Jerusalén judíos, varones piadosos, de todas las naciones debajo del cielo» y estos hombres oyeron el evangelio en Pentecostés. En Romanos 1:8 Pablo dice «que se habla de su fe en todo el mundo», y ¿cómo podría la gente haber oído de la maravillosa fe de los buenos cristianos en Roma si no hubieran oído el evangelio? Colosenses 1:4-6 también dice que el evangelio había llegado a todo el mundo en el tiempo de Pablo. Así que Mateo 24:14 no podía enseñar y no enseña que el evangelio debe ser predicado todavía en todo el mundo antes de que Jesús venga.

Además, si la predicación del evangelio a alguna tribu desconocida en América Central o el valle del Amazonas es un evento que debe ocurrir antes de que Jesús pueda venir, entonces la venida de Cristo no podría ser inminente y la advertencia de las Escrituras de que debemos velar ya que Jesús puede venir cualquier día o año sería una tontería.

Digamos de nuevo que no hay señales que indiquen cuando Jesús ha de venir y no hay un solo evento profético que deba ocurrir antes del rapto de los santos.

VI. El establecimiento moderno de una nación Israel en Palestina, no «el brote de la higuera» no es señal del pronto regreso de Cristo

Hace algunos meses el Editor Meldau, de la revista *Christian Victory*, mi estimado amigo, me escribió a mí y a una docena de conocidos maestros de la Biblia, pidiéndonos que preparáramos una declaración para un próximo número de su buena revista sobre un tema más o menos así, «¿Es el Restablecimiento de Israel como nación independiente en Palestina recientemente, el brote de la higuera mencionado en Mateo 24:32, 33, y una señal de la venida de Cristo?» Me alegré de dar mi respuesta, y me alegré en verdad cuando el simposio salió en la buena revista que casi todos los maestros de la Biblia estaban de acuerdo en que el reciente establecimiento de una nación independiente de judíos en Palestina no cumplía la profecía del brote de la higuera como se predijo en Mateo 24:32, 33, y no era especialmente una señal del pronto regreso de Cristo.

Puesto que este asunto se ha malinterpretado a menudo, leamos el pasaje en cuestión y veamos claramente lo que dijo el Salvador en aquel discurso del Monte de los Olivos, acerca de la brotación de la higuera. Mateo 24:29-34 dice así:

> «Inmediatamente después de la tribulación de aquellos días, el sol se oscurecerá, y la luna no dará su resplandor, y las estrellas caerán del cielo, y las potencias de los cielos serán conmovidas: Y entonces aparecerá la señal del Hijo del hombre en el cielo; y entonces lamentarán todas las tribus de la tierra, y verán al Hijo del hombre que vendrá en las nubes del cielo con poder y gran gloria. Y enviará a sus ángeles con gran voz de trompeta, y juntarán a sus escogidos de los cuatro vientos, desde un extremo del cielo hasta el otro. Aprendan ahora la parábola de la higuera: Cuando su rama aún está tierna y echa hojas, saben que el verano está cerca: Así también ustedes, cuando vean todas estas cosas, sepan que está cerca, a las puertas. De cierto les digo que no pasará esta generación hasta que todas estas cosas se cumplan».

Notemos muy sencillamente algunas de las cosas que Jesús enseñó en este pasaje:

1. El tiempo del que se habla es al final de la Gran Tribulación, y algún tiempo después del rapto de los santos. Es

Apéndice B. «Falsas enseñanzas sobre los últimos días»

«inmediatamente después de la tribulación de aquellos días...» (vs. 29). Así que la parábola de la higuera no se aplica a estos días antes del rapto y antes de la Gran Tribulación, sino a los días «inmediatamente después de la tribulación». Nada antes del período de la tribulación podría significar aquí. Los recientes acontecimientos en Palestina no se quiere decir, es bastante claro, ya que no ocurrió «inmediatamente después de la tribulación de aquellos días...».

2. El significado de la parábola está claramente explicado. Ciertos acontecimientos que seguirán a la Gran Tribulación son como una higuera cuya rama es tierna y que echa hojas en primavera. Estos acontecimientos son la aparición de la señal del Hijo del Hombre en el Cielo, cuando Cristo comience a regresar, y la visión del Hijo del Hombre viniendo en las nubes del Cielo; y el envío de los ángeles para reunir de nuevo a los israelitas de todo el mundo. Luego el versículo 33 dice: «Así también ustedes, cuando vean todas estas cosas, sepan que está cerca, a las puertas». Cuando los israelitas convertidos al final del tiempo de la Gran Tribulación, u otros santos convertidos en ese tiempo de tribulación, vean a Cristo viniendo en las nubes del Cielo con poder y gran gloria para establecer Su trono en Jerusalén y reinar sobre la tierra, y cuando vean a los ángeles de Dios enviados milagrosamente alrededor del mundo con el gran sonido de una trompeta para reunir de nuevo a los elegidos, la nación escogida de Dios, Israel, de entre todas las tierras de la tierra, entonces estas personas atribuladas pueden saber que la venida y el reinado de Cristo están inmediatamente cerca. Así pues, de nada serviría especular sobre el asunto, porque el significado de la parábola se desprende claramente de las palabras del propio Salvador.

Y debemos distinguir entre la presente inmigración de judíos impíos a Palestina, inconversos e impenitentes, yendo por medios humanos y con propósitos humanos, de aquella otra gran reunión cuando cada judío que quede vivo en el mundo será reunido por los ángeles y llevado a Palestina al regreso de Cristo. El movimiento actual en Palestina es humano. No es particularmente un tema de profecía bíblica. No tiene ningún significado particular excepto que la Escritura indica que algunos judíos estarán en Palestina y harán un tratado con el Anticristo en el tiempo de la tribulación. La afluencia actual de judíos a Palestina no es la gran reunificación que será hecha

Mitos escatológicos

milagrosamente por los ángeles de Dios cuando Jesús regrese en persona para reinar, después del rapto y después del período de la tribulación.

3. Debemos asegurarnos de notar, también, que la venida de Cristo aquí mencionada es la segunda fase de Su venida. No es Su venida en el aire invisiblemente para resucitar a los cristianos muertos y recibirlos a ellos y a nosotros juntos, y llevarnos a una luna de miel en el Cielo. Esta no es la venida de Cristo por Sus santos. Es la venida de Cristo con los santos raptados, después que la tribulación haya terminado. El rapto vendrá, como la mayoría de los reputados maestros bíblicos premilenialistas están de acuerdo, antes del tiempo de la Gran Tribulación. Luego, después de la Gran Tribulación (que ocurrirá en la septuagésima semana de Daniel, como yo creo), Cristo regresará con estos santos y con ángeles para pelear la batalla de Armagedón, destruir el reino del Anticristo, y establecer Su trono en Jerusalén y reinar sobre la tierra por mil años de gozo y paz. Hay dos fases separadas de la venida de Cristo. La que esperamos es Su venida en el aire para recibir a Sus santos. Luego, después del tiempo de la tribulación, aquellos que se hayan convertido en la tierra anhelarán el regreso de Cristo, con nosotros, para establecer Su reino. Es esta segunda fase de la venida de Cristo, cuando Él vendrá literalmente a la tierra para hacerse cargo y reinar, que se discute en este pasaje.

4. Jesús dijo en el versículo 34: «De cierto les digo que no pasará esta generación hasta que todo se haya cumplido». Yo más bien pienso que «esta generación» significa la raza de los judíos y la raza no será destruida a pesar de todos los Hitlers y Anticristos. Las notas del Dr. Scofield sobre este versículo dicen acerca de la generación:

Gr. *genea*, cuya definición primaria es 'raza, género, familia, linaje, raza' (así todos los léxicos). (Así todos los léxicos.) Que la palabra se usa en este sentido aquí es seguro porque ninguna de «estas cosas», es decir, la predicación mundial del reino, la gran tribulación, el regreso del Señor en gloria visible, y la reunión de los elegidos, se produjo en la destrucción de Jerusalén por Tito, 70 d.C.. La promesa es, por lo tanto, que la

Apéndice B. «Falsas enseñanzas sobre los últimos días»

generación-nación, o familia de Israel— será preservada hasta 'estas cosas'; una promesa maravillosamente cumplida hasta el día de hoy.

Pero si la palabra generación aquí significa personas que viven en un período de vida particular, todavía podría significar solo ese grupo que vive «inmediatamente después de la tribulación de aquellos días...» como Jesús mismo los coloca en el versículo 29. El llamado «brote de la higuera» no puede ocurrir hasta después de que Cristo venga por Sus santos, después de la Gran Tribulación.

Personalmente me alegro de que ahora exista una tierra en la que los judíos oprimidos sean acogidos. Pero estos judíos, retrocediendo en la incredulidad, solo tienen posesión de una porción muy pequeña de la tierra de Israel. Ni siquiera tienen posesión indiscutible de Jerusalén. No han regresado bajo la bendición y el perdón de Dios. La ceguera en parte está todavía sobre Israel.

El velo aún no ha sido quitado de sus rostros. La gran futura reunificación y conversión de Israel tendrá lugar por medios sobrenaturales después del tiempo de la tribulación. Y el establecimiento de un pequeño estado llamado Israel en los últimos meses no es una señal de que Cristo pueda venir pronto. Cristo puede venir muy pronto, pero no necesita ninguna señal como esa para probarlo. Puede que no venga hasta dentro de muchos años. Nadie lo sabe.

Permítanme enfatizar con toda mi alma que los acontecimientos actuales no afectan especialmente el simple hecho, claramente enseñado a través de la Biblia, de que podemos tener avivamiento ahora, que Dios está en el negocio salvador, y que en cualquier momento que el pueblo de Dios cumpla con los requisitos de Dios, puede tener Su glorioso poder y la manifestación del mismo en la salvación de multitudes de almas, en grandes avivamientos. Aquellos que leen los periódicos y se emocionan grandemente por los eventos actuales pueden sentir que la bomba atómica, la bomba de hidrógeno, el surgimiento del comunismo, el modernismo en muchas iglesias, la posibilidad de una tercera guerra mundial, y el establecimiento de la nación moderna Israel, significan que estamos en «los últimos días», y que por lo tanto los grandes avivamientos son imposibles. Pero aquellos que dependen firmemente de las palabras de Cristo recordarán que «La hierba se seca y su flor se marchita: Pero la palabra del Señor permanece para siempre» (1Pe. 1:24, 25). La mies sigue siendo mucha y los obreros pocos. Si el pueblo de Dios, llamado por Su nombre, se humilla, ora, busca Su rostro y se vuelve

Mitos escatológicos

de sus malos caminos, Dios oirá desde el Cielo, perdonará sus pecados y sanará su tierra, como prometió en 2Crónicas 7:14. Todas las promesas de Dios siguen en pie. Todas las promesas de Dios siguen siendo ciertas. El tierno corazón de Dios hacia los pecadores todavía anhela que se salven. El Espíritu Santo de Dios tiene todo el poder de convicción y salvación que siempre tuvo. La Palabra de Dios sigue siendo rápida y poderosa y más cortante que una espada de dos filos. La bendita promesa de Jesús, «El que cree en mí, las obras que yo hago, él las hará también; y aun mayores hará, porque yo voy al Padre» (Juan 14:12), todavía es verdadera. No permita que las falsas enseñanzas y herejías acerca de estos llamados «últimos días» le impidan creer en la Palabra de Dios, ¡que podemos tener avivamientos ahora!